大学生のための法学

キャンパスライフで学ぶ法律入門

長沼建一郎

法律文化社

は じ め に

「この世界は閉じられた扉だ。障壁であると同時に通路でもある。」
シモーヌ・ヴェイユ（哲学者）

　本書はいくつかの意味で、「扉」となることを目指している。

　１つには、法学への扉である。これまで法学に無縁であった人たちに向けて、また大学でも法学部「以外」で学ぶ人たちに、一生に一度くらい、法律や法学というものにふれる機会を提供するということである。

　また法学を学び始めたものの、何かピンと来ないという方にも、役に立てればと思う。実はこの本の著者自身が学生時代にそうだったし、のちに法学の泰斗となられた研究者のなかにも、最初は法学が好きになれなかったという方は少なくない。

　タイトルの「法学」は、学問としての法学を意味している。法学というのは、膨大な法律の内容を頭に詰め込むことだと思われている節がある。しかしそれはまったく間違いで、法学は、法律の内容理解を前提に、端的には法律の解釈という特殊な思考を通じて、社会における紛争の解決をおこなうことを中心的な課題とする学問だといえる。

　それはいわゆる「実学」、すなわち社会の役に立つことを使命とする学問であり、機会理性ないし賢慮という、やや特殊な、他の学問とは大きく異なる思考様式・頭の働かし方をその特徴とする。ただそれは同時に社会のルール全般に適用可能であることから、狭義の法律家に限らず、広く役に立つはずである。少なくともそれを知らずにいるよりも、知っていた方がいいことがあろう。

　ところでこの「扉」については、上記のこととは別に、他の学問分野と法学の間をつなぐ扉ということも意識している。すなわち１つには法学から他の学問分野に通じる扉であり、もう１つには逆に、他の学問分野から法学に通じる扉である。片方から見れば入口で、もう片方から見れば出口ということで構わない。

i

法学は、他の諸学問からあまりにも孤絶している印象がある。それは「実学」という性格からやむを得ないところはある。しかし他の学問領域においても、多くの優れた研究者や重要な文献が、しばしば法律的な事柄を扱っている。それらは法学の側でも参照に値するし、そのことは逆にそれらの諸学問にとっても、法律的な事柄が大きな意味をもっていることを示している。

　法律的な事柄を具体的にみていくと、そこには他の諸学問との間に、無数の通路があることに気づく。本書ではそれらに通じる「扉」のようなものを示すことを試みた。とくに各講の introduction や「学問への扉」は、そのために置かれている。

　以上の目的のために、この本では民法を中心に、行政法、憲法、刑法の一部を素材にしながら、法制度や法律自体の解説とあわせて、そこで法学が何を問題にして、何を議論しているのか、どういうところで意見が分かれているのかなどをなるべく具体的に示すことを試みた。上記の法分野はとくに各種の試験のために、法学部以外の学生が勉強しなければならない科目でもあろう。

　だから本書の前半（第1講～第3講）では、法律、法学、法律の解釈について概括的にみているが、むしろ後半の具体的な諸論点との組み合わせで理解していただければと思う。後半部分で、前半部分へのレファレンス（参照指示）を多数（執拗なほどに）つけているのはそういう趣旨である。

　またそれぞれの小項目のなかで、少なくとも1つは、かならず大学生・キャンパスライフに関係のある内容を取り入れるようにした。

　法律の条文は、なるべく「　」内でそのまま転記した。本来は六法で実際の法律の条文にあたるのが望ましいところ、その代替という趣旨である。そのため日本語の文章としては、無骨で読みにくくなっているが、この法律の条文の部分が、まさに現在通用している法律の本体である。

　また2017年の債権法改正により内容や文言が変わった箇所と、2018年の成年年齢引下げと相続法改正により変更された箇所を、〔※〕印で示している。

　各法を解説した部分は、かなり概略的で、項目や内容的にも不十分であろうし、分かりやすさを優先し、各法領域の見取り図を示すことに重点を置いたため、厳密性を欠く部分が少なくないことをお詫びしたい。

はじめに

　また関連する諸学問の知見の紹介は、まことにアトランダムである。なぜここでマックス・ヴェーバーが出てこないのかとか、ここではシステム理論との関係を示すべきだとか、いくらでも指摘されて仕方ないところだろう。ただ、どのみち「キリがない」ところはあり、それらの学問の「扉」のほんの一例だけを示したものと受け取っていただければうれしい。

　なお法学の特色を示すために、余計な雑談の類もいろいろ入れているが、軽い読み物として眺めていただければと思う。「25番教室の窓」は、主に著者の思い出話である。

　一般にはほとんど知られていないが、法学はかなり面白い。法学の面白さを知らない他の領域の学徒は気の毒であり、「もったいない」の一言である。

　しかし法学だけしか学ぶ機会がない学徒も、また気の毒である。他の学問も、同様に面白いのだし、法学だけをやっていては、逆に他の諸学問と比較した時の法学の固有の面白さも、本当は分からないはずだと思う。

　要するに、どちらも面白いのである。法学を学ぶ人には、他の諸学問の豊かな鉱脈にも目を向けてほしいし、法学以外を学んでいる人には、法学の楽しさに気づいてほしいと思う。

　　2018年9月

　　　　　　　　　　　　　　　　　　　　　　　長沼　建一郎

目　　次

はじめに

第1講　社会のルールと法律 ——————————— 1

1.0　悪法も法なのか ………………………………………【introduction】　1

1.1　法律には「人を殺すな」とは書いていない
　　　　　　　　　　　　………【社会のルールと法律】　2

1.2　信号機がなかったらどうなるか ………………【法律と国家の役割】　6

1.3　法学は丸暗記の学問か ………………………【法学の内容と役割】　10

学問への扉　14

第2講　法の解釈 ——————————— 17

2.0　小説の解釈に正解はあるのか …………………………【introduction】　17

2.1　マンションでウサギを飼えるのか …………………【法律の解釈】　18

2.2　「ルールのルール」の世界
　　　　　　　　　　　………【法律の条文を読む際に大切なこと】　22

2.3　逃げずに決断すること
　　　　　　　　　　　………【法律の条文を解釈する際に大切なこと】　26

2.4　裁判官だって素人じゃないのか ………………【法律の解釈と裁判所】　30

2.5　法解釈に「唯一の正答」はない ………………【法解釈論・余滴】　34

学問への扉　38

第3講　法の領域 ——————————— 41

3.0　六法は6つの法律ではない …………………………【introduction】　41

3.1　悪事にはトリプルパンチ …………【民事責任と刑事責任の区別】　42

3.2　試験のカンニングは犯罪だ …………………………【刑法と刑事責任】　46

3.3　キャンパスライフで身近なのは民法 …………【民法と民事責任】　50

3.4　大学の学則は行政法に近い …………………………【公法と私法】　54

目　　次

学問への扉　　　　　　　　　　　　　　　　　　　　　　　　58

第4講　民法総則 ──────────────── 61

4.0　わかっちゃいるけどやめられない ……………………【introduction】　61

4.1　朝起きてから、大学に来るまでに
　　　………【契約と意思表示（1）　契約および詐欺・強迫】　62

4.2　「間違えました」はキャンセルできるのか
　　　………【契約と意思表示（2）　錯誤および消費者立法】　66

4.3　三角関係はややこしい
　　　………【契約と意思表示（3）　虚偽表示および第三者】　70

4.4　1週間でレポートを書いて提出してくれと言われたら
　　　………………………………【公序良俗および一般原則】　74

4.5　飲食代金は時効でチャラになるのか
　　　………………………………【消滅時効・取得時効】　78

4.6　大学生は、正式に契約を結べるのか ………【権利能力・行為能力】　82

4.7　大学も法人という「人」である ……………………………【法　人】　86

学問への扉　　　　　　　　　　　　　　　　　　　　　　　　90

第5講　物　権　法 ──────────────── 93

5.0　自分の物なら、壊してもいいのか ………………【introduction】　93

5.1　自分の物ならどうしてもいいのか ………………【所有権・占有権】　94

5.2　友人に預けていたものを勝手に売られたら
　　　………………………………………【所有権の移転】　98

学問への扉　　　　　　　　　　　　　　　　　　　　　　　　102

第6講　契約法──債権法（1） ───────────── 105

6.0　電車が遅れるのは契約違反か …………………………【introduction】　105

6.1　友だちに貸したお金が返ってこない ………………………【債権総論】　106

6.2　注文したピザが届かない …………………………………【債務不履行】　110

6.3　細かいネットの規約を読まないと ……………【債権各論　契約総論】　114

6.4　タダでくれると言ったのに …………………………【契約各論（1）】　118

6.5　結果を残してこそプロか …………………………【契約各論（2）】　122

v

学問への扉　126

第7講　不法行為法——債権法（2） ── 129

7.0　事故は決して起きてはならないというけれど

………【introduction】　129

7.1　スマホを見ていて人とぶつかったら

………【不法行為（1）　過失、因果関係】　130

7.2　命にも値段がつけられている ………【不法行為（2）　損害の賠償】　134

7.3　未成年なら許されるのか …………【不法行為（3）　特殊な不法行為】　138

7.4　人助けを途中でやめてはいけない …………【不当利得・事務管理】　142

学問への扉　146

第8講　家　族　法 ── 149

8.0　家族はしょせん他人か ……………………………【introduction】　149

8.1　婚約破棄や浮気は許されるのか ……………………………【婚姻法】　150

8.2　夫／妻の顔を見るのも嫌になったら …………………………【離婚法】　154

8.3　父／母が本当の親でなかったら ……………………………【親子法】　158

8.4　親の借金が子どもにのしかかる ……………………………【相続法】　162

学問への扉　166

第9講　行　政　法 ── 169

9.0　火事になったら自分の家にも入れない …………【introduction】　169

9.1　大学生になったら運転免許をとりたい

………【行政行為（・行政処分）】　170

9.2　受付窓口の気分次第では困る …………………【法律による行政】　174

9.3　試験の成績、ギリギリセーフかアウトか ………【行政による裁量】　178

9.4　停学や退学処分を下されたら …………………【行政行為の効力】　182

9.5　大学の新設に賛成する人、反対する人

………【行政不服審査・行政事件訴訟】　186

9.6　パワハラ／アカハラに負けるな ……………………【国家補償】　190

学問への扉　194

目　　次

第10講　憲　　法 —————————————————————— 197

10.0　どう決めるかを、どう決めるか …………………【introduction】　197

10.1　「女子大」は男女差別か ………………………………【基本的人権】　198

10.2　悪口をネットに書くのも表現の自由か
　　　　　　　　　　　………【精神的自由、経済的自由】　202

10.3　大学に行くお金がなかったら ………………【社会権、その他】　206

10.4　憲法をめぐる裁判の主役は大学生だ …………………【統治機構】　210

10.5　憲法と大学は誰のために
　　　　　　　………【財政、地方自治、憲法改正、基本原理】　214

　　学問への扉　　　　　　　　　　　　　　　　　　　　　218

あとがき──この本は「入門」ではない。

文献リスト


```
┌─────────────────────────────────────────────┐
│  25 番教室の窓                                │
```

　大学における授業と教員　　16

　授業における双方向性　　40

　授業の教科書　　60

　授業のレジュメ　　92

　戦争の記憶　　104

　法学はなぜつまらないイメージがあるのか　　128

　どうしても買えない本　　148

　法律科目の期末試験　　168

　行政法はつまらないけど大事　　196

　25番教室の子羊たち　　220

vii

第**1**講　社会のルールと法律

1.0　悪法も法なのか

【introduction】

　　毒ニンジンが準備されるあいだ、ソクラテスはフルートで1つの曲を練習していた。「いまさらなんの役に立つのか？」とある人が訪ねた。

　　ソクラテスは答えた。「死ぬまでにこの曲を覚えたいのだ。」

　　　　　　　　　　　　　　　　　（イタロ・カルヴィーノ『なぜ古典を読むのか』）

　人は、生きている間に、あるいは大学にいる間に、法律や法学を学びたいと思うだろうか。

　ソクラテスのように最期の時は迫っていないにせよ、人生は、あるいは大学の4年間は短い。そのなかで法学を学ぶ価値があるかどうかは定かではないし、ましてやこの本でそれを学ぶ価値があるかどうかは分からない。

　しかし逆に、法律あるいはルールとまったく無縁の人生というのはあり得ない。よかったら少しだけでも法学の世界にふれてみてほしいと思う。

　ところでソクラテスといえば哲学の祖であるが、何といってもその有名な言葉は、「悪法も法なり」である（毒ニンジンを仰ぐ直前の会話とされる）。

　なぜそうなのか。そこにはいろいろな説明と応答があり得るが、とりあえず法律というルールの必要性を述べたものだとはいえる。

　とくに「悪法」といっても、誰が「悪」と判定するのかという点が重要である。それぞれの人が「これは悪法だから、俺は従わない」といってしまえば、社会は実質的に「無法状態」になってしまう。それは、誰にとっても——とくに力をもっていない「普通の人」にとっては——生きづらい状態だろう。

　この第1講では、法律とはどんなものか、何のためにあるのか、また法学とはどんな学問か、あるいは社会でルールや法律がどんな役割を果たしているかをみていきたい。

1.1 法律には「人を殺すな」とは書いていない
【社会のルールと法律】

法学は、国が定めた法律を中心的な対象とする学問であるが、より広く、社会のもろもろのルールを射程に収めるものでもある。

たとえば刑法において、殺人を犯罪としているのは、国の法律による規定の代表例といっていいだろう。

もっとも法律には、「人を殺してはいけない」とは書いていない。それでは何と書いてあるのか。そしてそれはどういう意味なのか。

法律とルール 「法」というと、やや広い意味合いになるが、そのなかで法律というのは、日本でいえば国会で正式に制定されたものを指す。本書はそういう法律を主たる素材としてみていくものである。

しかし法学の考え方は、それに限らず、社会全般のルールにあてはまる部分が少なくない。だからこそ法学は、いわゆる法律家（およびそれを目指す人たち）以外にとっても、学ぶ意義がある。

もちろん国の法律だからこそ成り立つ部分も多く、国の法律には独自の意味合いがある。とりわけ国家規範として明文化され、一律・強制的に適用されるという点が法律の最大の特徴であり、それをもとに法学は構成されている。

実際、たとえば大学での学則や、会社での就業規則、サークルやマンションの自治会におけるルールなどは、国の法律とはずいぶん違う。それでも、それなら学校や会社、サークルやマンションのルールにどう向き合うか。具体的にはルールをどう策定し、どう運用するか、また場合によりそれにどう対抗するかについて、頼りになる学問があるとすれば、それは法学だといえる。

「社会のあるところに法あり」というのが法学入門で必ず紹介される古言である。ルールがなければ社会は成り立たない。いいかえれば社会はルールでできている。法学は、それを正面から学ぶ学問だといえる。

法律の規定
―― 要件と効果 冒頭でもふれたが、日本人の普通の感覚では、もっとも法律らしい法律の1つは犯罪にかかわる刑法であり、その内容の典型――いちばん先に思いあたる犯罪――は殺人罪であろう。

すると、刑法の条文には「人を殺してはならない」と書いてあるのだろうか。実はそうは書いていない。条文は以下である。

第1講　社会のルールと法律

> 刑法199条　人を殺した者は、死刑又は無期若しくは5年以上の懲役に処する。

　つまり「こうしてはいけない」とは書いておらず、「こうすると、こうなる」ということが定められているだけである（なお法律の条文の読み方には細かいルールがあって、たとえば「若しくは」は小さな結びつきを、すなわち「無期の懲役」若しくは「5年以上の懲役」という選択肢を意味し、それが死刑と「又は」（という大きな結びつき）で並列されている→2.2）。

　ほかの犯罪についても同様である。たとえば傷害罪については、

> 刑法204条　人の身体を傷害した者は、15年以下の懲役又は50万円以下の罰金に処する。

という条文になっており、また窃盗罪については、

> 刑法235条　他人の財物を窃取した者は、窃盗の罪とし、10年以下の懲役又は50万円以下の罰金に処する。

という条文となっている。

　あるいは私人と私人の間を規律する代表的な法律である民法でも、「約束は守れ」とか「人の権利を侵害するな」という形では条文は書かれておらず、たとえば民法415条（債務不履行）や709条（不法行為）のような基本的な条文も、「契約を守らないと…こうなる」「人の権利を侵害すると…こうなる」という形で、次にみる「要件」と「効果」が書いてあるだけである。

　もちろん法律には、「…しなければならない」あるいは「…してはならない」と書いてある条文もたくさんあるが（とくに行政法→9.1～）、その場合もその法律の条文に違背するとどうなるか（効果）が別途規定されており、それとの関係が大切である。

要件と効果　このように、単に「こうしろ」あるいは「こうするな」というのではなくて、法律では「こうすると、こうなる」という形で規定されている。この前者の「こうすると」を要件、後者の「こうなる」を効果という。

　いわゆる道徳においては、とにかく「ダメなものはダメ」という形で規範だけが示されることが多いが、法律では道徳とは違い、あくまで要件と効果の関

3

係として、つねに要件と効果のセットで提示される。

　その意味では法律は、いわば大人の世界のツールだといえる。子どもに対するお説教のように、「こうするな」と頭ごなしに命令するのではなくて、「こうすると、こうなる」ということを示して、自らの責任で行動することを求めているのである。

　ただこのことは逆に、そのような効果を覚悟・甘受するなら、法律を守らなくてもいいという話にもなり得る。「死刑になりたいから、人を殺してみた」というのがもっとも極端な例だろうが、そこまでいかなくともたとえば「刑罰に服するし、賠償金も払うから、一発殴らせろ」という言い方も成立してしまう。法律の側でそれを抑止しようとしても、せいぜいサンクション（刑罰や賠償額等）を厳しくするくらいのことしかできない。そこでは法律はむしろ無力であり、法律だけで社会や人間の行動をすべてコントロールすることはできない。

なぜ人を殺してはいけないか

殺人を例にとってみてきたが、そもそも「なぜ人を殺してはいけないか」については、哲学や思想をはじめ、いろいろな立場からの説明や回答があろう。

　そこで法学の立場からどうかといえば、やや肩透かしかもしれないけれども、とりあえずはみてきたとおり、「法律には、別に人を殺してはいけないとは書いてありませんよ」ということになる。「ただ、人を殺すと、こういう刑罰を受けますよ。また賠償も命じられますよ。あとはどう行動するか、大人として判断してください」ということになる。

　それでも生命をはじめとする人権の尊重は、近代的な法体系全体の前提ではある（日本国憲法では13条→10.1）。それはもっとも重要な価値の1つでもあり、もし生命を尊重しなくてよいのなら、他の人権、たとえば表現の自由を尊重する意味もなくなるだろうし、そうすると「なぜ人を殺してはいけないのか」を議論する自由もなくなってしまうだろう。

　逆に、「法律さえ守ればいいのか」という表現も、よく耳にするところである。しかしやはりみてきたように、法律は、要件と効果の関係を定めたものであり、法律を守ると（また守らないと）、一定の効果が発生するだけだともいえる。それを「そもそも」守らなければならないかどうかは、別の（たとえば道徳や倫理の、あるいは個々人の生き方という）次元で決まってくることだろう。

　その意味では「法律に違反していないからいいじゃないか」という言い方も

第1講　社会のルールと法律

よく耳にするが、そこでも何が「いい」のか明らかではなく、あまり意味のある内容の発言とはいいがたい。

法律と道徳の関係　「法律は最低限の道徳である」といわれることがある。法律と道徳の関連については多くの議論があるが、ここでの内容との関係では以下のことがいえる。

確かに犯罪はもちろん、約束を守らないことなども、道徳的には望ましくないので、そのように社会的にも容認できない事柄を法律でコントロールしようとしているところはある。また逆に、もし「ごみを拾わなかったら犯罪です」というように、道徳的な責務を「すべて」法律にしてしまったら危うい社会になろう。そういう意味では「法律は最低限の道徳」という面は確かにある。

他方、道徳とは関係なさそうな法律もたくさんある。たとえば生活保護法は、国民の最低限の生活を保障する大切な法律だが、条文のなかには受給者の義務なども書かれているものの、法律全体が国民の何かの（ましてや最低限の）道徳を直接定めているものとは考えづらい。たとえば私立学校法や、全国新幹線鉄道整備法、農地法、競馬法、日本銀行法等々にしても同様であろう。

法律と道徳とは、正義の実現や人権の重視などにおいて一致する部分もあるものの、やはりかなり次元が異なる規範でもある。「法律は最低限の道徳」というのは、すべての法律にあてはまるものではなく、とくに刑法や民法を中心とする一部の法律にあてはまる表現なのではないだろうか。

キャンパスライフと法　大学生は、子どもから大人への中間地点である。だから「半ば大人」として遇されることになる。いいかえれば道徳から法律の世界に移っていく。

たとえば小学校以来、親や先生からとにかく「勉強しろ」と言われてきたことだろう。そういう風に「説教される」のは、子どもだからである。

大学生になると、もう説教されることは減ってくる。大学の学則では「勉強して所要の単位を取れ」などとは書いていない。刑法の条文と同様に、要件と効果の関係が書いてあるだけである。勉強しないと単位がとれないだけの話であり、それが重なると、進級や卒業できないだけの話なのである。

そのように結果ないし帰結を踏まえた上で、自分で行動を決めていくのが「大人」なのだといえるかもしれない。法学は、それらを具体的に学ぶ・考える材料を提供してくれるだろう。

5

1.2 信号機がなかったらどうなるか

【法律と国家の役割】

　そもそも法律は何のためにあるのだろうか。一般的には秩序を維持するためと説明されることが多い。もっとも秩序というと、古臭い、お堅い語感がある。

社会学者や文学者の説明　たとえば社会学者の橋爪大三郎は、法律を、単に秩序というより、幸せのための工夫と説明している。すなわち自分が個人として幸せを追求していく。しかし他人もやはり個人として幸せを追求していく。他人を不幸せにしてしまうのではいけない。何とかそこに調和を見出す。その調和点としてのルールが法律である。そしてそのように各人の自由が制限されて、人間の相互関係がパターン化することが、秩序である（『人間にとって法とは何か』）。

　またフランス文学者の鹿島茂は、駅で電車に乗るときに、乗車口の前の行列が一切おこなわれなかったらどうなるか、と問いかける。皆が行列に並んで、順番に乗ることで、混乱を避けられて、結局は皆にとって得になるという説明であり、法律などのルールは「人間が試行錯誤の末に生み出した「本当に（最終的に）自分にとって得になる」方法なのです」という（『幸福の条件』）。

信号機の役割　これらのことを、歩行者が横断歩道で「赤信号では止まる」というルール（正式には道路交通法施行令第2条）を例にとって考えてみたい。

　信号を守らなければならないのは、とくに急いでいる時には、いらいらすることである（人々が信号を守らない国も多いが、それはここでは措く）。

　それでも世の中に信号機があるときと、ないときとを比べると——あるいはドライバーも含めて人々が信号を守ろうとしているときと、人々がまるで信号を無視しているときとを比べると——、前者の方が、事故が起きる（自分が事故に巻き込まれる、また自分が事故を引き起こす）可能性は明らかに小さいだろう。

　赤信号は、歩行者にとっては歩き方についての（ドライバーにとっては運転の仕方についての）自由の制約だといえる。しかし本人も、他の人たちも、あわせて社会全体としても、「赤信号では止まれ」という制約によって「よりよい状態」（幸福）になっているといえる。ルールとは総じてそういうものである。

第1講　社会のルールと法律

より一般的な説明　同じように、たとえば「人を殺す自由」、「約束を破る自由」、「無免許運転の自由」、「盗む自由」などが、法律によって否定されている。そういう「ヘンな自由」は認めないことで、自分も、他人も、安全が確保される。

「人を殺す自由」、「約束を破る自由」、「無免許運転の自由」、「盗む自由」などがあった方が、そのことだけみれば、個々人の自由の幅は大きくなるようにみえる。しかしそういう世の中は、いうまでもなく「殺される」、「約束を破られる」、「無免許運転の車に轢かれる」、「盗まれる」というリスクを皆が負うことを意味する。逆にいえば、そういう自由は制限されていた方が、人々にとっては（長期的・結果的には）「よりよい」状態を得られることになる。

したがって、このように法律によって自由を制限された部分があることは、結局のところ「皆のため」、「皆の利益」、「皆の役に立つ」ことになっている。本人にとっても一見、自由が減るようにみえるが、長期的、結果的には本人にも利益がある。いいかえれば「損して得取れ」ということでもあろう。

マルクスやカントの説明　この法律の役割についてカール・マルクスは、隣り合った2つの畑の境界が、垣根や杭で分けられているのと同じだといっている（「ユダヤ人問題に寄せて」）。法律は、自由を確保するための垣根・杭である。垣根や杭のこちら側の自分の畑では、自由に何をしてもいい。逆に他人の畑の方に入っていってはいけない。

もっともあまり垣根や杭がこちらの身体に迫っていて、自分のスペースが狭いと、息苦しい。いくら垣根や杭のこちら側では自由だといっても、ほとんど動くこともできない。実はこれが憲法の基本的な役割であり、第10講で扱う。

また哲学者のカントは法律の役割について、こんなことを言っている。森のなかで、それぞれの樹木が勝手に枝を四方八方に伸ばしたら、ぶつかっていびつに屈曲してしまう。どの木も上のほうに伸びるようにすれば、それぞれが思い切り、真っ直ぐな幹を上のほうに伸びることができる。そのように、人間の資質を発展させられるような、普遍的な形で法を施行する市民社会の構築が必要なのである（「世界市民という視点からみた普遍史の理念」）。

同じことをカントは、このようにも言っている。「法とは、ある人の意思が他人の意思と自由の普遍的な法則にしたがって調和させられうるための諸条件の総体である」。小難しいが有名な定義である（「人倫の形而上学」）。

7

自分の意思どおりに、「まったく自由に」あらゆることをおこなうわけには
いかない。すべての人がそのようにしたら、社会はめちゃくちゃになってしま
う。だからそれらを調整しなければならない。そのときに、誰が強いとか、誰
がエラいとかということではなくて、「自由の普遍的な法則」にしたがって調
和を取る必要がある。したがって、法を学ぶというのは、この自由の普遍的な
法則とはどういうものかを学ぶことでもある。逆説的だが、法律によって秩序
がつくられることで、市民社会において、皆が自由に生きることができる。

　秩序というと、何か「権力者」に奉仕するというようなイメージもあるが
（実際に法律がそのように用いられることもあるが）、秩序というのもここでは社会
全体の利益であり、それは個々の利益の集合ということでもある。

　なお「利益」というと、経済的なニュアンスがあるが、効用（utility）、ある
いは厚生、福利（welfare）というものに近く、経済的なものだけではなく、む
しろ幸福（happiness）というニュアンスである。

法治国家・法による支配　ところで冒頭では信号機の例でみてきたが、全国の道
路に信号機を設置するのは、お金も手間もかかる。
「自由を制限して、全員の福利を増加させる」といっても、ただ法律に書くだ
けではすまないのだ。

　さらにいえば、その交通違反を取り締まるのにも費用と人手がかかる。イラ
ンのジョークに、警察官に「ちゃんと信号を見なかったのか」といわれた交通
違反者が、「信号はちゃんと見たのだが、あんたがいることを見ていなかった
んだ」と答えたというのがある。より一般的には、法律を定めて、周知して、
それを実現していくには、大変な費用と手間がかかる。

　国は（地方自治体も含めて）そういう仕事をやっている。そのためには予算が
必要となり、税金を徴収している。また公務員を雇って、そこでも税金をもと
に給料を払っている。

　法律で何かの内容・ルールを書けば、それだけで物事が達成されるわけでは
まったくない。法律の条文自体が「魔法の力」をもっているわけではない。自
由を制約すること、また（それと表裏だが）自由を確保することは、国家の積極
的な関与、具体的な活動があって、はじめて実現される。

　もっともそのことでひるがえって、人々が法律を自主的に守るということは
あるし、道徳と一致する部分についてはそれによって実現される部分もあるけ

第1講　社会のルールと法律

れども、法律違反に対しては権力が発動され、権力によって実現が裏付けられている点が、道徳との大きな違いである（具体的には→3.1、6.1）。

　そのようにお金と人を使って大がかりに、国が法律というものを運営している。その運営の仕方自体についても、法律が定めている。昔の王様やその家来が、気まぐれに、自分たちの都合がいいように運用している（すなわち「人による支配」）のではなくて、法律が前面に出てきて、それによって皆の幸福が増えるように運営されている。それが「法による支配」、法治国家なのである。

公　共　財

国は人々の自由を制限するだけではなく、人々への給付もおこなっている。

　経済学では、公共財という概念がある。典型的には灯台であり、公園や一般道路などである。通常は公共財は、すべての人に開かれていて、利用料もかからない。すべての人にとって有益だが、個々人の取引による市場では供給されない。だから国なり自治体なりが提供しているのである。教育サービスや社会保障の給付もこれに準じるところがあるだろう。

　その意味では、法の執行機関である行政、また法の実現機関である司法、そして法の作成機関である立法府が担っている、そのような作用自体が、すべてある種の公共財であり、それら国の作用が全体として、国民に対して給付されているとみることもできる（憲法がその内容と役割分担を決めている→10.4）。

キャンパスライフと法

大学の学則や規程の内容は、なかなか複雑で厄介であり、そんなものはない方が、学生が「より自由に過ごせる」ことは間違いないだろう。

　しかし学則や規程が何もなかったらどうなるだろうか。進級や卒業に必要な単位は別になくて、試験でのカンニングやレポートのコピペも咎められることはない。当座とても自由である。しかしそんなことでは、社会での評価も変わり、学生にとっても早晩その大学に行く意味はなくなるのではあるまいか。

　修了年限もなければ、授業料の定めもなく、入学基準もない。考えてみれば、それでははじめから大学は成り立たないのである。その意味では大学とは、学則や規程等のルールが築き上げている壮大な砂上の楼閣だともいえる（いいかえれば「フィクション」である→2.5）。

　俳句の季語と同じで、そのような自由への制約に対して、どのような意味を見出せるかに、大学生活はかかっているともいえる。

9

1.3	法学は丸暗記の学問か

【法学の内容と役割】

　法学部では、学生は何を学んでいるのか。また弁護士などの法律家を目指しているわけでもない学生が、法律を学ぶ意味があるのだろうか。

　法学は、法律を対象とする学問であるが、その内容は大別して、法律の理解と、その適用（そこでの法律の解釈）に分かれる。

法律の内容を理解すること　まず法律を理解すること。なぜその法律が、またそれぞれの条文があるのか。それを理解することが、法学を学ぶ大きな意味合いだといえる。

　代表的な民法学者である我妻栄（1897-1973）や星野英一（1926-2012）は、学生に法律を「覚えるのではなく、理解すること」を強く求めている。我妻栄は、理解しないでの丸暗記では「役に立たない」と言い切っている。誤解されることが多いが、法学は「条文を暗記する」のとは対極的な学問だといえる。

　すでにみた刑法の殺人罪などであれば、なぜその条文があるのか、改めて議論の必要はないかもしれない。もちろん哲学的な——「なぜ人を殺してはいけないのか」というような——議論の余地はあるにせよ、殺人を刑罰に値する犯罪だと考えること自体には異論がないだろう。

　それでも、たとえば殺そうとしたが、失敗したという場合でも、殺人未遂として罪に問われる（→3.2）。これはなぜそうなっているのかについては、やはり一定の勉強を通じた理解が必要である。実際、犯罪によっては、未遂は処罰されない場合もある（実は未遂を処罰する根拠については大議論がある）。

　また同じ刑法の犯罪でも、たとえば賭博罪などについては、そもそも自分が納得してやっているのだし、誰にも迷惑をかけないなら、別に構わないではないかという考えも十分あり得る。そうすると、なぜその法律や条文がそういう内容になっているのか、やはり勉強しなければ分からないことだし、いいかえれば最終的に賛成するかどうかは別として、理解を必要とする事柄である。

　民法にしても、たとえば意思表示の規定は、ごく基本的なものであるが、だまされた場合、すなわち詐欺による意思表示はそれを取り消せるのは理解できるとしても、間違えた場合、すなわち錯誤による意思表示の場合は、「間違えたのなら気の毒だ」という考え方と、「間違えた方が悪い」という考え方と

第1講　社会のルールと法律

もに成り立ち得る。そこでなぜ現行のような条文内容となっているのかは、それほど単純な話ではないし、やはり勉強を通じた理解が必要である（→4.2〜）。

法律を
解釈すること

このような理解を前提として、法律的な紛争に際して、法律を適用して解決する、その際の法律の解釈が、法学のもっとも大きな内容だといえる。

典型的には裁判の場で、具体的な事案に法律をあてはめることになる。たとえばある事案が、刑法199条の殺人罪にあてはまるかどうかを判断するのが法律の解釈という事柄である。

もちろん裁判で争われるのは、しばしば事実の認定についてである。すなわち「真犯人は誰なのか」、「何が致命傷となったのか」、「殺意はあったのか」というようなことである。しかし同様に、そもそも法律を適用すべきか、という場面でも議論は多くあり、これが法律の解釈問題である。

殺人罪についていえば、「人を殺した」というのは明確なようだが、それでもたとえば赤ちゃんにミルクを与えなかったという場合、それが不作為による「殺人」といえるのか（殺人であれば死刑もあり得る。不作為によっても犯罪は成立し得る→3.3）、それとも「保護責任者遺棄等」なのか（刑法218条。法定刑は殺人より軽い）、その境界で解釈の余地は大きい。

あるいはすでにふれた未遂に関して、たとえばおもちゃのピストルで撃ったというのが殺人の未遂にあたるかどうかは、議論が分かれる。本人が「おもちゃではなく本物だと思っていたら、殺人未遂になるだろう」という意見はもちろんあるだろう。しかしそれなら同様に、本人が砂糖を毒物であると信じて食べさせたら、殺人未遂なのかといえば、いくらなんでも砂糖を食べさせただけで殺人未遂になるとは考えづらいところがある。

ある場面で、その条文が適用されるか適用されないかで、その法律の適用範囲や意味合いは大きく異なることになる。解釈論では、これらが具体的なケースをもとに議論される。法律の全領域にわたって解釈を要する場面があり、そのなかでも重要なものが、法学の主要なテーマになる。この本でも、その代表的な例を示すことになる。

実学としての法学

第2講で詳しくみるが、法律の解釈には「唯一の正解」はないといえ、これをめぐって裁判所が、また研究者が検討や議論を重ねている。

11

ただ次にもみるように、「実学」である法学では、判断を避けることはできない。その判断は、基本的には「権利があるか、ないか」というものである。これをカントは「法／不法」の判断という（『人倫の形而上学』）。

いかに判断が困難であっても、たとえば双方の当事者の主張が五分五分でも、あえて「51対49」の紙一重で何らかの判断を下さなければならない。「引き分け」や「判断留保」というのは、基本的には「ない」。そういう判断から「逃げられない」、「逃げない」のが法学である。

さらにいえば第2講でみるような法律の解釈は、およそ社会における物事の決断にかかわるものだといえる。民法学者の平井宜雄（1937—2013）は、人間の価値とは究極的には判断力に帰着するのであり、法学はそれを養う点に最大の価値があると断言している（『社会人のための法学入門』）。

すでにふれたように、社会はルールでできている。人間は、何も持たずに裸で生まれてきて、その多くは親に育まれて大きくなるが、やがて一人前の大人として、社会のなかで他の人と関係を築いていく。それはヒトコトでいえば、権利を有し、義務を負うということであり、いいかえれば法律をはじめとするルールの世界に生きるということである。

社会のあらゆる組織にルールがあり、そこではそれをもとにした判断を要する場面がある。そこに法学を学ぶ意義があるといえる。

| 大学の起源としての医学・神学・法学 |

西洋における中世の大学は、医学・神学・法学の3つから生まれた（それぞれサレルモ大学、パリ大学、ボローニャ大学が起源といわれる）。これらが「実学」である。古代ギリシアでの哲学を中心とするアカデメイアは別途あるが、今日の大学（ユニバーシティ）の起源となっているのは、中世の大学である。これらは端的に以下のように位置づけられる。

```
身体の悩みを解決する　→　医学
心の悩みを解決する　　→　神学
社会の悩みを解決する　→　法学
```

人間の社会において、不可避的に発生するこれらの悩みを解決するために発達してきたのが、実学の諸学問なのである。

そしてこれらは、専門職（プロフェッション）と深く結びついている。聖職

第1講　社会のルールと法律

者、医師、弁護士等の法律家である。そこでは高い職業倫理が求められ、そのために職業教育も必要となる。仕事として相手のプライバシー等にも踏み込むし、人の幸不幸を直接左右するからである。

このような実学は、次のような使命を帯びている。

すなわちとにかく問題が解決しなければならない。目の前の病気なり、心の悩みなり、紛争なりを解決することが使命であり、目的であり、至上命題である。そのための思考——評価・分析・判断——が必要となる。

そのように判断を「うまく」おこなうためには、そしてその力を鍛えるためには、何度も「やってみる」（実践する）しかない。その意味では、むしろスポーツや音楽、料理などに似ている。何度も何度も試行錯誤しながら、失敗しながらやってみて、だんだんうまくなっていくしかない。

これはアリストテレスが『ニコマコス倫理学』で「フロネーシス（賢慮）」と呼んだ知のあり方である。すなわち真理を認識する方法として、エピステーメー（論証による学知）、テクネー（技術）、ソフィア（知恵）、ヌース（直感）などとは異なる、その場その場に応じた実践的な知性のあり方と位置づけられたものなのである。法学を意味する英語の jurisprudence は、ラテン語の「法の賢慮」iuris prudentia に由来する。

キャンパスライフと法　これらの実学は、医学にしても法学にしても（また神学にしても）、高校まででは学ぶことがなかったことに気づくだろう。「生物」と「医学」が全然違うように、「政治・経済」と「法学」も全然違う。

ヒトコトでいえば「唯一の正解」がないのが、実学である。高校までは、客観的な回答が１つだけに定まる問題集や期末試験や入試に取り組んできたわけだが、病気の直し方とか、心身の悩みへの対処の仕方とか、世の中の争いごとの裁き方などは、そのように「唯一の正解」があるものではない。

そういう事柄を扱うには、ある程度の人生経験も必要である。大学生になることで、人はついに実学に取り組むステージに達するということでもあろう。

もっとも高校までの間でも、実学に近い科目は結構ある。たとえば体育、家庭科、音楽など（その教科書ではなくて、実技部分）である。そこではやはり唯一の正解はなくて、むしろセンスとか、うまさとかが問われる。そして、やはりどのくらい練習したかが重要だったはずである。

学 問 へ の 扉

1. そもそも法・法律とは

　同じ「法」という言葉を使っていても、法律と法則──たとえば「万有引力の法則」のような自然法則──を比べてみると、きわめて対照的である。

　このことを民事訴訟法学者の三ヶ月章（1921-2010）は、以下のように比較する（『法学入門』。おそらくヘーゲルに依拠したものである）。

　第一に、その制定に関しては、自然法則は、自然に存在するものであるのに対して、法律は、人間が作りだすものである。

　第二に、その対象に関しては、自然法則が、万物を対象にするのに対して、法律は、人間だけに働きかけるものである。

　第三に、その実現に関しては、自然法則は、放っておいても必ずそのとおりになるのに対して、法律は、何もしないで放置しておけばその逆になる（無法状態になってしまう）可能性が大きく、しばしば人間が意識的・強制的に実現しなければならない。

　要するに、法律のキーワードは「人間」である。法律というと、とても冷たい「非人間的な」印象を持たれることが多いが、実はまったく逆で、法律にかかる事柄は、とても血の通った人間的なものであるはずだといえる。

　だから「人間」に関心があり、「人間」が好きである人ならば、法学の内実に関心を持ち、法学が好きになって不思議ではない。法学では、人間のすばらしい面も、どうしようもない面も、すべて材料としてあらわれてきて、それらと直面したときの個々人の評価や判断が求められるのである。

　逆にいえば、人間に関心があると自称しながら、「法学はどうも…」という人は、実は人間全般に関心があるのではなくて、単に「自分」に関心があり、自分のことが「好き」であるに過ぎない可能性もある。

2. 近代における法・法律

　近代法は、中世西欧では完全に忘れ去られていたローマ法のテキスト（ユースティニアヌス帝による）が、1070年頃、偶然にボローニャで発見されたことに始まる。イルネーリウスという人がこれを読み解いて、その仕事を聞きつけた弟子たちに講義をしたのが、法学の、また大学の始まりである。

　その古代のローマ法に、さまざまな注釈をつけることで、近代法は形成されて

いった。形式化され、抽象化され、慣習を吸い上げ、市民社会が成立するなかで、国家法に一元化される。刑罰も国が一元化して、権力と一体化する。その1つの象徴がサヴィニーの『現代ローマ法体系』である。

このローマ法再発見の一連の動きは、中世解釈者革命ともいわれ、哲学者である佐々木中の『切りとれ、あの祈る手を』がこれを活写している。それまでのような「神の法」ではなく、世俗的に、人間の理性自体に根拠を置くようになったのであり、それが「テキストの書き換え」を通じて近代法社会をもたらした。それはいわば情報技術革命だった。一言一句ゆるがせにしてはいけない。間違ったら間違ったまま、その準拠によって人が裁かれる。

3．現代における法・法律

いまや法律の所掌範囲は、人間にかかる全般——たとえば科学技術、著作権をはじめとする知的財産権、コンピュータ・プログラム等々——、また人間そのもの（遺伝子や人体の一部）、さらには地球を超えて宇宙にも及んでいる。

このようにあらゆる現象が法により規定されるようになっており、このことは「法化」の進展などといわれる。とくに人間の生活全般が法とは無縁ではいられなくなっており、社会哲学者のハーバーマスの『コミュニケイション的行為の理論』はこの現象を、法による生活世界の「植民地化」というショッキングな表現で分析した。日常生活の隅々にまで、法が侵食してきているのである。

現代においては「法規範」はさらに多元化している。たとえばIT社会、またグローバル化した社会において、国家法ではないデファクト・スタンダード（事実上の標準）の重要性が増している。

規範がどのように形成されるかについては、経済学的、ゲーム論的にも盛んに議論されるようになっている。そこではエスカレーターの片側空けの習慣の形成がしばしば例として挙げられる（しかも関東と関西とで異なる規範が形成された。最近では歩行自体の危険性が強調されているが、今さらとの感もある）。

このような、いわゆるポストモダン社会における法のあり方については、検討はまだまだこれからという状況にある。

25番教室の窓

大学における授業と教員

　私が学生時代、通っていた大学の教室にクーラーなどはなかった。だから遅刻しそうになって、走って教室に駆け込んだりすると、汗が噴き出して、まともに授業を聞くことなどできない。

　専門課程では、授業は1コマ110分で、とにかく長い。月曜の午前中は、「行政法」が2コマ連続で配置されていたりした。朝8時半から12時20分まで、途中10分の休憩だけを挟んで、延々と1人の教員による行政法の講義である。春学期は行政法第1部、秋学期は行政法第2部とそれが1年間続いた。もちろんすべて一方的な講義である。何しろ「講義」なのだから、「義を講じる」のだ。

　大学の教員は、別に授業のプロとは限らない。教員免許も必要ではない。最近ではずいぶん様子も変わっているが、要するに研究者が、ついでに授業もやるという風であり、レジュメや資料を配布したり、板書をする教員もほとんどいなかったが、たまに複雑な当事者関係を図示した板書がまったく解読できないとか、マイクの声がひどく聞きづらいとか、よくある話だった。

　総じて大学の授業を聴講するという事柄は、苦行という性格を帯びていた。

　すると学生は唯々諾々として授業を受けていたかというと、学生の方では教員のことをもちろん勝手に値踏みしていた。それは今も昔も同じだろう。

　ただしその基準は、決して「単位が取りやすい」とか、「話が面白い」とかいうことではなかった。むしろ生意気にも学問的な観点から、いわば上から目線で評価していたのである。

　時代的なものもあったかもしれないが、その領域の学問史を塗り替えるような、つまり従来の学説を一新するような学説を展開する教員が高く評価された。

　とくに一定年齢以上の教員であれば、学問的な業績を論文の形で積み上げて、それらのエッセンスにより構成された体系書を書いているかどうかが、もっとも分かりやすい指標であった。逆に、本を書いていない教員は、「口だけ」に思えた（それは今でもそう思う）。

　アメリカの学界には、Publish or perish という言葉がある。学問的な業績を堂々と公にせよ、そうでなければ消えろ、という意味である。ちなみにこの本のような「学生のための教科書」は、そういう学問的な業績には含まれない。

第2講　法の解釈

2.0　小説の解釈に正解はあるのか

【introduction】

　村上春樹の小説について、大学の食堂で文学部の学生たちがいろいろ議論している。「この結末には一体どういう意味があるんだろう」とか、「この人物はなぜ自殺したんだろう」とか、ああでもない、こうでもないと話は尽きない。

　それをたまたま隣で聞いていた工学部の学生が、いらいらしながら言い放った。「そんなの、村上春樹に直接訊いてみればいいじゃないか。」

　文学部の学生たちは絶句した（話の中身を少し替えているが、実話である）。

　なぜ文学部の学生たちは絶句したのか。もちろん実際問題として村上春樹に直接コンタクトを取ることが難しいから、ということがあるにせよ（もっとも村上春樹は時折ネット上で読者との交流を試みている）、それが本質的な理由ではない。いうまでもなく直接訊いてしまっては「おしまい」だからである。

　どうして直接訊いてしまっては「おしまい」なのか。当面２つの回答があるだろう。１つには、仮に著者本人が解説してくれたとして、それが「正解」だとは限らない。もう１つは、訊いてしまっては「面白くない」からである。

　この２つは、実際にはオモテウラであろう。つまり「正解がない」から、あれこれ議論するのが「面白い」のである。その面白さは、全員に強制できるものではないが、逆にこれが面白いと思えない人は文学には向いていない。

　法学も、実はこれと似ている。法学の中心はいわゆる解釈論であるが、法律をどう解釈すべきか、法律を制定した関係者に訊いてみても、正解が示されるとは限らない。あるいはあえてそれを無視した方がいい場合だってある。

　哲学者のロラン・バルトは「テキストのうしろに作者はいない」と喝破してポスト・モダニズムを導いた（『テキストの快楽』）が、法律にもそれは妥当する。村上春樹も「テキストというのは、すべての人に対して平等なんです」と語り、作者の特権性を否定している（『夢を見るために毎朝僕は目覚めるのです』）。

　ただ法律の解釈は、「面白い」だけではなく、紛争の解決に役に立たなければならない。この第２講は、その法律の解釈とは何かという話である。

17

2.1　マンションでウサギを飼えるのか

【法律の解釈】

　言葉には、広狭がある。たとえば「安全性」、「公共の福祉」、「最低限度の生活」などは、いずれも相当に言葉の解釈の幅はありそうである。ただ、かなりきちっとしている概念にしても、「解釈」の余地はある。

解釈の種類　法律の解釈に際しては、一般的な方法がいくつか挙げられる。

　まず、言葉そのものとして受け取るのを文理解釈という。これがもちろん基本であり、文法的に忠実に受け取る、ということである。

　そのなかで、あえて法律でそう規定したのだから、それだけを対象としているのであり、それ以外は除外した趣旨だとみることを反対解釈という。反対解釈という表現は分かりづらいが、字義通りに受け取るという意味では、ごく一般的な解釈の手法でもある。「Aならば、Xになる」という条文をわざわざ設けるのは、「Aでなければ、Xにならない」ときが多いからである（もちろん論理的には、命題と裏命題の真偽は必ずしも一致しないが）。

　他方、言葉をなるべく広くとらえるのが拡大解釈、狭くとらえるのが縮小解釈という。さらには言葉そのものの意味には含まれなくても、その法律の趣旨から、これに近い対象までその言葉に含めることを類推解釈という。

　これらを次のマンション規約の例で考えてみたい。

　マンションの規約で、「犬や猫を飼ってはならない」という内容が定められているとき、たとえばウサギや小鳥は飼っていいのか。

　1つには、「犬や猫」は飼ってはならないと書いてあるのだから、それ以外は構わないのだという解釈が成り立つ。そうであれば、ウサギなども飼っていいということになる。これは、あえて「犬や猫」と書いているのだから、それを限定列挙とみるもので、反対解釈ということになる。

　他方、「いや、これは犬や猫などの、小動物という意味なのだ」ととらえると、ウサギもダメだという解釈も成り立つ。実際「犬猫」という言葉は、必ずしも「犬と猫（だけ）」という意味ではなく、小さな動物を総称する場合はある。「犬や猫」を、ウサギを含む小動物の総称と考えれば、拡大解釈というこ

第2講　法の解釈

とになる。

　あるいは「犬や猫」というのはまさに「犬と猫」（だけ）なのだけれども、その趣旨からして小動物全般を指すのだと考えて、ウサギ等もダメだと考えれば、類推解釈ということになる。

　拡大解釈と類推解釈の違いは微妙だが、もし「犬猫」はもともと小動物という意味だから、たとえばウサギまで（ギリギリ）含まれるとすれば、それは拡大解釈であり、これに対して「犬や猫」にはウサギは含まれないが、ルールの「趣旨」からその他の小動物まで含めようと考えれば、それは類推解釈となる。

　なお逆に、犬や猫であっても、やや狭めて解釈する余地もある（縮小解釈）。たとえば犬のなかでも盲導犬なら飼っても構わない、ということは十分あり得る。この場合、「犬や猫」という場合の「犬」とは「ペットとしての犬」という意味であり、盲導犬は含まれないと縮小解釈するわけである。

　ちなみに、犬や猫より大きな「牛や馬、豚」などは、当然ダメだと考えるかどうかも別途の論点となろう。文理解釈、反対解釈によれば、ルール上は禁止の対象に入らない（飼ってもいい）ことになるからである。

　このように社会ではいろいろ現実的な問題が発生し、ルールの解釈によって取り扱いを決める必要が生じる。

とりあえずの回答 ── 目的論的解釈

そこで解釈が複数あり、それらが並び立つとき、どれをとるかということになるが、法学の標準的な回答は「目的論的解釈」といって、その規定の趣旨・目的から言葉の広狭、ルールの適用の是非を判断するというものである。

　マンション規定の例でいえば、たとえば「動物アレルギーの人に配慮して」というのが制定の趣旨・目的だとすれば、ウサギはダメ、小鳥はもしかしたらセーフという判断に傾きそうである。他方、「啼き声がうるさい」という趣旨だとすれば、ウサギはセーフ、小鳥がダメという判断に傾くかもしれない。

　これらの検討を経て、場合によりその規約が制定されたときの議論なども踏まえて、ある動物について飼育を禁止されているかどうかの解釈を示す（それで住民に納得してもらう）というのが法学的なとりあえずの回答となろう。

いろいろ課題は残る

「犬や猫」という比較的明確と思われる言葉をめぐっても、解釈問題が発生するわけだから、より一般的・抽象的な語句をめぐっては当然争いが起きる。

19

マンション規約の例でも、「犬や猫」自体に加えて、それを「飼う」ということの解釈となると、とても難しい。たとえば犬や猫を預かるのはいいのだろうか。1日預かるくらいなら「飼う」にはあたりそうにないが、その1日であっても犬がずっと吠えていたりすると、問題になるかもしれない。逆に家のなかで飼っているわけではなくても、付近の猫へのエサやり等も問題となり得よう。

このような場合、すでにみた目的論的解釈といっても、なかなか難しい。結局「人がそれぞれ信じるところによるしかない」ということにもなりそうだが、しかしそれが一致しないので、しばしば裁判で争われるのである。

すでにみたように、実際の法解釈では、たとえば安全性、公共の福祉、最低限度の生活等々、抽象的な概念をめぐっての判断も求められることになる。

ルールをより詳しく書けばよいか

ところでこの事例では、単に「犬や猫」と書いてあるのが問題で、もっと詳細に書けばいいではないかとの指摘はあろう。しかしそれほど簡単ではない。

細かく網羅的に規定を作っておくとすれば、その際にはまず飼う対象となる可能性のある動物——たとえばハムスターやカメや昆虫や金魚等々——をすべて挙げていくだけでも大変である。その上で、なぜたとえば小鳥はダメで、金魚は構わないのかなどを検討していかなければならず、時間もかかるし、納得のいく統一的な説明が求められる。個々の線引きはそれほど容易ではない。

ルールで「犬や猫『など』」と規定しておく手もあり、それは規定したい内実には近づくのだが、かえってその解釈はややこしくなりかねない。

あるいは「犬や猫」だと規約として不十分だとすれば、もう少しその趣旨を説明した方がいいのかもしれないが、たとえば「他人に迷惑をかけるおそれのある動物」などと定めると、かえってその「迷惑」というのは何なのかという解釈の幅が大きくなるかもしれない。

また微妙なケースについては別途、マンション内に委員会を設けて判定するというような方法もあるが、そうすると委員会をどう構成するか、議決方法をどうするか等々、だんだん話が大掛かりになってくる。

逆に「とにかく動物は全部ダメ」と書けば、かなりの部分は解決する。それでもすでにみたように「飼う」をめぐって、解釈の余地は発生する。また、昆虫や金魚もすべてダメなのか、それは何故なのかという指摘は出るだろう。

第2講　法の解釈

　これらからすると、とりあえずは「そこそこの規定」を設けておいて、あとは解釈問題で対応するというのが、現実的である——つまり要する労力の「総計」としては、もっとも効率的だ——ということにもなろう。

あるべき法律の解釈

法律の解釈に求められる態度として、民法学者の内田貴（1954–）は以下の3つを挙げている（『民法Ⅰ』）。

　第一に、一貫性、すでに確立している法原理との整合性である。いきあたりばったりの理由づけでは優れた解釈とはいえない。第二に、その射程に含まれる類似の事例においても妥当性を主張し得ることである。ある特殊な場面でのみ妥当な結論を導けるというのでは、解釈論として優れているとはいえない。第三に、解釈論の帰結が、正義・衡平の観点から支持を得られることである。いいかえれば常識に合致した結論でなければならない。

　これらの条件を満たしつつ、個々の法律の解釈によって一定のルールが妥当する範囲を線引きするということになる。

　ただこれに加えて、法律の理解や解釈についての議論は無数にある。以下の記述にも、この本独自の内容も多く（とくにオルタナティブ論やサブカテゴリー論）、これらを参考に、自分自身の法律論・解釈論を組み立てていってほしい。

キャンパスライフと法

授業で「欠席が3回以上あったら、単位を認定しない」というときに、その3回に病欠や電車の運休に伴う欠席などが含まれるかどうかは死活問題である。

　普通の感覚では、その辺の欠席はカウントされそうにないが、これがたとえば実習のように実際の授業への参画が重要であったり、さらに資格取得の要件になっていたりすると、広く欠席にカウントされる可能性はある。

　また「レポートは○月○日までに大学に郵送すること」と掲示されているときに、それはポストへの投函なのか、大学への到着なのかは深刻な問題となる。その日までに投函すればよさそうな印象もあるが、民法97条は「意思表示は、その通知が相手方に到達した時からその効力を生ずる」としており（→4.4）、もしこれが適用されると、その日までに大学に到着している必要がありそうである。

　いずれにせよ、「3回」とか「○月○日」というような、かなり明確な概念の内容についても、解釈の余地は大きいのである。

2.2 「ルールのルール」の世界
【法律の条文を読む際に大切なこと】

　実際に法律の解釈をおこなう前提として、法律の条文を読むときには、以下の点を意識しておくことが大切だと思う。

要件と効果の関係が重要である　第一に、すでに1.1でみたように、法律の条文では要件と効果——「Aという要件を満たせば、Xという効果が発生する」という関係がエッセンスである。

　法律の条文は、単に「…しなければならない」、「…してはならない」というような道徳的な命令とは異なる。「…しなければならない」、「…してはならない」というフレーズは法律の条文には無数にあらわれるが、その命じられている内容とあわせて、その効果、すなわちもし「…しないとどうなるか」、もし「…するとどうなるか」を意識することが、法律の条文を読む際に重要である。

　その意味で、法律は二者択一のルール体系だといえる。その点で、道徳（必ずしも二者択一で、効果が発生したり発生しなかったりするものではない）とは異なる。そのために、法律の解釈では「決断を要する」のである（→2.3）。カントの表現によれば「法/不法」（権利がある/ない）という判断である。

原則と例外がある　第二に、法律の条文では、その効果を発生させるための要件が複数あって、それらはそこそこ複雑であることが多い。

　つまり「Aという要件を満たせば、Xという効果が発生する」というのが条文の骨格だとしても、よく読むと「Aであり、Bではなく、しかもCでもない場合に、Xという効果が発生する」というように書かれていることが多い。このときには、一応「A→X」というのが原則のようだが、実際にはBやCの要件をクリアすることが難しく、なかなかXという効果が発生しなかったりする。

　たとえば民法162条に取得時効という規定があり（→4.5）、「20年間、他人の物を占有した者は、その所有権を取得する」と書かれていて、他人の物でも20年間、自分のところに置いておけば、自分の物になってしまうような内容だが、実際には「所有の意思をもって、平穏に、かつ、公然と」という要件が加わっていて、そう簡単に効果（取得時効により自分の物になる）は発生しない。

第2講　法の解釈

サブカテゴリー（より細かな分類）
この第二の点をやや一般的にいうと、一般的な（広い）意味でのＡというカテゴリーのなかに、一定の（法律が想定する）Ａ１と、それとは少し異なるＡ２（ＢでもあるＡ）やＡ３（ＣでもあるＡ）という「サブカテゴリー」（より細かい分類）があって、Ｘという効果が発生するのは、Ａのなかでも（ＢでもなくＣでもない）Ａ１に限っている、あるいはＡ２やＡ３についてはＸという効果は発生させないというルールにしているものといえる。

　結果として「Ａ→Ｘ」と条文には書いてあるが、Ａ２やＡ３ではＸという効果は発生しないので、一般的にＡについて、効果が発生する場合が多いかどうかは分からない（この点は、解釈に際しても問題となる。たとえば「殺人」に、「中絶」や「安楽死」は含まれるかということである→2.3）。

オルタナティブ（別の選択肢）がある
第三に、法律の条文の内容には、必ずそのオルタナティブ（別の選択肢）がある──ないしはあり得た──という点を意識することが大切である。ルールのあり方としていくつかの選択肢──何も定めないことも含めて──があるときに、そのうちの１つを選んで明文化したのが法律の条文である。

　なぜその１つの選択がされたかは法律には書いていない。しかしそれを意識しながら、そのルールの意味合いと、適用の仕方を考えることには意味がある。いいかえれば「なぜその条文が、そういう内容で置かれているのか」、「なぜ別のオルタナティブが採用されなかったのか」を改めて考えるということである。オルタナティブが採用された場合の帰結、すなわちもし別の条文であったらどのようなことになるか、紛争はどのように解決されることになるか、また別の紛争が生じることはないか、などにも思いをめぐらすことが有益である。

過不足なく作られている
第四に、法律の条文は、かなり時間をかけて、精密に練られ、周到にチェックされて、「過不足なく」作られているという点である。

　もっとも「時間をかけて」という意味では、たとえば文学作品などの方が、完成までにより長大な時間を要していることはある。法律の方は、１つの国会で何十と成立するのだから、大量生産（粗製乱造!?）とすらみえる。

　それでも１つ１つの条文は、かなり精密に作られている。内閣法制局の参事官という役職の人たちが、個々の条文の内容・文言をチェックしている。１つ

23

の条文に「3時間」かけるから、「参事官」というのだという冗句がある。

とくにその精密さの1つの肝は、「過不足なく」作られているという点である。すなわち一方では必要なことは省略せずに書いてある。たとえば言葉の末尾に「等」があるかないかは大きな違いである（その「等」の内実は、法律の別の箇所や政省令などで詳細に書かれているのが通常である）。メールアドレスやインターネットのURLと同様に、1文字違っているだけで意味が変わる。

逆に、他の条文との関係で、余計なこと、重複することは書かず、必要最低限の文言で構成されている。たとえば言葉の定義について、前の方の条文で一度書かれていれば、それをいちいち繰り返すことはしない。条文に何かが「書いていない」ということ自体が重要な意味をもつこともある（→4.3）。だからその条文の文言を、一言一句ゆるがせにせずに読む必要があると同時に、他の条文との関係にも目を配る必要がある。

この「過不足なく」というのは、普通の感覚からすると、やや不親切とも思えるところがある。他の条文についての理解が前提となるからである。しかしそれは1つの条文ではなく、法律全体として「過不足なく」書かれているということでもあり、条文や法律全体が長くならないようにという趣旨でもある。

だからその条文だけをみても、十分に正確な意味が分からないことはしばしばある。たとえば裁判の判決で、「民法714条により、損害賠償を命じる」と書かれているときに、その民法714条の条文（監督義務者責任→7.3）だけを読んでも（いきなり「前二条の規定により」と始まっていて）何だか分からないということが生じる。もっともそれは文学作品などでも、一部だけを読んでも分からないのと同じかもしれない。

いわゆる法制執務 ——ややディープな議論

法律の条文の書き方、ひるがえって読み方に関しては、技術的な点が多数あるが、そのなかでいくつかだけを挙げておきたい。

第一に、条文の「呼び方」である。法律の条文は、第1条・第2条…というように並んでいるが、1つの「条」のなかで、いくつかの内容がある場合には、第1項、第2項…という形で分節している。また内容として具体的な事項を列挙する場合には、第1号、第2号という形がとられる（なお六法の出版物では第1項には番号を表記せず、第2項から番号を入れている場合がある）。

これに対して、「・・条の2」というような「枝番号」があれば、それは法

第2講　法の解釈

律制定後に加えられた条文である。枝番号にしないと、それ以降の番号が全部変わってしまうためである。たとえば民法398条の2以下に、根抵当についての枝番号規定が延々とある。逆に条文全体が削除されても、以降の条項の番号を全部前に詰めていくことはしないので、いわば欠番のままになる。

　長い条文では、前段と後段に分かれていたり、柱書き（列挙ではない部分）と列挙部分により、また本文と「ただし書き」により構成されていたりする。

　第二に、条文の書き方には、日常的な言葉を用いる際にも、さまざまな細かいルールがある。たとえば「または」と「もしくは」とでは、使い方が異なる（前者が大きな結びつき、後者が小さな結びつきを示す）。同様に「及び」と「並びに」も異なる（前者は2つの並列や小さな並列、後者は大きな並列を示す）。また「推定する」と「みなす」では意味が異なる（後者は反証を許さない）。

　第三に、効力の優先に関して、「一般法と特別法」の関係として、民法などの幅広い対象を想定して一般的に定めている法律（一般法）に対して、領域を区切って制定された法律（特別法）があれば、その領域においては、後者の効力が優先する。また、条文の内容に矛盾や不整合がある場合には、あとで制定された法律（後法）の効力が、以前の法律（前法）に優先する。

　このようないわば「ルールのルール」は法制執務といわれ、法令等を起案するとき、また法令の内容を正確に読む際にも必要な知識である。ただしもっと細かいルールが山ほどあり、分厚い法制執務の本がいろいろ出ている。

キャンパスライフと法

法律についての約束事は、かくも厄介であり、伝統芸能の作法みたいなところがある。もっとも社会では、あちこちにそれぞれの流儀があって面倒くさい。高校までの間にも、いろいろな「しきたり」に振り回されてきたことだろう。

　たとえば大学のゼミなどでも、教員によって、レジュメやレポートの書き方について、それぞれの流儀が強調されることが多いはずだ。ここは全角ではなく半角で書けとか、ここは1文字空けろとか詰めろとか、ここは西暦ではなく元号で書けとか、細かい上に、それに従わないと教員はえらく機嫌が悪い。

　法制執務は、その手の約束事の際たるものともいえるわけだが、何しろすべての法律がしたがっている流儀なので（またその内容にも一定の合理性はあるので）、少なくともたまたま出会った1人の教員の個人的な趣味や偏った流儀を覚えるよりは、役に立つ範囲は広いだろう。

25

2.3 逃げずに決断すること
【法律の条文を解釈する際に大切なこと】

　2.2でみた法律の条文の読み方を踏まえて、法律の条文を解釈するときには、さらに以下の点を意識しておくことが大切だと思う。

法学は逃げない　第1講でみたように、法学はまずもって「実学」であり、法律の解釈では、とにかく決断することが大切である。いいかえれば逃げないということである。

　たとえば医者が「なかなか難しいですなあ」といって患者から逃げてしまってはおしまいである。困難なケースであれ、未知のケースであれ、実学は、目の前の事柄をとにかく解決しなければならない。法学も同じである（もっとも法的紛争ではない、たとえば美醜についての争いは法学では解決できない）。

　しかし実際の法的紛争では、どちらかが一方的に「正しい」ということは少なく、両当事者の言い分が、ほぼ五分五分であることが多い。「一方の当事者のいうことは合理的だが、もう一方の当事者がいうことにも一理ある」というパターンである。別の言い方をすれば、水戸黄門やウルトラマンのように、当事者の「善／悪」は、はっきりしていない。往々にして「善 対 善」（少なくとも「悪くはない」同士）の微妙な対立や調整が、法解釈の課題となる。

　それをたとえギリギリ「51対49」の紙一重だとしても、どちらかに軍配を上げるのが法学である。いいかえれば当事者（通常は裁判を提起した当事者）が「権利がある／ない」という判断である。引き分け、痛み分け、判断停止、先延ばしというような（見方によっては日本的な）解決は、例外的にはとり得るとしても、基本的には「ない」ものとして、決断することが求められる。

　たとえば科学的鑑定による真犯人の解明のように、明確に決着がつく事柄もあるし、賠償金額のように、その水準を調整できる場合もある。しかしそうではないときのギリギリの判断が、むしろ法解釈の真骨頂である。

より悪くないもの　(lesser evil)の選択　政治学者の丸山真男は、政治的な選択とは、ベストの選択ではなく、「悪さ加減の選択」だと言った（「政治的判断」）。これは lesser evil（より悪くないもの）の選択ともいわれるが、このスタンスは法律の解釈にもあてはまるところが大きい。

　そのため、時には「比べられない（異質な）ものを、無理をしてでも比べ

26

る」ことも必要になる。いいかえれば、あえて「一次元で」比べるということである。たとえばあとでふれる正義（個別的妥当性）と法的安定性（全体的秩序）との相反や、静的安全（権利の保護）と動的安全（取引の保護）との相反（→4.6、5.2）などは、よくあるパターンである。

　法律家は、時折「黒を白にする」と揶揄される。口先だけで、条文をどのようにでも都合のいいように捻じ曲げて「解釈」するという意味合いである。しかし実際の世の中は、「白か黒か」ではなく、むしろ「灰色」の領域が多い。そのときに、どこまでを「白」、どこまでが「黒」なのかを確定する——いいかえれば目の前の問題を解決するために、「無理にでも線を引く」——のが法律の解釈なのだといえる。「どちらともいえない」、「なかなか難しい問題である」などと言っていても、目の前の法的紛争は解決しないからである。

| 定　　義　　は アルファではなく オメガである |

そこで条文を読むときの留意点からひるがえって、第一に、法律の条文の解釈に際しても、その条文の「効果」との関係で解釈するという点が大切である。

　ある行為や事柄について、独立的に、道徳的な「善／悪」を判断するのではなくて、あくまで一定の法的効果を発生させるかどうかという観点から判断をおこなうということである。つまりその効果を及ぼすのが適切かどうかという観点から、法律を適用するかどうかを決めるということになる。

　法律の条文は、一定の要件Aがあれば、一定の効果Xが発生するという形で定められている。だから問題は一定の事柄（aとする）が、Aに該当するかどうかである。もし該当すれば、Xが（その意味では自動的に）発生する。

　そこではAという概念（たとえば「詐欺」とか「婚姻」とか）に、a（たとえば誇大広告とか同性婚とか）が含まれるかどうかが、まさに解釈問題となる。

　このとき、「同性婚だって婚姻の１つなのだから、通常の婚姻と同等の効果を認めるべきだ」とか、「誇大広告は、詐欺の一種だから、契約の取り消しを認めるべきだ」というような言い方をしてしまっては、「結論先取り」になってしまう。まさにその部分（aがAの１つといえるかどうか）が法律の解釈なのであり、そこで法律やその条文の趣旨をよく勘案しながら（「目的論的解釈」である→2.1）、また紛争の実態を見据えながら、判断するわけである。

　その意味で法律的な判断は、演繹的にではなく、帰納的におこなわれるべきものだといえる。このことに関して民法学者の星野英一は、「法学において、

定義はアルファではなく、オメガである」といっている（『民法の焦点：総論』。
最初にあるのではなく、最後に登場するという意味である）。

　婚姻の定義に同性婚も含まれるか、誇大広告は詐欺なのか、それは最初に定
義として決まっているのではなく、それを決めるのが法律の解釈なのである。
もっともこれはこれで「結論先取りではないか」という点で、研究者の間で議
論はある。しかしいずれにせよ、一定の仮定や前提・定義をおいてから議論を
始める経済学などの（演繹的な）社会科学とは相当に異なるものだといえる。

サブカテゴリー
（より細かな分類）
　　　第二に、条文を読むときの注意点として述べたサブカ
テゴリーとの関係では、法律の解釈というのは、その
なかでも条文よりさらに細かく、条文には明示されていないレベルで、効果を
発生させるかどうかを判断するものだといえる。

　たとえば条文にはＡとしか書かれていない場合でも、それをサブカテゴリー
に分けて、判断するわけである。いいかえれば法律の解釈においては、そのよ
うなサブカテゴリーの設定の適切さが問われるともいえる。

　たとえば同性婚は「婚姻」に含まれるのか、同様に安楽死や中絶は「殺人」
に入るのか、それともそれらは別のサブカテゴリーなのかということである。

法解釈の限界
──解釈論と立法論
　　　ちなみに法律の解釈では適切に解決できなければ、新
たなルールの設定による解決、すなわち立法論を模索
することになる。そのときにはその法律のなかで、別の条文を置く（加えたり、
詳しくしたりする）こともあり得るし、新たな法律を作ることもあり得る（たと
えば消費者立法→4.2）。いずれにせよ現行の法律の条文とは異なる対応をおこな
うべき領域を、サブカテゴリーとして切り出す・切り分けるものといえる。

　研究者は「現行の条文のもとではこう解釈せざるを得ないが、立法論として
は、条文自体を変更すべきである」というような言い方をすることがある（す
でにふれた、そもそも法的紛争でないときとあわせて、法解釈の限界といえる）。

オルタナティブ
（別の選択肢）
を考える
　　　第三に、条文を読むときの注意点として述べたオルタ
ナティブとの関係では、法律の解釈では、とかく「こ
ういう条文なんだから、それを前提として適用しよ
う」ということになりがちだが、内容にかかわらず、とにかく法律を杓子定規
に適用するのはむしろ「悪しき法律家」の典型的なイメージであろう。

　そうではなく、なぜ条文がそういう内容になっているかを考えることで、そ

の法律の趣旨を理解し、その妥当する範囲をはじめ、的確な解釈をおこなうことも可能になるはずである（その意味で、第一にみた点と重なろう）。

| 正義と法的安定性 ──解釈の帰結も 考　え　て |

法律の解釈で一般的に問題となる大きな論点の１つは、個別の事案での「正義」の追求と、より一般的な「法的安定性」とのバランスである。

たとえばそれまで一般的に、その法律の条文の適用が認められなかったような状況でも、その個別のケースでは、法律の条文を適用して「救済したい」ということがあり得よう（あるいは逆に「適用が認められていたものを、このケースでは認めたくない」ということもあり得よう。以下同様である）。

しかしもしそうすると、過去に同じようなケースで適用が認められなかった人たちが、不満をもつことは予想される。あるいは今後、同様の要求が殺到するかもしれない。そのために制度の運用自体が大きく変わることもあり得る。

したがって、その解釈の「帰結」まで考えて判断する必要があるといえるし、そのケースを過去の例や、類似の事案とは異なる形で扱うだけの理由付けができるかどうかもよく見定める必要がある。これはいいかえれば法的安定性、法への信頼の確保という観点である。

| キャンパスライフと法 |

所定の〆切に遅れたレポート提出について、個々の事情（たとえば親族の不幸のせいで）を勘案して、教員が期日内提出として扱うと判断したとする。それはその個別のケースへの対応としては、一定の合理性が認められるとしよう。

しかしそうすると、「自分だって同様の事情だった」という人たちが、あとから出てくる可能性がある。「所定の〆切は厳格なものだと信じていたので、提出をあきらめたのに」という人が出てくるかもしれない。あるいは次に同じようにレポートを課したときには、大勢の学生が何かの事情を持ち出して、期限後に提出してくることも考えられる。

そのような事態は避けたいにせよ、あるいは逆にそのことが望ましいにせよ、いずれにせよそのような帰結を「見越した上で」、最初のケースに関して判断すべきだということになる。ちなみに事前に〆切の例外（どういうときに救済が認められるか）の詳細について告知しておくことも考えられるが、それはそれで「キリがない」ところがあって難しい（→2.1）。

2.4	裁判官だって素人じゃないのか

【法律の解釈と裁判所】

2.1では法律の解釈の基本的な方法をみたが、実際には裁判において、解釈をおこなうのは裁判官である。法律の条文に解釈の余地があるにせよ、裁判においては最終的には判決によって決着がつけられる。

もっともそれはまさに「その裁判官」の判断であり、その意味ではどの裁判官が担当するかにより判断が変わる可能性はある。また裁判官といっても、当該事案については所詮、素人ではないかとの疑問や批判もあり得る。しかしこれらに関して、話が少し堅くなるが、以下の点は指摘しておく必要があろう。

基本的な制約 ──法源　第一に、法律の解釈は、ここまでにもみてきたとおり、「まったく自由に」おこなえるものではない。少なくとも条文の文言を正面から無視して解釈することは基本的にできない。あくまで「法律による裁判」なのである。

法的紛争の解決（端的には法律の解釈）に際して、その根拠となるものを「法源」というが、その代表はもちろん法律（制定法）である。ただしこれとあわせて、判例の役割も大きい。上級審の判決は、その事件については以後の裁判を拘束し（裁判所法4条）、とくに最高裁判所の判決は先例として事実上、法源としての役割を果たしている（下級審の判断を統一するという役割もある）。

加えて慣習や条理も法源とされる。「法の適用に関する通則法」（おもに複数の国の法律の適用の調整について定めている）の3条は「公の秩序又は善良の風俗に反しない慣習は、法令の規定により認められたもの又は法令に規定されていない事項に関するものに限り、法律と同一の効力を有する」としている。

その意味では裁判官の判断も、かなり限られた枠内のものともいえる。それでもそれらの「幅」のなかでは自由に判断できる（自由心証主義→7.4）。

裁判の判決が出ると、報道などでは「命を軽視した判決」と批判されたり、「一般人の心情に沿った判決」と評価されたりするが、それらは結果に対していわば外からみたコメントであり、裁判は、あくまで法律の適用なのである。裁判官が、直接的に人の心や命の軽重を評価しているわけではない。

裁判の受動性　第二に、裁判官は、きわめて多様な紛争事案に向き合わなければならない。裁判官は基本的に「受け身」で

30

あり、事件を選べない。

　裁判のなかでは、たとえば科学的な因果関係が争点になることはあるし、家族間の感情のもつれが争点になることもある。国際的な紛争もあれば、自然災害にもとづく紛争もある。民事も刑事も行政事件訴訟も、労働裁判も憲法訴訟もやってくるわけで、それらすべての事情に通じた裁判官などいるはずがない。

　その意味で裁判官は確かに「その案件」については「素人」であるが、両当事者は競って資料を提出するので、少なくとも十分な資料をもとに判断はできる。もちろん両当事者が、それぞれ自らに有利な材料をかき集めて提示するのだが、そういう場合にそれらの資料の信頼性・信憑性を適切に評価することには、裁判官は慣れているというべきだろう。

上　　　　　訴
（控訴・抗告等） 　第三に、判決に納得できなければ、当事者は上訴が可能である。また高等裁判所や最高裁判所では、複数の裁判官の合議により審議がされることから、特定の裁判官の「主観」で結論を左右できるものではない（高裁につき裁判所法18条）。下級審の矛盾する判断があっても、そこで統一される。

　日本では三審制がとられていて、通常の事案では一審として地方裁判所（全国に50箇所）、二審として高等裁判所（全国に8箇所）、三審として最高裁判所がある。二審への上訴を「控訴」、最高裁への上訴等を「上告」という。これ以外に、簡易裁判所、家庭裁判所などが事件を分掌している。

　とくに最高裁判所には15人の裁判官（判事）がいて、小法廷では5人ずつ、大法廷では全員で審理がおこなわれる。重要な事件、判例変更の可能性がある事案等は大法廷で審理される（裁判所法10条）。

　もっともこれにつき「3回の裁判を受ける権利がある」と説明されることがあるが、ミスリーディングだろう。少なくとも「2回負けても、もう1回チャンスがある」という性格のものではない。とくに最高裁への上訴は法律問題等に制限されている（民事事件につき民事訴訟法312条等）。各裁判所数のバランスからしても、「あきらめられない場合はもう一回」というノリで皆が上訴したら、上の方の裁判所がパンクするのは当然の理である（実際にそういう傾向がある）。両当事者の弁護士が、専門家として役割を果たすべきところであろう。

　なお、原告側（訴訟を起こした側）の請求が認められることを「認容」、認め

られないことを「棄却」という。手続的な訴訟要件（たとえば原告適格→9.6）を満たさないと、「却下」となる。いわゆる門前払いである。

実 際 の 判 決 文　裁判官による法律の解釈は、最終的な法的紛争の解決であり、単なる言葉ではなく、国による強制的な実現過程に連続している。国家権力が背景にあり、強制的に実現されるというのが、国の法律たる所以である（→6.1）。

　全国の裁判所が日々、多数の判決を出している。実際の判決文を読めば分かるように、その1つ1つの判決文は、きわめて精緻に書かれている（当事者にとっては死活問題である）。ネットの「裁判例情報」でもその一部がみられる。

　通常、両者の主張が要約された後に、裁判所が認定した事実の概要が述べられ、その上で法律的な争点についての双方の主張と、裁判所の判断が示される。

　事案によっては事実認定自体が争われるし、事実については両当事者の主張が一致していて、主に法律の解釈について争われる場合もある。大きな事案では、大体事実認定と法律の解釈の両方が争点となる。

　論点が多岐にわたる事案では、判決文もきわめて長くなる。「判例時報」、「判例タイムズ」など、裁判例を紹介する専門誌があるが、1冊丸ごと（100ページ以上）が1つの判決で占められていることも珍しくはない。

裁 判 員 制 度　重大な犯罪については、市民がその判断に参加する、裁判員制度が導入されている（2009年から施行された「裁判員の参加する刑事裁判に関する法律」）。

　すなわち地方裁判所においては、重大犯罪は、原則として裁判員を含む合議体で審理がされる（2条）。裁判官および裁判員の合議によって、事実の認定、法令の適用、刑の量定がおこなわれる。他方、法令の解釈に係る判断、訴訟手続に関する判断は裁判官がおこなう。

　裁判員は、くじで決められるので（21条）、誰でも選任される可能性はある。ただし高齢者や学生、その他事情がある場合は辞退できる（16条）。

　刑事訴訟法学の松尾浩也（1928-2017）は、かつて国立大学と私立大学の両方で教鞭をとっていたので、呼称としての「教官」と「教員」という対比（かつては私立大学での教員に対して、国立大学では教官と呼ばれていた）から、「裁判官」に対する「裁判員」という名称を思いついたという話がある（『来し方の記』）。

第2講　法の解釈

制度については賛否があるが、法律の解釈には、独自の技術的な要素も多いものの、一定の法律の条文を前提としたときに、一般的な正義の感覚・常識と合致しているかどうかも大切な要素であることから（→2.1）、少なくともその部分について、市民が参加する余地は大いにあるはずだといえる。ただ「重大な犯罪」だけをその対象とすることについては、議論の余地はあろう。

抵触法、国際私法

ところで法源という意味では、外国法の位置づけも重要である。最近ではグローバル化により、複数の国の法律が錯綜することは多い。

たとえば外国人と結婚した場合、あるいはインターネットで外国から物を購入した場合などに、どの法律が適用されるか、また紛争になったらどこの裁判所で扱われるか。これらを扱うのが国際私法、抵触法と呼ばれる領域である。

日本では、すでにふれた「法の適用に関する通則法」という法律が、これらの交通整理をおこなっている。たとえばその17条は、不法行為（→7.1）については原則として「加害行為の結果が発生した地の法による」としている。

もっとも容易に想像されるように、この法の適用に関するルール自体が国によって異なる。個別の条約により調整が図られている部分もあるのだが、「A国の法律が適用されると思ったら、A国の法律にはB国の法律が適用されると書いてあって、しかしB国の法律には…」というようなことも普通に発生する。

キャンパスライフと法

大学にいる間に、海外旅行をする機会も増えているだろう。うらやましい話だが、同時に大学生が、諸外国の法律の適用を受ける場面も増えるはずである。

とくに刑法は属地主義（その場所にいるすべての人に適用される）が基本なので、海外にいる間は、その国の法律が否応なしに適用されることを覚悟しておく必要がある。日本人だから知らなかったといっても許されない（→3.2）。

他方、たとえば日本人の学生が、A国の飛行機に乗って、B国の上空を飛行しているときに、C国の人と喧嘩になり、殴ったとか殴られたというような場合には、大変複雑なことになる。とりあえず日本の刑法には、日本国内で罪を犯したすべての者に加えて、日本国外にある日本船舶・日本航空機内において罪を犯した者にも適用される（1条2項）と書いてある（2条以下には国外犯の規定もある。もっともそれらは日本法がそう書いているだけのことではある）。

33

2.5　法解釈に「唯一の正答」はない

【法解釈論・余滴】

　法律とその解釈に関して、いろいろおもしろい議論はある。いわば番外編として、そのいくつかを紹介してみたい。

富士山理論　法律の解釈のあり方については、いろいろな説明があるが、直感的に分かりやすいのは、法哲学者の長尾龍一（1938-）が唱える「富士山理論」である。それはこういう話である。

　「法は富士山のような形をしている。頂上が法の言葉の中心的意味であり、裾野に近づくにつれて、言葉の中心意味から離れていく。そして、この距離に比例して、実質的正当化が要求される。」（『法哲学入門』）

　一流の冗句という面もあるが、分かりやすい説明である。どこまでが富士山なのかを一義的明確に定めることはできないけれども、富士山は確固としてある。明らかに富士山といえる頂上付近はあるが、そこだけが富士山というわけではないことも、ほぼ明らかである。つまり裾野は広がっているが、「どこまで」というのが明確にはいえない。だから「実質的正当化」の議論が必要になる。

　世の中の概念というのは多かれ少なかれそういうものである。境界線があいまいだからといって、「その概念を使うべきではない」ということにはならない。

フィクション　法解釈ではそのように、どこまでルールが適用されるかの「線引き」をする。しかし「線を引く」と日常的に言うが、実際には本当に「線を引く」ことなんて、人間には絶対にできない。なぜなら「線」とは定義上、長さだけがあって、面積がないものだからである。いくら細い芯のシャープペンシルでも、万年筆でも、人間が引く線には必ず「一定の幅」が生じてしまう。線を引いているつもりでも、実際にはとても細長い黒塗りの長方形を書くのが関の山なのだ。

　これは哲学者のファインヒンガーの所説として、森鷗外が「かのように」という短編小説で紹介していることである。それでもたとえばこれが「線」だというフィクションを皆が承認することで、日常のコミュニケーションや生活は成り立っている。他の概念にしても同様である。法律的で用いる概念（たとえば条文で用いられている言葉）も、当然このフィクションに大幅に依拠してい

る。そこでは現実そのものとの間に、いくばくかの乖離がつねにある。

　抽象的概念（安全、福祉等）や、国家や法人はもちろん、本人の意思、損害額等々、すべてフィクションでしかない。「この物」とか「私の身体」すら、何らかのフィクションを含む。「〇月〇日」という概念だって、その始期や終期等は怪しい。ましてや「私の気持ち」などは、フィクションそのものである。

　だからこれを現実の紛争に当てはめようとすれば、どうしても「ずれ」が生じる。法律の解釈とは、その「ずれ」をどこまで容認するかということでもあろう。「ぴったりとは当てはまらない」といって、「フィクションのフィクション性」を指弾することは容易だが、それでは問題は解決しない。

　だから白と黒の間に「線を引く」などとも説明してきたが（→2.3）、そのこと自体のフィクション性も明らかである。そうだとしても、線を引くことを断念するよりは、あえて線を引くことを法学は選ぶものだといえる。

　ちなみに稀代の民法学者・来栖三郎（1912-1998）が生涯の最後に取り組んだのが、このフィクション論でもあった。その思索の格闘のあとは、『法とフィクション』で読むことができる。

| 政治的判断と 法律的判断 | しかし実際にどうやって線を引き、判断するというのか。 |

　憲法学者の長谷部恭男（1956-）は、具体的な法解釈に必要な能力は、政治学者のアイザイア・バーリンのいう「政治的判断」の能力と似ているという。「直面した具体的事案を法的に解決する能力は、所与のアプリオリな論理をどこまで一貫して適用することができるかという分析的能力というよりはむしろ、目前の問題が他のよく似た、参考となる前例とどこが似ており、どこが違うかを鋭く見抜くとともに、さまざまな、しかしそれ自体としてはさして深遠な専門知識を要しない常識的な知見を総合してそれを解決する能力である」（『憲法学のフロンティア』）。

　あえて「さして深遠な知識を要しない」とのユーモラスな表現で、難解な概念やカタカナ語を振り回す社会科学や、現実離れした前提を置いて演繹的に結論を導き出す経済学等との訣別を告げているものといえる。そうして「妥当で多くの人々の納得を得られるであろうような結論を得るかが問題となる」という。簡単ではなさそうだが、納得を得られるようにやってみるしかない。

英文解釈との比較　ところで予備校の有名な英語教師だった伊藤和夫（1927-1997）は、かつて受験生に向けて、翻訳（英文解釈）について以下のようなことを言っていた。

　英文解釈で、よく「直訳」がいいのか、「意訳」がいいのか、ということを訊かれる。しかしいくら日本語として流麗な翻訳（意訳）であっても、原文とは異なる内容になってしまってはダメである。他方、まじめに直訳して、いくら原文に忠実でも、日本語として意味が伝わらなければそれもまたダメである。

　原文から外れずに、日本語の文章としても明確で、さらに文脈も外さないということであれば、意訳にせよ、直訳にせよ、解釈はそこそこの範囲には収まるはずであり、人によって全然違うということにはならないだろう。いいかえれば適切な解釈の「幅」はそれほど広くない。そういう話であった。

　法律の解釈も、これとそれほど遠くはない。法律の解釈においても、法律の条文に忠実でないとまずいが、その結果があまりにも正義に反するようでは困る。だから妥当な解釈というのは、ほぼ１つに決まってくることが多い。ただ法律の解釈において、法律自体を曲げるわけにはいかないなかで、あまりにも不都合があれば、いわゆる立法論に及ばざるを得ないこともあろう。

通 説・多 数 説・少 数 説 …　法律の解釈には、いくつかの（見方によっては無数の）選択肢があるとしても、そのなかでこのように比較的妥当なものを絞り込んでいくことは、可能だし、必要である。それでも「唯一の正解」はないというべきだろう（→1.3）。

　その点が、論理的、演繹的に唯一の正解を導き出すことを使命とする他の諸科学と、決定的に異なるところでもある。だから法学は、そもそも科学なのか、学問といえるのかとの疑問がしばしば呈せられる。しかしそれはアリストテレス以来、「別の知のあり方」（賢慮、フロネーシス）とされるものなのである。

　もっとも理論的には、法律の解釈には「唯一の正解はある」という立論もあり（法哲学者のロナルド・ドゥオーキンの所説が有名である）、研究者の間では議論が続いている。ただ個々の法律の解釈については、「通説」として、一般的に幅広く研究者に受け入れられている見解があることが多い（この本でも時折紹介している）。しかしそれに対して「少数説」や「反対説」が提起され、それがやがて「有力説」や「多数説」になり、最終的には従来の通説に取って代わったり、判例に取り入れられたりすることもある。絶えず議論を続けていくこと自

体が大切であろう。それが法学の面白いところでもある。

　世の中の法律の本を見ると、解釈上の論点については、さまざまな議論があり、多様な「説」が乱立している。どの本を読んでも、一理あるように思える。しかしいずれにせよ鵜呑みしてはダメで、自分で考えることが大切である。

　参考にしてください　　　　民事訴訟法学者の高橋宏志（1947-）はあるスピーチで、法学の本質は、NHKのバラエティ番組「お笑い小百科」での、司会（長く笑福亭仁鶴が務めていた）の科白であると言い切ったそうである。

　それは、いつも1つの法律相談についてのテーマが終わったごとに、司会が言う次の科白である。

　「お分かりになったら、参考にしてください。」

　この番組は、日常の法律相談に対して、出演者がいろいろ意見を交わしたあとで、一応番組の「顧問弁護士」が「回答」らしきものを宣言する。

　しかしそれは「唯一の正解」ではない。あくまで「参考に」すべきものである。あとは千差万別の状況に応じて、その都度、検討・議論していくしかない。そこにむしろ法学の本質があるというのが、スピーチの趣旨であった。

　いずれにせよ、とにかく自分の頭でよく考えなくちゃ、ダメなのである。かつて商法学者の竹内昭夫（1929-1996）は、「俺の意見なんか聞いてどうする」と講義後の質問を牽制していたという（石川健治「問いは遥かに」）。

　キャンパスライフと法　　法学は、古い学問である。対象となる法律やルールの内容も、古代のローマ法から（さらにはハンムラビ法典から）ほとんど変わっていないことが多い。大学案内のパンフを飾る花形科目のような、時代の最先端の内容とはおよそ異なる。

　しかし逆にいうと、長い歴史に耐えてきた内容であり、今後も法律の細部はどんどん変わり続けるとしても、読者が大学にいる間はもちろん、読者が生きている間にも、基本的な内容や考え方は変わらないだろう。たとえばメディア・テクノロジーのような時代の最先端の科目で、大学1年の時に学んだ内容が、卒業する頃にはすっかり変わっていた、というようなことは起こらない。

　そして、法的紛争に処する際の考え方——それこそが法学である——については、ますます変わることはない。だから法学の考え方を身につければ、一生役に立つはずなのである。

学問への扉

1．そもそも法解釈とは

「すべては解釈である」とニーチェは言った（『権力への意志』）。

人生には意味があるか。美しい風景には意味があるか。世界には意味があるか。それは一義的ではなく、その人の解釈による。

このような解釈という作業は何とも「主観的」で、いい加減な印象もあるかもしれない。しかし、およそ世の中の認識行為はそういうものではある。

たとえば同じ「おにぎり」でも、人によっては「粗末なご飯」であり、人によっては「大変なご馳走」かもしれない。普段はおにぎりなど見向きもしない人にとっても、空腹時や大災害のあとにはおにぎりが大変なご馳走になる。あるいは紙幣だって、見方によってはただの紙切れでしかない。

そのように世の中の事柄には、唯一の「客観的」な意味が決まっているものではなく、社会においての具体的な意味こそが大事なのであり、その固有のケースでの具体的な意味を探るのが解釈ということである。だから解釈というのは文学や芸術に限らず、社会で生きていくためには不可欠の事柄でもある。

しかも第1講でみたように、人と人が生きていくためには、ルールが必要である。しかしすべての事柄を想定して法律で書ききることはできない。だから「すき間」や「綻び」が生じざるを得ず、どうしても法律の解釈が必要になる。

2．近代における法解釈

ナポレオンはすべてを法典化しようとして、膨大な法典を編纂した。彼は世界を支配すると同時に、法律を通じて万物を支配しようとしたのである。いいかえれば法律を解釈する余地無く、クリアに物事を決めようとしたわけで、実際に当時の政府は「解釈を禁止」していた。しかしいくら詳しく法律を組み立てても、解釈の余地がないように「すべてを」条文にすることはできなかった。

他方、せっかく条文が整っていても、その実際の適用に際して都合よく解釈されてしまっては、法律を定めた意義が失われる。したがって法律を解釈する者——典型的には裁判官——は、客観的に法を解釈して適用することが求められる。自動販売機に事案を入れると、一定の答えがアウトプットされるようなイメージであり、それが「人」ではなく「法による支配」ということでもある。

ある種のフィクションであるにせよ、このような操作（法の適用・法の解釈）に

より、権利を有するか有しないのか（カント的な「法／不法」）が、いずれかに明確に決まる。これが西洋社会における法の役割である。

　他方で日本では、法ではなく「上の人・偉い人」が物事を決める。ドイツ法の村上淳一（1933-2017）の『〈法〉の歴史』によれば、日本では「客観的なルールによって判定されるのではなく、人間と世間の機微に通じた上位の第三者の判断に委ねられる」。

　そこでは喧嘩両成敗や、引き分け・痛み分けのようなこともむしろ称揚される。どちらがいい・悪いは別として、この懸隔は大きい。

３．現代における法解釈

　法律の解釈は、解釈する人が恣意的におこなってはならない。その意味で「主観的な作業ではない」といえるが、実学である限り、その実践に際して人間（解釈者）の介在に伴う主観的な要素の混入は避けられない。医者による治療や手術と同じで、決められた手順どおりにロボットがおこなうわけではない。

　このように法律の解釈に際しては、主観性と客観性が交錯する。しかし現代においては、これにますます困難な要素が加わっている。それはたとえば物事の安全性の判断である。原発にせよ、副作用を伴う新薬にせよ、それがどの程度安全で、どの程度危ないものかは分からない。あるいはたとえば0.01％の確率で危険だということが明らかになったとしても、それを受けてどうしたらよいのか——だから実施するのか、中止するのか——は、改めて難しい判断が必要になる。

　いまや法律の解釈は、政策的判断の場面に直結しつつある。多くの社会的な問題が法的な争いという形をとるようになった今日、改めて法律の解釈とは何か問われる。それは従来の「法律の解釈」をはるかに超えていることがある。

　しかし村上淳一『〈法〉の歴史』は、これを「ポストモダンの法秩序」と呼んで、そこに困難と同時に、新たな希望——既成観念にとらわれない多くの選択肢にもとづくダイナミックな発展の可能性——を見出している。

25番教室の窓

授業における双方向性

大学の講義も、最近では「白熱教室」とかアクティブラーニングとか、「双方向性」が志向されることが多い。

もともとアメリカのロースクール等では、教員が学生とやり取りしながら授業を進めることが珍しくない。具体的なケースをもとに、どこに法的な問題があり、どう解釈・解決すべきか等々を、学生間や教員とのやりとりで明らかにしていく方法は、有効である。

もっとも私の学生時代には、大教室ではそんな趣向はなく、淡々と講義され、黙々とノートに筆記をとるものだった。それでも果敢に双方向性を志向する先生はいて、（私自身は参画する機会がなかったが）以下の話が伝えられている。

商法の竹内昭夫先生（前出。消費者保護法という領域を創設し、クーリング・オフ制度の実現にも尽力した）は、700人の教室で、着席位置を固定させて、座席表をもとにがんがん学生を指名して、発言を求めていたという。当てられるほうも、700人の前で発言するのはしんどかったことだろう。当初、これを始めようとした際には、学生が「一方的な提案だ」と抗議したところ、竹内先生は「およそ一方的でない提案があるか」と返したという（竹内明夫「言葉のあやと調子」）。

これに対して民法の星野英一先生（前出）は、「あてられてもいい」学生をあらかじめ登録して、前のほうに着席させて、マイクを回して発言させていたという。

これは本人の意向も踏まえた優れた「折衷案」かもしれない。一方的な講義に飽き足らない人は立候補すればいいし、あてられたくない学生は立候補しなればいいわけである。もちろんその都度、発言希望者に挙手させる方法もあるが、法学では、意見が思い浮かばないとき、頭がまとまらないときにも（この場合は一度立候補した以上は）「逃げずに」答えるのが本領である（→2.3）。

私自身も教員になってから、大教室ではこの方法をやってみることがある。ただ、実はこれは教員の側の力量が試される方法でもある。何人かに意見を聞いてみても、要領の得ない回答ばかりだったり、同じ回答が続いたり、逆に最初から模範答案みたいな回答が出てしまったりして、なかなかうまくいかない。

ちなみにかつてボアソナード（→3.3）も、日本で学生をあてながら授業をしていたが、問いかけに対する学生の応答（と気概）のなさに失望して、落涙して授業を中断して研究室に帰ってしまったことがあるという。

第3講　法の領域

3.0　六法は6つの法律ではない

【introduction】

　七福神が乗っている「宝船」というのがあって、えびす顔の恵比寿様とか、紅一点の弁天様などは有名だが、とくに寿老人と福禄寿の見分けがつきにくい（もともと同一人物だったという話もある）。まあ、いろいろな神様が乗っているということでもある。

　その意味では七味唐辛子や八宝菜みたいなものである。要するにそれぞれ正確には由来があり、「どれとどれ」という形で列挙することも可能ではあるが、むしろ「いろいろ」という趣旨なのだろう。

　「六法」というのも同様である。もともと「六法」というのは、憲法に加えて民法と刑法があり、それぞれの手続法として民事訴訟法と刑事訴訟法があり、これに民法のうちでも商取引に特化した商法があり、これで6つである。法学部ではそれぞれが重要な科目であり、とくに民法は計16単位くらいで手厚く構成されている。

　しかし書店や図書館にある「六法」や、授業で「六法を持参すること」というときには、その6つだけではなく、「いろいろな法律」という意味になる。

　もちろん法律はこれらだけではない。国会では毎期、多くの立法や法改正が審議され、時には大きな話題となり、時にはひっそりと成立している。

　ちなみに日本では、法律は全部で2000くらいあるといわれる。それらをすべて集めた「現行法規総覧」という分厚い100巻以上の書籍があり、大学の図書館などには置いてある。本棚一面を覆っていて、まるで壁のようである。

　そのなかでも代表的な法令だけを集めた小型の法令集として「ポケット六法」というのがあるが、約200の法令を収録し、約2000ページにわたり、とてもポケットには入りそうにない（なお行政機関の発する政令・省令などは命令と総称され、法律と命令とをあわせて法令という）。

　これら法律の大きな分類としては、民法と刑法の区分、そして私法と公法の区別が重要である。第3講では、これらについてみていきたい。

3.1 悪事にはトリプルパンチ

【民事責任と刑事責任の区別】

狭い意味での「六法」のなかでも代表的な法律として、民法と刑法がある。この2つ、いいかえれば民事責任と刑事責任の違いは、案外理解されていない。

民法と刑法　　一般の人にとって法律の代表としてイメージされるのは、犯罪にかかる刑法であり、また交通法規のようにもろもろの事柄を禁止したり許可したりする、いわゆる行政法規だろう。それは日本が伝統的に「律令の国」であるからでもある。「律」は刑法、「令」は行政法を示す。

しかし実際にはもっとも身近な法律は、私人と私人の間の法的関係を全般的に規律する民法である。私たちは日々刻々、民法が規律する世界で生きている。暴行・傷害などの刑法的な事案は、報道では目を引いたり、人生に重大な影響をもたらすことがあるにせよ、少なくとも日常的にかかわるものではない。

日々の暮らし、普通の生活においては、仕事、家族生活、学業、娯楽、買い物や移動を含めて、主に民法の世界、つまり私人と私人との法的関係の世界に私たちは生きているのである。フランスでは民法が社会の constitution（憲法——構成・骨格という意味でもある）だといわれる。

もちろんたとえば殺人や窃盗のような刑法上の犯罪にしても、「人と人との関係（加害者と被害者との関係）」とはいえるのだが、刑罰を科する主体として、国家が必ず登場してくる。逆に民事関係でも、その損害賠償等を命じるのは国家なので、相対的な違いともいえるが、基本的な様相はかなり異なる。

とくに「責任をとる」というときには、民事責任と刑事責任の区別が重要である。これらを具体的な例でみていきたい。

具体的な事例　　人を傷つけたり、物を盗んだりすると、民事責任と刑事責任とが発生する。この2つの責任はどう違うのだろうか。

たとえば人を傷つけるのは犯罪なので、傷害罪として刑事責任を問われる。

刑法204条　人の身体を傷害した者は、15年以下の懲役又は50万円以下の罰金に処する。

42

第3講　法の領域

　このように犯罪には、しばしば懲役刑が科され、すなわち刑務所に行く。国家によって一定期間、自由が剥奪される。あるいは罰金が科され、財産が剥奪される。さらに殺人などで死刑になれば、生命が剥奪されることになる。

　このような刑事責任とは別に、民事責任が発生する。この設例では民法上の不法行為として、被害者は治療費（金銭）を請求することができる。あわせて精神的な賠償を請求できることもあろう（→7.1〜）。

民法709条　故意又は過失によって他人の権利又は法律上保護される利益を侵害した者は、これによって生じた損害を賠償する責任を負う。

　また物を盗んだときには、刑法上は窃盗罪となり、刑事責任を問われ、懲役刑や罰金が科される。

刑法235条　他人の財物を窃取した者は、窃盗の罪とし、10年以下の懲役又は50万円以下の罰金に処する。

　さらに民事責任にもとづいて、盗んだものは、もとの所有者に返還しなければならない（→5.1）。

民法200条　占有者がその占有を奪われたときは、占有回収の訴えにより、その物の返還及び損害の賠償を請求することができる。

　このように1つの行為が、民事責任と刑事責任との両方を発生させる場合がある。もっともあとでもみるように、刑事責任しか発生しない場合もあるし、民事責任しか発生しない場合もある。

　刑事責任の罰金は、国に対して払うものであり、被害者に対してではない。逆に民事責任としての損害賠償は、被害者側に生じた損害に関して、いわば「穴を埋める」ために（国ではなく）被害者に払うものである。それ以上のものではない（穴さえ埋めればいい）という意味で、狭義の罰則ではないといえる。

　このように刑事責任と民事責任とでは、意味合いが基本的に異なり、名称が違うことがある点にも注意を要する。たとえばいわゆる詐欺行為について、刑法上は「詐欺罪」だが、民法上は意思表示の瑕疵（キズ）としての「詐欺」の問題となる。日本では刑法のイメージが強いので、賠償責任を課されることを「有罪」と受け止められることがあるが、民事責任は「罪」ではない（ただし伝

統的な民事と刑事責任の峻別論には異論もある→第3講学問への扉）。

あわせて行政法規違反への制裁として、行政機関による「行政罰」が別途ある。あとでみる公法の領域の罰則であり、典型的には道路交通法違反や取引・商売に関する業法違反などに伴う罰金などである（→3.4、9.4）。

両方の責任を果たせるか　このように基本的に2つの責任の種類があるが、1つの行為によって、両方の責任が一挙に問われて、同時に両方の責任を果たすのが現実的ではないことがある。

たとえば飲酒運転で人を轢いてしまうと、刑事責任が問われて、懲役刑となる可能性が高いが、同時に民事責任として、高額の賠償金も科される可能性が高い。そうすると加害者自身は刑務所に収監されて、しかも賠償金を払う必要が生じる。加害者が多くの資産でも持っていればいいが、払いきれず、被害者に金銭が渡らないこともある。

なお犯罪にかかわったことによって、勤務先の会社もクビになることがある。これは労働契約（就業規則）によるもので、私人と私人の間の問題という意味では民事責任の問題だが（会社も法人という私人である→4.7）、被害者との関係とは別に、さらなる責任がかかってくるものといえる。

民事責任と刑事責任の関係　みてきたように、1つの行為によって、刑事責任と民事責任の両方が問われることがある。たとえば民法上の詐欺と刑法上の詐欺罪の両方であり、あるいは刑法上の暴行・傷害・殺人罪等と民法上の不法行為による賠償責任の両方である（加えてすでにみたように行政法の責任がかかってくることもある）。

ただ、つねに1つの行為から、刑事責任と民事責任の両方が発生するわけではなく、片方だけということも多い。とくに刑法は故意犯が原則であり、過失の場合は明文の規定がないと責任を問われない（→3.2）。ミスにもとづく小さな事故では民事責任だけが問われることはよくある。またたとえば借金を返さないとか、引き渡すべき物を引き渡さないということがあると、民事責任が発生するが、裁判の結果、借金が返されたり、物が引き渡されたりすれば、それで決着であり、それ以上に刑事責任を問われることには普通はならない。

公私の領域区分との関係　これらを別の角度、すなわち公的な領域と私的な領域の区分（いわゆる公私の領域の区分）という観点からみると、以下のことがいえる。

まず民事責任は、私人の権利や財産を侵害されたとき、その侵害された人（被害者）によって、原状回復の請求や、責任の追及が始まる。これに対して刑事責任は、犯罪ということ自体が公的な秩序に反することから、私人（被害者）からの訴えがなくても、検察等により追及が始まる。

私的な空間では、人々は基本的に自由に生きている。そこでは他人の権利や自由・財産を侵害しない範囲で、それぞれが取引（契約）などを通じて幸福を追求している。たとえば働いて給料をもらい、それで買い物をする。

しかし、それがルール通りにいかないことがあると、法律の出番となる。たとえば約束が守られなかったり、買った物が引き渡されなかったり、身体や安全が損なわれるなど、誰かの権利や自由が侵害されたりした場合、私人と私人の間で（契約を）「予定通りにする」、（侵害された権利を）「もとに戻す」のが民法の基本的な役割だといえる。もっとも多くの場合、完全に「予定通り」にしたり「もとに戻す」のは難しいので、しばしば金銭賠償という形がとられる。

しかし「もとに戻す」や「予定通りにする」以上の対応（サンクション、制裁）をおこなうことが社会的に必要な場合があり、それが犯罪に対する刑事責任の追及である。具体的には加害者側の自由（ときには生命）や財産を公権力が没収する形で紛争を解決する。そのような刑事的な制裁によって、犯罪を罰する（罪に報いる、罪を償わせる）とともに、今後の犯罪予防を図るのである。

キャンパスライフと法　大学の学則や規程では通常、学生が犯罪などに手を染めると、停学や退学などの処分を受ける旨が定められている。たとえば「振り込め詐欺」の受け取り役や、不正薬物の運搬などをしたら、それは場所も大学の外で、授業時間でもなく、大学生活とはまったく関係ないことだとしても、大学生としての「本分」に反し、大学の社会的な評価を落とすことにもなることからである。

本人は悪ふざけのつもりであっても、よからぬことをすると、とにかく一挙にいろいろな責任がかかってくる。成人であれば民事では損害賠償を請求され、刑法犯に該当すれば刑罰を受ける（法律を知らなかったという抗弁は認められない→3.2）。各自治体が条例で定めている刑罰も少なくない。

しかも大学にもいられなくなったりすれば、トリプルパンチである。ついでに親族にも迷惑が及ぶことが少なくない。

| 3.2 | 試験のカンニングは犯罪だ |

【刑法と刑事責任】

　刑法の内容について、この本では本格的に扱うことができないが、ここでは
刑事責任と刑法の概略だけをみておきたい。

犯罪の成立要件

　刑法は犯罪にかかる法律である。犯罪はもっとも重大
なルール違反なので、もっとも厳しい制裁である刑罰
の対象となる。

　犯罪は一般的に、以下の3つの要素により構成される。すなわち「犯罪の構
成要件に該当すること」、「違法性を有すること」、「責任を有すること」である。

構成要件該当性

　第一の要件は、条文に書かれている犯罪にあてはまる
行為をおこなったことである。しかし条文のあてはめ
に関しては、いろいろ解釈の余地は生じる。

　とくに何が犯罪であり、どういう刑罰が科されるかは、あらかじめ法律で明
示しておかなければならないという「罪刑法定主義」の観点からは、類推解釈
によって、犯罪の範囲を広げて解釈することは制限される。同様に、法律を改
正して遡及して処罰することも許されない（憲法39条）。

　加えて、その行為と結果との間に因果関係が必要である。このとき通説（一
般的な学説）はその因果関係に「相当性」（「風が吹けば桶屋が儲かる」というよう
に、あまりに偶然だったり間接的だったりしないこと）が必要とする。

　犯罪には作為によるものに加えて、不作為による場合もあるが、とくに不作
為により犯罪が成立する範囲を画するのは難しい。たとえば「子どもに食事を
与えない」、「溺れている人を助けず見殺しにする」などが不作為による殺人と
いえるかどうかなどが問題となる（→1.3）。

違　法　性

　第二の違法性に関しては、刑法35条が「法令又は正当
な業務による行為は、罰しない」としている。典型的
には医師による手術は、身体を傷つけるが、それはもちろん傷害罪などの犯罪
にはならない。

　また刑法36条ではいわゆる正当防衛に関して「急迫不正の侵害に対して、自
己又は他人の権利を防衛するため、やむを得ずにした行為は、罰しない」とし
ている。その2項は「防衛の程度を超えた行為は、情状により、その刑を減軽

し、又は免除することができる」としており、過剰防衛といわれる。

さらに刑法37条では「自己又は他人の生命、身体、自由又は財産に対する現在の危難を避けるため、やむを得ずにした行為は、これによって生じた害が避けようとした害の程度を超えなかった場合に限り、罰しない」としており、緊急避難といわれる。ただし「その程度を超えた行為は、情状により、その刑を減軽し、又は免除することができる」としており、過剰避難といわれる。

責　任　　第三の責任に関しては、刑法38条が「罪を犯す意思がない行為は、罰しない。ただし、法律に特別の規定がある場合は、この限りでない」としている。

前段が故意の場合であり、後段は、規定があれば、過失により犯罪となる場合があることを示している。代表的には過失（および重過失、業務上過失）致死傷罪（刑法209条〜211条）がある。たとえばあやまって他人の財物を壊した場合、器物損壊罪（刑法261条）に過失の規定はないことから、民法上の損害賠償だけが問題となる。

また38条2項は「重い罪に当たるべき行為をしたのに、行為の時にその重い罪に当たることとなる事実を知らなかった者は、その重い罪によって処断することはできない」とする一方、3項は「法律を知らなかったとしても、そのことによって、罪を犯す意思がなかったとすることはできない。ただし、情状により、その刑を減軽することができる」としている（「法の不知は許さず、事実の不知は許す」がローマ法の原則だったといわれる。犯罪事実の認識がなければ「事実の錯誤」として故意がないとされる）。

とくに問題となるのが責任能力、いわゆる心神喪失及び心神耗弱のケースである。刑法39条は「心神喪失者の行為は、罰しない」、2項は「心神耗弱者の行為は、その刑を減軽する」としている。

責任能力を欠く場合には、その人に責任を問うても意味がないといえる。極論すれば、雷に打たれたり、犬に嚙まれたりしたとき、お天道様や犬の責任を問うても仕方がないことの延長ともいえる。それでもその限界は問題となる。

なお刑法41条は「14歳に満たない者の行為は、罰しない」としている。20歳未満の場合は少年法が適用される（この点について議論は多い）。

未　遂　　刑法43条は「犯罪の実行に着手してこれを遂げなかった者は、その刑を減軽することができる。ただし、自

己の意思により犯罪を中止したときは、その刑を減軽し、又は免除する」としている。前者を未遂犯、後者を中止犯という。たとえばピストルの弾が外れた場合は前者であり、撃つのをやめた場合は後者である。刑法44条は「未遂を罰する場合は、各本条で定める」としているので、条文がなければ、未遂の場合は不可罰となる。

ここでは条文上の「実行の着手」はどこかと、そもそもなぜ未遂を罰するのかが問題となり、議論は相互に関連する。行為の悪性に重点を置く考え方（いわゆる行為無価値説）と、結果発生の危険性に重点を置く考え方（いわゆる結果無価値説）があり、その対立は刑法の役割全般の議論にも通じる。

なお例外的に、それ以前の段階で「予備」（さらには「準備」）が条文により罰せられる場合もある（さらに2017年に組織的犯罪の共謀罪が加わった）。

共　　犯

刑法60条は「二人以上共同して犯罪を実行した者は、すべて正犯とする」としており、これを共同正犯という。61条は「人を教唆して犯罪を実行させた者には、正犯の刑を科する」、2項で「教唆者を教唆した者についても、前項と同様とする」とする（教唆とは、「そそのかす」ことである）。62条は「正犯を幇助した者は、従犯とする」、2項で「従犯を教唆した者には、従犯の刑を科する」、63条は「従犯の刑は、正犯の刑を減軽する」としている（幇助とは「手助けする」ことである）。

なお判例では「共謀共同正犯」として、背後にいる「首謀者」にも責任を及ぼすことがある。

具体的な犯罪類型

具体的な犯罪については、刑法の第2章から第40章にかけて列挙されており、国家・社会に対する罪から、個人に対する罪という順番に規定されている。

個人的な法益に対する罪としては、生命・身体に対する罪（殺人、自殺関与・同意殺人、暴行、傷害等）、自由に対する罪（逮捕・監禁、略取誘拐、強制わいせつ・強制性交等）、財産に対する罪（窃盗、強盗、詐欺、横領・背任等）がある。

また社会的法益に対する罪としては、放火、往来妨害、通貨偽造・文書偽造、わいせつ物販売等、国家的法益に対する罪としては、公務執行妨害、証拠隠滅、贈収賄等がある。

さらに刑法典以外にも、特別法などで刑罰は規定されている。代表的には軽犯罪法、薬物関係の法規などである。あとでみる多くの行政法規でも、法違反

第3講　法の領域

に対して罰則が定められていることが多い（行政刑罰といわれる→9.4）。

刑罰の論拠　そもそも刑罰は何のために科されるのかについては、古来、多くの議論がある。代表的なものが、いわゆる応報刑論で、「罪に報いる」、「罪に罰を与える」、「罪を償わせる」、「復讐（の禁止）の代わり」というものである。

これに対して近代刑法では目的刑論、すなわち特別予防（その人が再び犯罪をすることの予防）および一般予防（社会全体への予防）の観点が強調される。

多々議論はあるが、結局のところ、これらの論拠が合わさって刑罰が正当化されているものといえる。だからたとえば抑止機能だけから死刑制度が正当化されるわけではないし、逆に死刑制度に抑止機能が実証されないとしても、それだけでただちに死刑を廃止すべきだということにはならないだろう。

刑罰の種類　刑法が規定する刑罰については9条が「死刑、懲役、禁錮、罰金、拘留及び科料を主刑とし、没収を付加刑とする」としている。12条は「懲役は、無期及び有期とし、有期懲役は、一月以上二十年以下とする」（1項）、2項は「懲役は、刑事施設に拘置して所定の作業を行わせる」とする（禁錮との違いである）。

キャンパスライフと法　キャンパスでも身近にも犯罪はありうる。たとえば入試でのスマホを悪用した不正行為が、偽計業務妨害（刑法233条）として問題となったことがある。定期試験でも同じ話だろう。ちなみに飲み会の「無断キャンセル」なども、同じ犯罪になる可能性がある。教唆や幇助も共犯である（とくに教唆は正犯の刑が科される）ことにも注意を要する。

より深刻なところでは、刑法というより特別法の問題になるが、大麻などの違法薬物の問題がある。もちろん法律の側では、周到に要件を定めている。

たとえば大麻取締法は、その所持自体で罰則を定めている。「持っていただけです」といっても刑罰を免れないのである（法律を知らなかったというのも言い訳にならない）。海外旅行などの際に、知らない間に「運び屋」にされていたという話が時折あるが、これも「本当にそれが大麻だと知らなかった」と合理的に説明できなければ、罪に問われる可能性が高い。

どうせなら「スタディーズ・ハイ」のほうが、大学生にはふさわしい。

3.3 キャンパスライフで身近なのは民法

【民法と民事責任】

　民法の個々の内容は第4講〜第8講で詳しくみていくが、ここでは民法典の全体像ないし全体構造について、あらかじめ簡単にみておきたい。

民法とはどんな法律か

民法の条文は、古代のローマ法以来のさまざまなルールが蓄積されてできあがっているものである。私人と私人の間のルールは、大変古い起源をもっているものが多い。たとえば約束を守るとか、事故の際には賠償するとか、文明社会の成立と軌を一にして成立したルールといっても過言ではない。

　民法関係では現代的な問題もたくさんある。インターネット取引から親子関係の鑑定まで、金融や不動産取引の問題から交通事故・医療過誤・環境汚染等々まで、すべて民法が扱うべき問題なのである。

　それらすべてを守備範囲とする民法は、当然きわめて多様な内容となる。現行の民法は、1044条までの膨大な条文からなっている。

　現在の民法は、基本的には明治期の「お雇い外国人」であったボアソナード（パリ大学から招かれた）による草案（旧民法といわれる）を踏まえつつ、梅謙次郎・富井政章・穂積陳重により起草され、1898（明治31）年から施行された内容である。その後、その内容については細かい改正が重ねられてきているが、大きな流れとしては、1947年に新憲法公布に合わせて家族法の部分が全面的に改正された後、カタカナ・文語体であった財産法の部分について2004年に現代語化が図られた。

　そして2017年には、現代社会の国際化等に対応して、債権法の部分の大幅な改正が実現した（3年以内に施行される）。なおこの本では、2017年の債権法改正により内容や文言が変わった箇所（および2018年の成年年齢引下げと相続法改正により変更された箇所）を、〔※〕印で示している。

　民法が扱う内容は膨大であるが、第4講〜第8講では、基本的な考え方や、日常生活やキャンパスライフにかかわる部分などに思いきって絞り込んだ上で、なるべく具体的にみていきたい。

　日々の生活を法律的にみると、その多くが民法の規律する法関係だといえる。たとえば大学と学生の関係、コンビニでの買い物、アパートの賃貸などは

すべて民法が規律している領域である。いいかえればそこでトラブルなどが起これば、もちろん市民同士での話し合いによる解決が期待されるものの、それで収拾できなければ究極的には民法により処理されることになる。

法学部では、民法にはだいたい16単位が割りあてられ、中心的な科目としてもっとも詳しく扱われる。他の諸法を理解するためのベースともなる。

民法典の構造　民法典は全5編からなるが、その第1編、最初に置かれているのが「民法総則」である。これに続いて、物権、債権が置かれ、ここまでが財産法と呼ばれる。そのあとに親族、相続が置かれ、これらは家族法と呼ばれる。

このうち民法総則には、民法全般、さらには法律全般に通じる総論的な規定（意思表示、能力、法人、時効など）が置かれている。民法では以下の諸編や各章でも同様に、最初に総則として一般的な、共通のルールが置かれていることが多い（パンデクテン方式と呼ばれる）。

ちなみに書店には、この「民法総則」というタイトルの本が多数並んでいるが、したがってこれは別に民法の総論とか、入門という意味ではない。

勉強する順序としては、むしろ債権各論あたりが「とっつきやすい」ともいわれる。実際、民法総則のなかでの重要な内容である意思表示は、契約法と不可分なので、第4講ではまずそれについて簡単に説明する。

民法では第1編「総則」に続いて、第2編「物権」と第3編「債権」があり、これらが財産法の2大領域をなしている。

人間は、何も持たずに裸で生まれてくる。そののちに、いろいろな形で権利を手にしていくことになるが、そのうちの1つが物に対する権利（物権。典型的には所有権）であり、もう1つが人に対して何かを要求する権利（債権）である。所有権は物に対する排他的な権利だが、債権はあくまで「何か」一部の事柄を要求するにとどまる（「貸した金を返せ」、「買った物を引渡せ」というように）。近代社会では、人を「すべて」支配することは許されず、特定の行為に対する支配にとどまるのである（それぞれ第5講、第6講、第7講で扱う）。

これらに加えて家族のなかで得られる権利があり、これは家族法のパート（第8講）で扱う。またそれらとは別に、人間は生まれながらにして一定の人権を有すると考えられており、これについては憲法のパート（第10講）で扱う。

ただ市民社会という意味では、人は皆、ゼロからはじめて、法的関係を築き

上げていくと考えるのがすっきりする。それはいいかえれば人間というものを、どの人も同じように抽象的に、結果的には平等に扱うことでもある。これはサヴィニーというドイツの学者が古代のローマ法をもとに体系化したものであり、また中世以来の身分制社会を打破するためにとられた考え方でもある。そこでこの「物に対する権利——物権」と、「人に対する権利——債権」という枠組みが近代法では受け入れられて、日本の民法を含めて、今日に至っている。

　このように、民法は市民社会の基本的なルールを定めるものであり、逆にこれがなければ市民社会も成り立たないもの（いわば constitution）だといえる（→3.1）。もっとも当事者間の契約で、これとは異なる内容を決めることができる場合も多い（→4.4、6.4）。

| 権 利 と 請 求 権 |
なお民法領域などで「請求できる」と表現されるとき、それは「請求する権利を有する」という意味になる。認められるかどうかは分からないが「請求してみることはできる」という趣旨ではない。

　もともとローマ法のアクティオとは、裁判上の請求権を意味していた（action 訴訟の語源である）。逆に相手に対して裁判上、請求できなければ、「権利がある」といってみても、実質的な意味がないことになる。

　ホーフェルドというアメリカの学者は、権利概念を、「請求権（狭義の権利）」、「自由」、「権能」、「免除」の4つに分類しており、整理や分析に有用である。

| も ろ も ろ の 民 事 関 係 法 |
民法は膨大であるが、特段の領域について、これに関係する民事特別法も数多くある（サブカテゴリーを切り出しての、立法対応である→2.3）。

　とくに契約に関しては、消費者契約法、（商法の特別法ともいえるが）特定商取引法などが重要であるほか、任意後見契約法、電子契約法などがある。物権法に関しては、借地借家法、不動産登記法、区分所有法など、また家族法に関しては、戸籍法や家事審判法など、不法行為法に関しては製造物責任法や自動車損害賠償保障法、原子力損害賠償法、等々がある。

| 商 法 、 会 社 法 |
民事関係のなかでも、いわゆる商取引については六法の1つに数えられる「商法」の領域になる。これも法学部では12単位くらいで手厚く扱われる。

現在では「商法」という法律では、運送営業、倉庫営業や、海商法（船舶を用いた海上輸送に伴う取引）が中心に規定されている。

商法の領域で、とくに重要なのは、会社法である。資本主義社会で中心的な役割を果たしている株式会社は、民法上の位置づけは営利・社団法人であり（→4.7）。その重要性に鑑みて、かつては商法のなかで規定されていたが、現在では会社法という独立した法律のなかで詳しく規定されるに至っている。

この会社法は、勤め人であれば深く関係する法律だが、その内容はなかなか難解で、大別すると、資金を集めることに伴う内容（ファイナンスの側面。株式の発行、株主の権利等々）と、会社の経営に関する内容（ガバナンスの側面。設立、株主総会や取締役会等々）から成っている。

そのほか保険法や手形法・小切手法などの内容も、かつては商法のなかで規定されていたが、現在では独立した法律になっている。

民法は行政法の領域にも適用される

民法は法の一般原則として、とくに信義則などの内容は、行政法関係（→3.4）にも適用されることがある。また行政法関係でも、給付行政などの非権力的行政の場面では行政契約という手法もしばしば用いられ、私法関係（民法関係）に接近する。ただしこの場合でも「法律の優位」の原則にはしたがう（→9.2）。

キャンパスライフと法

学生生活では、インターネットとの関係も深いが、それに関連するもろもろの事柄（通販や回線料金等）も、多くは民法およびその特別法の問題となる。

ただ情報に関する法律問題、いわゆる知的所有権の問題については、固有の法分野となっている。著作権法、特許法、商標法などが中心的な法律である。

とくに大学のレポートなどでも、資料や引用の出典を明示しなければならないが、それは著作権法の要請でもある。32条は「公表された著作物は、引用して利用することができる。この場合において、その引用は、公正な慣行に合致するものであり、かつ、報道、批評、研究その他の引用の目的上正当な範囲内で行なわれるものでなければならない」としている。著作権侵害には、民事賠償に加えて罰則も科される（ネット上の著作物についても同様である）。

ちなみに大学の授業で、本や新聞のコピーを配布するのは、教育上必要な範囲では認められている（著作権法35条）。

3.4 大学の学則は行政法に近い

【公法と私法】

　民法／刑法の区分は民事責任と刑事責任に対応していて、比較的明快な基準といえるが、これとは別に法律の基本的な分類として公法と私法の区分がある。

公法・行政法の存在　　民事責任と刑事責任の追及は、あくまで法的紛争への事後的な介入であり、民法や刑法は、主として裁判規範（裁判において準拠とされる規範）として機能する。もっともそれがひるがえって行為規範（日常的な行為において準拠される規範）としても機能する。裁判になった場合の結果が、事前の行動に折り込まれるわけである（→4.2、6.1）。

　しかしこれとは別に、法的な紛争が起こらないように、いわば予防的な事前の措置として一連の行為規範が示されることがあり、その中心が行政法といわれる法律群である（あとでみるように、「行政法」という名前の法律は無く、総称である→9.2）。この行政法が公法の代表であり、これを実現しているのが、事前の（規制的な）行政活動である（警察行政といわれる）。

　たとえば運転免許の制度や道路の速度制限などのもろもろの交通法規（道路交通法による）は、事故を未然に防止するための仕組みだといえる。これらの行政法規に違反すれば（すなわち無免許運転や、交通法規に違反すれば）、実際の事故を起こさなくても、それ自体で行政法によるサンクション（罰金や懲役、免許停止等）の対象となる。

　このような一方的な関係は、私人と私人の間（民法関係）ではあり得ないものといえる。

　もっとも行政法は、事後的な介入の役割も果たす。たとえば事故を起こした運転手や旅行会社に対して、運転免許や旅行業の登録を取り消すというのがそれにあたる。ただしこれも、以後に同様の事態が発生しないようにという意味では、事前の予防的な措置といえる。

　加えてあとでみるように、行政法には事前の規制だけではなく、単に負担を課したり、逆に給付したりするものもある。

公的空間と私的空間　　私たちが、たとえば歩くこと、話すこと、物を見ること、飲食すること等は、すべて基本的には自由であ

第3講　法の領域

る。それらは別に人権云々というまでもなく、好き勝手にできるものといえる（憲法上の「移転の自由」等々にあてはめることもできようが、むしろ「一般的な行動の自由」というべき性格のものであろう）。

　しかし同じそういう行為でも、「できない」、「許されていない」という場合がある。たとえば「歩く」ことに関していえば、立ち入り・通行禁止区域や渡航禁止区域等々があるし、また同じ移動でも、クルマの運転には免許を要する。「飲食」に関していえば、20歳未満は禁酒であるし、違法薬物は所持自体で罰せられるし、食べ物を家のなかで作るのは自由だが、それを勝手に広く販売することは許されない（衛生面などから許可を要する）。

　これらは私的な空間においては妥当する自由が、公的な空間においては無条件には妥当せず、制約されているものである。そのことで社会全体として、ひるがえって個々人としても、自由の制約を上回る利益を受けられるというのが、法律やルールの基本的な存在理由でもある（→1.1）。

　そしてこれらの公私の領域の線引きをおこなうとともに、公的空間での交通整理、すなわちどういう自由や権利がどのように認められるか、またどのように制約されるかを定めるのが、公法の役割だといえる。これに対して私法は、あくまで私的空間における、私人と私人の間のルールだといえる。

行政法とその役割

この公法の代表が、行政法といわれる一群の領域で、典型的には私人の行為（何かをおこなう権利や自由）を事前に禁止したり、一定の場合にだけ認めるようなルールがこれにあたる。運転免許、通行禁止、営業規制（たとえば飲食店営業の許可、鉄道路線の認可）等々である。またこれらとは別に、年金、生活保護や補助金などのように、私人に給付をおこなうのも行政の作用の1つである。さらに、もっぱら負担を課す作用である税金の徴収（また人身保護や拘束）等も、行政法の役割である。

　行政法は、生活の隅々にまでかかわっている。テレビや新聞報道で話題になる事柄も、しばしば法律的には行政法の問題であり、法律のうちでもっとも数が多いのも行政法で、約2000の現行法の2／3以上は行政法だともいわれる。

　このような公法（行政法）の多くは、いわば事前の規制として「よからぬこと」が起こらないようにするものだといえる。つまり法律の眼目としては、「よからぬことが起きた場合にどうするか」ではなくて、いわば「法律に書いてある通り」に、一定の場合に私人の自由や権利、財産を制限するものであ

55

り、そのこと自体が主眼だといえる。行政法により給付がおこなわれる場合も
あるが、そのときにもやはり「その通り」に給付をおこなうことが眼目とな
る。

　これら公法／私法は歴史的な区分という側面もあり、１つの法律を私法／公
法のどちらかに必ずしも分けられない場合もあるが、次にみる法律の効力との
関係でも、一応このような区別があることを意識しておくのは大切だろう。

　なお刑法は、私法ではないので、一応公法に分類されるが、公法の代表はや
はり行政法であり、考え方としては「私法の代表としての民法 ⇔ 公法の代表
としての行政法」という対比と、「民事責任に関する民法 ⇔ 刑事責任に関す
る刑法」という対比が、別の次元で並び立っているというべきだろう。

公法と私法の関係

このような公法と私法の効力関係は、基本的には別の
ものだといえる。

　公法（とくに規制にかかわる行政法）の内容は、主として私人の自由や権利の
制限であり、たとえば一定の行動や事業・営業の制限である。そして実際的な
その効果は、「その通りに」自由や権利を制限するということである。

　たとえば運転してはならない者には運転させない（運転を始めさせないし、運
転していたらやめさせる）し、あるいは立入禁止の場所には立ち入らせない（立
ち入っていたら退去させる）し、あるいは営業してはならない者には営業させな
い（営業していたらやめさせる）ということである。

　しかし逆に、そこで法律に違反しておこなわれた行動や取引の効果まで、す
べて否定するわけではない。たとえば飲食店営業の許可を得ていない店が、勝
手に飲食営業をしていたとき、「それは法律違反なので、顧客に提供した食事
の契約は、民法上もすべて無効になる」というのはちょっとヘンである。仮に
無効にするといったところで、何をどう復旧すればいいのかもよく分からな
い。

　もっとも客の側でも「きちんとした営業許可を得た店だと思ったから、そこ
で食事をしたのだ」ということはあり得る。その意味では私法（民法）上の判
断（たとえば詐欺や錯誤（→4.1～）にあたるかどうか）に、公法的な観点が影響を
及ぼすことは十分あり得よう。ただそれらの効力が、自動的に全部つながって
いるわけではない（法律では、その効果が大切である→2.2）。

　ただしクーリング・オフのように、法律の規定で公法的規制（業務改善の指

示、業務の停止・禁止等）と同時に私法上の効果をもたせている場合もある（申込みの撤回等ができる。特定商取引法9条など→4.2）。

公法による給付 ここでは公法を「自由の制限・制約」という点から位置づけているが、すでにふれたように国はより能動的に、公共財をはじめとする財やサービスを提供するという役割も担う。このときにも役割を果たすのが公法・行政法である。

すなわち典型的には信号機や道路、上下水道をはじめとする公共財の提供であり、行政作用として官庁（役所）を通じて提供される。もちろんそのような「物」だけではなく、「人」も公務員として役割を果たしている。たとえば警察や消防は、物と人が一緒になったものだといえる。

また社会保障給付や教育など、公共財というよりは、むしろ個々の国民に提供される財やサービスがあり（準公共財的な性格のものといえる）、これらの提供も、いわゆる給付行政として、公法により規定されている。

さらに大きくいえば、国の機能自体が、広い意味での公共財として、国民に提供されているものともいえる（→1.2）。その財源として税金を徴収すること、また政府の三権分立の形を作ることも、公法の役割である。すなわち国会法、内閣法、税法、行政組織に関する法律等々である。

キャンパスライフと法 キャンパスでの諸規則は、ここでの公法に性格が近いといえる。施設の利用や進級・卒業要件、停学や退学等の懲罰などについて定める学則は、行政法的である。実際に国公立大学では大学と学生の関係は公法関係となる（→9.1）し、私立大学でも性格はこれに接近する。

私立大学では、学生と大学の関係は、複合的な契約だといえる。学生側と大学側との意思が合致して、両者の関係が形成され、学則が適用される。それでもその内容は一方的・画一的に定められ、制度的・約款的でもある（→6.3）。

いずれにせよ、そもそも大学が認めてくれて、はじめて大学に入学できて、また進級できて、そして学位を取得して卒業できる。逆に、試験での不正行為や、大学の秩序を乱す行為があれば、処分を受けて大学にいられなくなることもある。大学に認めてもらわないと、何も物事が進まないことからすると、実際、学則等は学生にとっては公法・行政法のようなものだといえるだろう。

学問への扉

1．そもそも公法／私法、民事／刑事の二分論とは

「復讐するは我にあり」という言葉がある。他の誰でもない、俺が復讐するぞという怖ろしい意味だが、もともとは新約聖書（ロマ書）に記されている神様の言葉である。つまり復讐する権利は自分（神様）にしかないのであって、人間同士で復讐などをしてはいけないという趣旨である。

それは、そうしないと「キリが無くなる」からである。さらにいえば、もともと「本当にどちらが悪いのか」は、所詮人間同士では分からないからでもある。だから、いくら自分が正しいと思っても、「自分で」実力行使をしてはいけない。そして市民の間での紛争解決は、現状回復（ないしはそれに代わる賠償）くらいまでであり（民事責任）、それを超える「目には目を」というような制裁（刑事責任）は、市民が勝手にその内容を決めておこなうものではない。

ただし近代社会ではそこを神様に頼るわけにもいかないので、代わりに国家がその役割を果たすことになる。それがいわゆるホッブズ流の社会契約論である（それによって「万人の万人に対する闘争」から脱する）。そしてその国家の役割は、あくまで法律で定められた形で果たされる。

そのように、公と私が区分され、民事・刑事責任も区分される。

2．近代法における公法／私法、民事／刑事の二分論

このような道筋で、近代国家では法の執行が国家権力に一元化されている点が、基本的な特徴といえる。それは自力救済の禁止ということでもある。

民事責任と刑事責任の峻別、公法と私法の峻別は、近代国家に権力が一元化されて、ひるがえって私的な空間では基本的に自由が妥当することの裏返しである。それはいいかえれば市民社会の自律性を認めるということでもあり、これがヘーゲル以来の「市民社会論」といわれる議論の筋道でもある（「法の哲学」）。

「国家に権力が一元化する」というと、国家が国民を圧迫するというイメージがあるかもしれないが、そうではなく、権力が国家に吸収されることで、私的な空間で暴力が跋扈し、強者が横暴に振舞うことを防ぐのである。それにより私的な空間では、自由な個人の間での対等な関係が妥当することになる。

もちろん権力を一挙に掌握する国家は「怖い」。だからこそ、その国家の行動を、「人の支配」ではなく、「法の支配」にもとづくものとしたのであり、これが近

代的な法治国家の機縁でもある。

この点で、柄谷行人による指摘（ミシェル・フーコーを素材とした分析）は、今でも有効である。すなわち「日本人にとって、法はいつも表層的な「サル芝居」でしかない」。「どうせ権力者は悪いことをやっているにきまっている」。

ところがフーコー（いいかえれば西洋）にとって、「法とは理性であり、あるいは言語である」。「どんな「サル芝居」であろうと、彼らがそれをつらぬくことにはいいようのない凄みがある」（『反文学論』）。

ここに西洋の「法の支配」という考え方の要諦がある。right という語が、「権利」を意味すると同時に、「正しい」を意味することも想起されよう。

3．現代法における公法／私法、民事／刑事の二分法

現代ではしかし、このような公私の二分論、民事・刑事の二分論をそのまま維持していいかどうか、さまざまな点から再検討が必要になっている。

すなわち1つには、私的な領域にもさまざまな形で公的な介入が必要になっている。それは家庭内の諸問題（たとえば虐待やDV）であったり、社会保障給付であったり、いわゆる福祉国家としての役割ということでもある。

逆に公的部門が縮小して、民間部門が従来の公的役割を担うことがある。民営化企業によるエネルギーや介護サービスの提供などがこれにあたる（かつては JR や NTT も公共企業体だった）。

他方、法を実現するためには、公私の枠、民刑の区分に拘泥すべきではないと指摘されることもある。アメリカ法で懲罰的損害賠償や二倍・三倍賠償を命じる（実際の損害額よりも多くの賠償をさせる）のがその実例であるが、それは法律の実現を国家に任せるのではなく、むしろ私人が法の実現に際してイニシアティブをとるべきだ、という発想である。

その先駆的な研究として、田中英夫（アメリカ法。1927–1992）と竹内昭夫（前出）による『法の実現における私人の役割』がある。タイトルがそのエッセンスを示しており、もともとは1970年代の論文だが、その意義は薄れておらず、馴れ合いや寄せ集めの共著とはまったく異なる共同作業の成果である。

25番教室の窓

授業の教科書

　星野英一先生（前出）は民法学の大家で、2012年に亡くなったときには翌年に回想集が出たのだが、それがただちに増刷になるほどであった。しかし以下の話はその本にも書かれていないので、星野先生も年によって授業のやり方も変えていたのかもしれない。

　学生時代に私が受講した年、星野先生の民法の授業では、民法総則の教科書が2冊、指定されていた。1冊は星野先生自身の本、もう1冊は他の民法学者の本である。

　この「教科書が2冊」というのが、いきなりすごい。このこと自体が、法学とは1冊の教科書をそのまま覚えればいいというものではないことを示している。

　そして毎回の授業では、本当に逐一、2冊の本を比較しながら、講義を進めるのである。時には従来の一般的な見解（通説）を述べる教科書と比較して、それではどうしても納得できない旨を自著をもとに語り、しかしあるときには別の教科書の先進的な内容と比較して、自著の足らざる点に言及するのだった。

　これらを通じて、法学では「唯一の正解」はないのだということを、戦慄的に理解せざるを得なかった。

　それにしても学生は大変だった。授業の際には、机の上に教科書2冊を置いて、しかも六法は必ず持参せよといわれる。で、（レジュメなんていうものは配られず、）ひたすらノートをとる。教室は満席で、それだけで自分の机の上はいっぱいである。さらに判例集（これも持参を求められる）がしばしば参照されるので、ひざの上とか、床に置いたかばんの上とかを駆使するしかない。

　試験も大変だった。たとえば「民法第1部」の4単位というのは、民法総則と物権法とで構成されていたのだが、物権法についてもまた2冊の教科書が指定されているので、要するに1科目の試験を受けるために、教科書だけでも4冊ということになる。そして答案の内容も、「いろいろな説はあるけど、星野先生の説がいちばん正しい」なんていうことだけを書いても通るはずはない、「これが大学の授業というものなのだ」と私は思った。もっとも後から考えると、こういう各回の授業で本当に2冊の教科書を行き来しながらおこなう授業というのは、星野先生だけであった。今でも実に印象深い授業ではある。

第**4**講　民法総則

4.0　わかっちゃいるけどやめられない

【introduction】

「わかっちゃいるけどやめられない」ことを、哲学ではアクラシアという。

違法薬物では物騒すぎるが、ゲームやお菓子、酒やタバコ、恋心から貧乏ゆすり、愚痴やため息の類に至るまで、人間にはアクラシアはつきものである。

実は哲学でははるか古くからこの問題を扱っていて、アリストテレスの『ニコマコス倫理学』にはこのことが詳しく書いてある。

これはやめたいのか、それともやめたくないのか。たとえば本当は口を利きたくない相手とも、職場ては口を利かなければならないというように、どちらかが「ホンネ」ないし「本心」だとはっきり決着をつけられるときもあろう。しかし「心の中」はのぞけない以上、そういう議論にも限界はある。

それでも具体的なケースにおいて、それを本人の「真正の意思表示」とみるかどうかを判断するのが法学である。あとから「あれは本心ではなかったんです」という主張を自由に認めると、めちゃくちゃになってしまうからである。

この意思表示の問題をはじめとして、民法がプレーヤーとして基本的にどういう人間を想定しているか、その他の全般的なルールについて、民法第1篇の民法総則では、扱っている。

たとえば子どもの場合はどうか（大人と同じに扱っていいとは考えづらい）。また判断能力が十分ではなさそうな高齢者の判断はどうか。「酔った勢いで、約束してしまった」という場合はどうなのか。だまされて、あるいは間違えて、さらにはおどされて、印鑑を押した等の場合はどうか。それらが意思表示の問題群として扱われる。

あるいは会社の従業員である1人の人間が契約を結ぶときに、どういうときに「個人として」、逆にどういうときに「会社として」契約したといえるのか。それらが当事者の問題として扱われる。

あわせて期間、時効など民法全般にかかわるルールが民法総則で規定されており、第4講ではそれらをみていく。

61

4.1　朝起きてから、大学に来るまでに
【契約と意思表示（1）　契約および詐欺・強迫】

　民法は、「私人と私人との間」のルールを定める法律である。このうち第1篇の民法総則といわれる部分（民法1条～民法174条）では、全体にかかわる一般的なルールを規定している。具体的には、意思表示、時効、能力、法人、代理、期間などがこれにあたる。しかしその前提として、まず契約とは何かをみておきたい（契約法について詳しくは第6講でみる）。

契約という法的な関係　朝、起きてから、大学に来るまでに、すでにいろいろ法律的な契約にかかわっていることに気づいているだろうか？

　私人と私人の法的関係にはいろいろあるが、その代表が「契約」による関係である。契約というと、契約書を交わして印鑑を押して、というイメージがあるかもしれないが、より幅広く、口頭であっても、両当事者の「意思の合致」があれば契約は成立する。

　たとえば電車に乗る、コンビニでおにぎりを買う、レストランでコーヒーを頼む、友だちにノートを借りる等々は、すべて契約である。もちろんきちんと契約書を交わして、アパートを借りる、自動車を買う、バイトで働くなども、契約である。大学と学生との関係も基本的には契約である。

　だから朝起きてから、大学に来るまでに、すでにいろいろ契約をおこなったり、契約のプロセスに身を置いたりしていることになる（この契約のように権利義務を変動させる法的効果を生じさせる意思表示を「法律行為」という）。

　ところで契約の際には、意思の合致が必要である。たとえば「これを買う」と「これを売る」という形で、意思が合致する。

　ところが意思が合致して、契約が成立したようにみえるけれども、本当にそうかどうか問題になる場合があり、それらが民法総則で扱う重要な問題群になる。とくに意思表示、能力、代理などが代表的な問題である。

　そのなかで、意思表示の効力をそのまま認めることに問題がある局面として、民法では5つが挙げられているので、これらを順次みていく。なお、ここでは意思表示をおこなう側が契約能力を有すること前提としている（→4.6）。

第4講 民法総則

詐 欺

はじめに意思表示の問題のなかでも、比較的分かりやすい「詐欺」についてみていきたい。

意思が合致して、契約が成立したようでありながら、その効力が問題となる典型的な例が、詐欺による意思表示の場合である。要するに、だまされて契約を結んだという場合である。

日常的にも、ガラス玉を本物の宝石だとだまされて買わされたとか、大好きなアイドルの「直筆のサインですよ」とだまされてコピーを買わされたとか、いろいろな例がある。「必ず値上がりします」という投資詐欺はあとを絶たない。カルト宗教がらみの事件も多い。リフォーム詐欺というのもあって、たとえば「家の土台が腐っていて、このままでは家が倒れてしまう」などとだまして、必要ではない家の補修工事の契約をしてしまう。

そこで民法96条（1項）は、「詐欺又は強迫による意思表示は、取り消すことができる」と定めている。つまりだまされて契約を結んだ場合には、契約書を交わしていようが、印鑑を押していようが、「取り消す」ことができる。

この詐欺に該当するには、だました側に欺罔（だますこと）の意図と行為が必要だとされる（通説）。「だまそうとした」という内面の証明は難しいが、上の例のように外面にあらわれた客観的な事実から立証は可能である。

なお96条2項は「相手方に対する意思表示について第三者が詐欺を行った場合においては、相手方がその事実を知り、又は知ることができたときに限り、その意思表示を取り消すことができる」、3項は「詐欺による意思表示の取消しは、善意の第三者に対抗することができない」としている（→4.3）〔※〕。

しかし実際に、詐欺に該当するかどうかは微妙なケースも少なくない。たとえば買った側が勘違いしているとき（たとえばガラス玉を本物の宝石だと勘違いしている場合）、売る側が積極的に勘違いを訂正せず、いわば相手の勘違いに乗じて契約した場合、買う側からの取消しの対象となるかどうかは微妙である。このような場合、ケースバイケースであるが、「沈黙による詐欺」もあり得ると考えられている（通説）。まさにボーダーラインの判定にかかる解釈問題となる（→2.3）。他方、一部についてはサブカテゴリーを切り出して、消費者契約法、特定商取引法などにより政策的対応がされている（→4.2）。

取り消すと どうなるか

このように契約を取り消すとどうなるか。民法121条は、「取り消された行為は、初めから無効であったも

63

のとみなす」としている。これにより、すべて契約の前に戻ることになる。したがって、たとえば買った物を返して、支払った代金を、取り戻すことができる（相手方の不当利得になる→7.4）。

すでに代金を払ったかどうか、また契約書や印鑑の有無等とは関係なく、とにかく取り消して、もとに戻すことができるわけである（取消しには内容証明郵便等を用いるのが確実である）。仮に相手方が取消しに応じなくても、裁判を起こせば最終的にはもとに戻すことができる。

この点につき2017年の法改正では、法律行為が無効である場合又は取り消された場合の効果について、「原状回復の義務」を明文化した。

すなわち民法121条の2は、「無効な行為に基づく債務の履行として給付を受けた者は、相手方を原状に復させる義務を負う」（1項）、また「前項の規定にかかわらず、無効な無償行為に基づく債務の履行として給付を受けた者は、給付を受けた当時その行為が無効であること（給付を受けた後に前条の規定により初めから無効であったものとみなされた行為にあっては、給付を受けた当時その行為が取り消すことができるものであること）を知らなかったときは、その行為によって現に利益を受けている限度において、返還の義務を負う」（2項）と規定した〔※〕。この2項の「現に利益を受けている限度」は、現存利益といわれるものである（→7.4）。

もっともそのように取り消しても、相手が雲隠れして、代金等を回収できないこともある。また相手が破産してしまうと、多くの債権者との取り合いになり、回収できるとは限らなくなる（破産手続においては公平性が重視される一方、賃金債権や税金が優先されるので、一般の債権は劣後する→6.2）。

| 強　　迫 |

詐欺と同様に、取り消すことができるのが「強迫」による意思表示の場合である。誰かにおどかされて、しぶしぶ意思表示をしたという場合には、詐欺と同じく、そのまま契約の効力を認めるべきではないのは当然といえる。すでにみたリフォーム詐欺などでは、むしろ強迫に近い場合も多いだろう。

すでにみたとおり、民法96条（1項）は、「詐欺又は強迫による意思表示は、取り消すことができる」と規定している。その法的な効果も、詐欺の場合と同様である。ただし第三者との関係が少し異なり、この点はあとでみる（→4.3）。

なお詐欺や強迫については、刑法でも類似の概念が犯罪類型として登場する

が、ここではあくまで民法の議論（私人の間の契約などに関する議論）として取り上げている（ちなみに刑法の「脅迫」罪とは、表記も異なる）。

| 特別法による対応 |

取引の消費者保護に関しては、あとでみる特別法も役割を果たしているが（→4.2）、とくに比較情報や二重価格等に関しては、景品表示法（不当景品類及び不当表示防止法）およびそのガイドラインが役割を担っている。これは公法・行政法の領域で、契約の効力とは別に、事業者に対する働きかけ（是正勧告や罰金、営業停止命令など）により取引の適正化を図るものである（→3.4）。

たとえば「閉店セール」や「二重価格」（値下げしたようにみせかける）、あるいは過大な景品や、全然あたりくじがない抽選等々、実際より良く見せかける表示や過大な景品付き販売を取り締まり、消費者が質の良くない商品やサービスを買って不利益を被ることを防ぐ。「なんかだまされたような感じ」というケースについては、大体この景品表示法とそのガイドラインがカバーしている。

これらは事業者に対する、公法・行政法による事前の規制であり、契約をただちに無効にする効果はない（詐欺かどうかの判断要素にはなるだろうが、仮に私法上も無効となるとしても、実際には事後に個々に裁判を要する）が、むしろあらかじめ「もとから断つ」ことを目指すものといえる。

| キャンパスライフと法 |

「この本を買えば、授業の単位はかならず取れるよ」と私が言いながら、授業中に即売会を開いて、学生にこの本を売りつけていたら、仮に定価で売っていたとしても、それは詐欺となる可能性がある。そういうものでなければ、（遺憾ながら）買わないかもしれない本だからである。民法の詐欺の規定は、公正な取引というよりは、あくまで本人の意思表示の効力を問題とするものなのである。だから適正な価格であっても詐欺は成立し得る。

他方、私が「君たちがこれから生きていく上で、必ず役に立つ本だよ」と言って売っていたのであれば、詐欺にはならない…と信じたい（ただし教員が学生に何かを売りつけることについては、独占禁止法上の優越的な地位の濫用にあたる可能性もあり、誉められた話ではない）。

そのほか、自己啓発関係（教材等）から、投資・宗教関係まで、キャンパス周辺でも詐欺的勧誘はものすごく多いと思った方がいい。

4.2　「間違えました」はキャンセルできるのか
【契約と意思表示（2）　錯誤および消費者立法】

　だまされたとか、おどされたとかではなくて、勘違いして意思表示をした場合はどうだろうか。たとえばコピーなのに「アイドルの直筆のサイン」の現物だと勘違いして、買ってしまったらどうか。民法の本と刑法の本とを間違って買ってしまったらどうか。これが錯誤の問題であり、条文も少し複雑になる。

錯　　誤　契約は交わしたのだが、勘違いした・間違えたなどにより、内心の意図と一致していなかったという場合を「錯誤」という。

　この取り扱いは難しい。契約の相手方としては、落ち度もなく、せっかく契約が成立したと思ったのに、本人が「間違いでした」と言えば契約の効力が左右されてしまうというのではたまらない。しかし意思表示をした本人にとっても、間違いにもとづいてそのまま契約が成立したとして、一切文句を言えないとするのは気の毒な場合はしばしばある。

　そこで民法95条（1項）は「意思表示は、次に掲げる錯誤に基づくものであって、その錯誤が法律行為の目的及び取引上の社会通念に照らして重要なものであるときは、取り消すことができる」として、「ア　意思表示に対応する意思を欠く錯誤」と「イ　表意者が法律行為の基礎とした事情についてのその認識が真実に反する錯誤」の2つを挙げている。「ア」は、いわゆる言い間違い・聞き間違いであり、「イ」は勘違いの場合である。ただしこの勘違いについては、「イの規定による意思表示の取消しは、その事情が法律行為の基礎とされていることが表示されていたときに限り、することができる」（2項）としている。

　これが原則だが、3項で錯誤が成立する範囲を絞り込んでいる。すなわち「錯誤が表意者の重大な過失によるものであった場合には、次に掲げる場合を除き、第1項の規定による意思表示の取消しをすることができない」として、「ア　相手方が表意者に錯誤があることを知り、又は重大な過失によって知らなかったとき」と「イ　相手方が表意者と同一の錯誤に陥っていたとき」を挙げている。なお4項では「第1項の規定による意思表示の取消しは、善意でかつ過失がない第三者に対抗することができない」を挙げている（→**4.3**）〔**※**〕。

第4講 民法総則

条文の構造 かつてはもっとシンプルな条文だったのが、2017年の法改正によってかなり複雑になった。条文は錯誤による意思表示は、原則は取消し可能として、意思表示をした側（本人）を保護した上で、３つのしばりをかけている。

第一に、錯誤が「法律行為の目的及び取引上の社会通念に照らして重要なもの」（１項）という点である。

買い物にせよ、サービス取引にせよ、その内容につき、微細な部分まで、完全に想定と一致するというわけではない。些細な違いでは錯誤を主張できない。

第二に、「法律行為の基礎とした事情についてのその認識が真実に反する錯誤」（２項）においては、それが「その事情が法律行為の基礎とされていることが表示されていた」ことが必要であるという点である。

この「表示」と対比されるのが「動機」というもので、いわば内心（あるいは思い込み）による場合であり、動機についての錯誤は、原則として契約の効力に影響しない。たとえば宝石売買でいえば、本物の宝石か、ガラス玉かというのは売買契約の重要な要素である。しかしたとえばその原産地が南アフリカだと思っていたら、実はシエラレオネだったという場合には、そのことが表示されていなければ、動機の錯誤に過ぎないことから、錯誤を主張できない。

第三に、「錯誤が表意者の重大な過失によるものであった場合」（３項）は、原則として表意者は、自ら取り消すことはできないという点である。自分に大きな落ち度があって勘違いしたときには、錯誤だったという主張をできない。

このように民法95条は、意思表示をした者（本人）と相手方との間（いわば「善 対 善」）でギリギリの決断をおこなった上で、条文内にサブカテゴリーを設けて、細かい調整をおこなっている（→2.2）。もっともその各文言をめぐってさらに解釈問題が発生する。たとえば「重大な過失」というのは、誰でも容易に気づく間違いくらいの意味だが、それに該当するかの判断は難しい。

条文の趣旨 これら要件をすべて満たしたときに、効果が発生する。錯誤により意思表示をおこなった場合でも、その他の要件（「重要なものであるとき」、「重大な過失」がないこと等）を満たさなければ、意思表示を取り消すことはできない。

だから一般論として、「錯誤による意思表示は取り消せる」ということは間

違いではないが、実際には錯誤による意思表示のうちで、取り消せるのは、ごく一部だということであっても不思議ではない。その意味では実態としては、どちらが原則で、どちらが例外かを断定することも難しいといえる（→2.2）。

　この錯誤では、詐欺のようにどちらかが「悪い」とは言い切れないので、ルールの設定自体が難しい。間違い・勘違いをする方に落ち度があるとはいえるのだが、少なくとも売買において買主が錯誤に陥っていた場合は、取り消せば売買前の状態に戻るだけである（売主はまた誰かに売ればいい）のに対して、取り消せないと（買主としては要らないものを抱え込み、一般消費者であれば転売も容易ではないので）不利益は大きいということもいえるだろう。

　もちろんたとえば「間違えて・勘違いして」買ってしまったという場合、売った店の側が「善意で返金してくれる」というようなことは多いだろう。しかし法学が扱うのは、そうはいかない究極のケースということである。ただそれがひるがえって、日常の行為規範にも影響する（最終的な結末を折り込んだ「法の影のもとでの交渉」といわれ、ゲーム論の「威嚇点」に近い）。

特別法による対応　このように詐欺や錯誤の条文が民法では用意されているが、実際に適用しようとすると、なかなか要件が微妙でもあり、とくに宣伝にうまく乗せられたというような場合では、相手方が「だまそうとした」という詐欺の立証は難しいし、錯誤の場合にはすでにみたように「表示されていたときに限り」や「重大な過失」の要件などをクリアしづらい場合も少なくない。

　他方、その辺まで先回りした、悪質なセールスがおこなわれているのも事実である。そこで、消費者保護の観点から特定の領域をサブカテゴリーとして切り出すことで、立法による対応もされている（→2.3、4.1）。意思表示にかかわるとくに重要なものとして以下の2つの法律がある。

消費者契約法　消費者契約法（2000年制定、2001年施行）は、事業者と消費者の間の情報や交渉力の格差に着目して、事業者による契約締結過程への不当な干渉があった場合の意思表示の取消と、消費者の利益を害する契約条項の無効などを定めている。

　前者の「事業者による契約締結過程への不当な干渉」の例としては、重要事項について事実と異なることを告げたり、勧誘のために玄関に居座って困惑させたりすることなどが挙げられる。

事業者からの情報提供の努力義務も定められている（3条）。これが「努力義務」（罰則はない）にとどまっている点には批判があるが、どこまでの情報の提供を厳格な法的義務と確定するかを決めるのも難しい。しかし逆に3条2項で消費者側にも理解に努める義務が定められているのは違和感がある。

後者の「消費者の利益を害する契約条項」の例としては、サービス提供に際して事故が起きても賠償しない旨の条項や、キャンセルの場合の過大な違約金条項などがあり、無効と評価されることがあろう（→4.4）。

特定商取引法　特定商取引法も重要である（1976年の訪問販売法に由来する）。同法では特定の類型の取引に関して、契約内容を明らかにする書面の交付義務などとあわせて、クーリング・オフ制度として、書面の交付後、一定期間（訪問販売では原則8日）内ならば、理由なしに契約の撤回・契約の解除ができる旨を定めている（「クーリング・オフ」とは、頭を冷やすという意味である）。これは法違反に対して行政規制（業務改善の指示や業務停止命令の行政処分や罰則）だけではなく、私法上の効果までもたせているものである。

「特定商取引」というのは、やや分かりづらい表現だが、訪問販売、通信販売及び電話勧誘販売に係る取引、連鎖販売取引、特定継続的役務提供に係る取引、業務提供誘引販売取引並びに訪問購入に係る取引の6種類とされる。

キャンパスライフと法　大学合格後、入学を辞退した受験生が入学金や授業料の返還を求めるケースでも、この消費者契約法の適用が裁判で争われている（最高裁2006（平成18）-11-27判決など）。働きながら大学院に通えるという説明だったのに、実際には違ったとして、錯誤により入学金の返還が認められた例もある（名古屋地裁2007（平成19）-3-23判決）。

入学してみたら実際のカリキュラムが募集時の内容とは違っていたとして、債務不履行や不法行為として争われた例もある（大阪地裁2014（平成26）-3-24判決。請求は棄却）。大学では開講される科目の名称や内容が、年によって少しずつ変わることは避けがたい。科目が変更される移行過程で、新旧両方の授業をできればいいのだが、実際には教員や教室の制約から難しいことが多い。

他方で、授業の内容は、事前の情報のとおりなのだが、授業や教員の質が悪すぎるというような場合にも、あとでみる債務不履行の問題（→6.2）になる。

4.3　三角関係はややこしい
【契約と意思表示（3）　虚偽表示および第三者】

　意思表示には詐欺・強迫・錯誤のほかに、心裡留保と虚偽表示というものがある。またそれらを含めたもろもろの意思表示と第三者との関係という、やや複雑だが法学の特色がよくあらわれる問題をみてみたい。

心　裡　留　保　実際にはあまり問題にならないのだが、「心裡留保（しんりりゅうほ）」といわれるものがある。民法93条は、「意思表示は、表意者がその真意ではないことを知ってしたときであっても、そのためにその効力を妨げられない」としている〔※〕。これはたとえば本人としては冗談で契約を交わしても、相手方が本気にすれば、それはそのまま成立してしまうという意味である。

　もっとも民法93条ではこれに続けて、「ただし、相手方がその意思表示が表意者の真意ではないことを知り、又は知ることができたときは、その意思表示は、無効とする」と書かれている〔※〕（このような条文の書き方を「ただし書き」という）。相手が冗談だと分かっていた（あるいは分かるはず）なら、あくまで冗談でしかないということになる。

虚　偽　表　示　意思表示の最後に「虚偽表示」についてみておきたい。これは本人と相手方が共謀（通謀）して、契約が成立したことにする、成立したように見せかけるというものである。たとえば借金のかたに取られそうになった高価な物を、誰かに売ったことにして、一時手許から遠ざけておくという例が挙げられる（いわゆる資産隠しであるが、物理的にというより、法律的に隠すわけである）。

　これについてはそもそも両方の当事者とも本気でないのだから、民法94条（1項）は「相手方と通じてした虚偽の意思表示は、無効とする」としている。

第三者との関係　虚偽表示は、詐欺や錯誤などと比べるとやや特殊なものといえる。ただし重要なのは次の94条2項であり、「前項の規定による意思表示の無効は、善意の第三者に対抗することができない」としている。ここで別の当事者が登場する。

　たとえばAによる虚偽表示で、Aから土地を買ったことにした相手方（B）が、さらにその土地を別の人（C）に売ったとしよう。本来は、土地はAのも

70

のであり、Bは自分のものではないその土地を売ることはできない。しかしC
はそのことを知らないとしよう。このとき、Aがあとから「実は土地は自分の
ものでした。Bに売ったふりをしただけなんです」というのはいかにもアン
フェアである。だから、AとBの間では契約は無効であるとしても、そのこと
をCに対しては主張できない、と考えるのが適切だろう。

　このことを規定したのが、この「前項の規定による意思表示の無効は、善意
の第三者に対抗することができない」という条文である。上の例では、Cが第
三者にあたる。意思表示をした本人と、契約の相手方という2人の当事者に対
して、第三者という位置づけである。またここで「善意」というのは、事情を
「知らない」という意味である。法律用語独特のもので（ローマ法に由来する）、
別に善人だという意味ではない。

　学説の多くはこの場合、第三者が善意であることに加えて無過失であること
を要求している（詐欺や錯誤については2017年の法改正で無過失要件が明記され
たが、虚偽表示に関しては条文の変更はなかった）。

　なおあとでみるように、土地ではなく動産については扱いが異なる（→5.2）。

詐欺・強迫と第三者の関係

虚偽表示では、意思表示の本人と契約の相手方に加え
て、「第三者」が登場した。このパターンは虚偽表示
に限らず、詐欺や強迫、錯誤においても同様にあらわれる。たとえば土地が詐
欺や強迫、錯誤による意思表示を通じてAからBに渡って、これがさらにBか
ら事情を知らないCに渡ったという場合である。

　Aとしては、当然意思表示を取り消して、土地を取り戻したいと考えるだろ
う。実際に詐欺や強迫、錯誤の要件を満たしていれば、意思表示は取消し可能
である。しかし第三者であるCとの関係は難問となる。Cからすれば、まさか
その土地が、そんな特殊な経緯をたどって手許に来たものだとは思いもよらな
い場合も多いだろう（なおBの責任についてはあとでみる）。

　このような事態は、サービス取引などではやや考えづらく、物品や不動産の
売買で主に問題になる。ただし日用品を考えても、たとえば製造元から問屋・
卸売り・小売店などを経て、私たち（消費者）が購入しているのが普通であ
る。つまり、私たち（消費者）はしばしばCの立場に立っているのであり、製
造元や問屋・卸売り・小売店など（AやB）の段階で何があったのかなど、分
かるはずがない。けっして特殊な状況の話ではないわけである。

これについて、民法はこのような解決をしている。まず詐欺については、民法96条3項が「詐欺による意思表示の取消しは、善意でかつ過失がない第三者に対抗することができない」としており、虚偽表示と同様に「善意」で、しかも無過失の第三者を保護している〔※〕（この無過失の要件は2017年の法改正で加わった）。すなわち第三者は善意・無過失であれば、たとえ詐欺による意思表示が取り消されても、買ったものをAに渡す必要はないのである。虚偽表示の場合と比べるとAの方の「帰責性」（責任が帰せられる度合）が小さいことから、Cの方の要件を少し厳格にしているものといえる。

　これに対して、強迫については同様の条文がない。すなわち原則に戻ると、取消しにより何もなかったことになるから、Cは買ったものをAに引き渡す必要が生じる（条文に書いていないことに意味がある。条文は過不足なく書かれている→2.2）。

　ただしあとでみるように、土地ではなく動産については扱いが異なる（→5.2）。

どう考えるか　この点について、考え方は分かれるかもしれないが、強迫であればAの方になんとも致し方ないのでAを保護する一方、詐欺であればAの方の注意不足という面もあるので、むしろCを保護しているというのが民法条文の考え方だといえる（条文にオルタナティブはあり得る→2.2）。ここではだまされた場合と強迫された場合とで、取り扱いを変えているわけである。

　第三者であるCの側から見れば、Aがだまされたのか、強迫されたのかは分からないし、ほとんど関係がない事柄ではある。しかしながらAとCと、どちらを保護するかというギリギリの判断では、Aがだまされたのか、強迫されたのかによって、扱いを100％変えていることになる。

　Cからすれば、それは偶然の事情でしかない。しかし極論すれば、そういう自分のあずかり知らぬ偶然の事情によって、自分の運命が左右されるのは、別にこれに限ったことではない。大げさにいえば、社会のなかの1人として生きるというのは、そういうことでもある（「道徳上の運」といわれる→**第7講学問への扉**）。

　もっともこれらの場合、問題があるのはBだとはいえる。土地の所有権を失った場合、AやCは、Bに対して損害賠償を請求することが可能であろう。しかし往々にしてこのようなケースでは、Bはいなくなっていたり、資力がな

第4講　民法総則

かったりするし、またそうでなくても1つしかない土地そのものをAとCのどちらに帰属させるかは、やはり一定のルールによる決着が必要となるのである。

いずれにせよ、これはまさに法律の解釈問題の代表例だといえる。すなわち両当事者で、どちらが「悪い」ということはなく、しかも「ひとつの土地」をめぐる争いなので、妥協策というのが考えづらい（「善 対 善」の争いに決着をつけなければならないのが法学である→2.3）。

なお、土地の登記の所在によって、所有権を決している国もある（ドイツ）。しかしたとえば強迫や詐欺があれば、登記も取られてしまうだろうから、日本では登記を「オールマイティー」な判断材料とはしていない（→5.2）。

錯誤での第三者の取り扱い　なお錯誤については民法に規定がなかったが、すでにふれたように2017年の法改正で95条4項を新設し、錯誤を理由とする「意思表示の取消しは、善意でかつ過失がない第三者に対抗することができない」とした〔※〕（→4.2）。

ここでは詐欺の場合と同様に、第三者をさらにサブカテゴリーに細かく分けて、善意だけではなく、過失もないことを要件としている。やはり意思表示をした者と第三者との間でどちらを保護すべきかというギリギリの判断において、虚偽表示の場合と比べると、意思表示をした者の方の「帰責性」が小さいことから、第三者の方の要件を少し厳格にしているものといえる。

キャンパスライフと法　法学部にいて、法律を勉強する意味合いのようなことが実感される場面の1つが、この第三者が登場してくるケースである。

それまでは、たとえば詐欺といえばだますほうが悪いに決まっているし、とにかく誰かしら「よからぬ人」をみつけるのが仕事だった。しかし第三者が登場すると、そのように一筋縄では物事を評価できなくなる。

これらは世界平和とか、国家全体のあり方とか、そういうのとは全然違う、見方によってはスケールの小さな話である。しかし解決の難しさにおいては、それらと負けず劣らない。逆にこういう目先の紛争をきちんと解決できなければ、大きなことばかりいっていても、社会では役に立たない。

考えてみれば「第三者」というのは、恋愛と友情にかかる永遠のテーマでもある（夏目漱石の『こころ』にせよ、武者小路実篤の『友情』にせよ）。

73

4.4　1週間でレポートを書いて提出してくれと言われたら
【公序良俗および一般原則】

　民法総則には意思表示のほか、全般的な定めもいろいろ置かれている。それらには民法にとどまらず、法の一般原則となるものも含まれている。

公　序　良　俗　意思表示としては問題ない場合でも、契約の内容があまりにも「ひどい」ときには、そのまま契約の効力が認められないことがある。すなわち民法90条は、「公の秩序又は善良の風俗に反する法律行為は、無効とする」と規定している〔※〕。この「公の秩序又は善良の風俗」を短くして「公序良俗」と呼んでいる。

　具体的には、犯罪をする契約、人身売買の契約、暴利行為にかかる契約等がその例とされている。このような反社会的な内容の契約については、いくら明確に当事者の意思が合致していたとしても、その効力は認められないのである。

　ただし「公の秩序又は善良の風俗に反する」かどうかは、なかなか明確には決められないことも多い。そのため2000年に制定された「消費者契約法」では、契約が無効となる不当条項の類型が、より具体的に定められている（消費者契約法8条〜10条→4.2。なお無効だとされれば、「もとに戻す」ことになるが、それは簡単ではないこともある→4.1）。

そ　の　他　の　一般的な原則　民法1条は基本原則として、「私権は、公共の福祉に適合しなければならない」、2項で「権利の行使及び義務の履行は、信義に従い誠実に行わなければならない」、3項で「権利の濫用は、これを許さない」と定めている。

　この2項は信義誠実の原則、略して「信義則」と呼ばれ、条文だけでは妥当な解決が得られない場合にしばしば引用される。英米法で、禁反言（エストッペル）の原則（自分の以前の言動と矛盾する主張は許されない）や、「クリーンハンドの原則」（裁判制度を利用しようとするものは、自分の「手が汚れていない」ことが求められる）と言われるものにも近い。これは行政法などでも一般的な法理として用いられる（→9.2）。

　また3項は「権利濫用の禁止」と呼ばれ、ルール通りの解決では妥当性を欠くときに持ち出される。

これらは「条文どおりの解釈」では個別の事案において適切な解決が得られないときに、判断を補う役割を果たしており、法律によるルール化の限界を補うものともいえる。その意味では正義と法的安定性が相克する場面で用いられることが多い（→2.3）。他方、これらに頼りすぎるのも問題がある。煎じ詰めれば「勝たせるべき方を勝たせる」ことに用いられかねないからである。

期　間　の　計　算

その他の一般原則として、民法総則では期間の計算の仕方を定めている。

たとえば「レポートを1週間で書いてくれ」とか、「お金を貸すけど、1ヶ月で返してくれ」と言われたときに、どこが最終的な期限かは重大な問題である。

期間の計算方法について、民法138条は「法令若しくは裁判上の命令に特別の定めがある場合又は法律行為に別段の定めがある場合を除き、この章の規定に従う」とした上で、期間の起算について、139条は「時間によって期間を定めたときは、その期間は、即時から起算する」、140条は「日、週、月又は年によって期間を定めたときは、期間の初日は、算入しない。ただし、その期間が午前零時から始まるときは、この限りでない」としている。

また期間の満了について、141条は「前条の場合には、期間は、その末日の終了をもって満了する」、142条は「期間の末日が日曜日、国民の祝日に関する法律に規定する休日その他の休日に当たるときは、その日に取引をしない慣習がある場合に限り、期間は、その翌日に満了する」としている。

さらに暦による期間の計算として、143条1項は「週、月又は年によって期間を定めたときは、その期間は、暦に従って計算する」、その2項は「週、月又は年の初めから期間を起算しないときは、その期間は、最後の週、月又は年においてその起算日に応当する日の前日に満了する。ただし、月又は年によって期間を定めた場合において、最後の月に応当する日がないときは、その月の末日に満了する」としている。

したがって、たとえば7/4に、10日間でレポートを書いて提出してくれと言われたら、（当日午前零時からと言われたのでない限り）初日不算入で、7/14に期間が満了ということになる。7/4に1週間でレポートを書いて提出してくれと言われたら、翌週7/11の前日7/10に期間が満了する。

条　件　と　期　限

民法総則では、条件と期限についても定めている。技術的な用語が多いのだが、使われることがあるので、

まとめておきたい。

　まず条件が成就した場合の効果として、民法127条１項は「停止条件付法律行為は、停止条件が成就した時からその効力を生ずる」、２項は「解除条件付法律行為は、解除条件が成就した時からその効力を失う」としている。停止条件とは、その条件が成就するまでは法律行為の効力が停止しているという意味であり、逆に解除条件とは、条件が成就すれば法律行為の効力が停止するという意味である。

　また期限の到来の効果として、135条１項は「法律行為に始期を付したときは、その法律行為の履行は、期限が到来するまで、これを請求することができない」、また２項は「法律行為に終期を付したときは、その法律行為の効力は、期限が到来した時に消滅する」としている。

　そして期限の利益及びその放棄として、136条１項は「期限は、債務者の利益のために定めたものと推定する」、その２項は「期限の利益は、放棄することができる。ただし、これによって相手方の利益を害することはできない」としている（債務者とは、義務を負う側である→6.1）。

　たとえば返済期限がくるまでは、債権者（貸している側）は、返せと要求できない。逆に債務者の側が、期限より前に返すことは通常は可能である。

　さらに137条は「次に掲げる場合には、債務者は、期限の利益を主張することができない」として、「債務者が破産手続開始の決定を受けたとき」、「債務者が担保を滅失させ、損傷させ、又は減少させたとき」、「債務者が担保を供する義務を負う場合において、これを供しないとき」を掲げている。

　したがって、たとえば債務者が破産した場合には、期限がまだ先でも、民法137条により、ただちに履行を要求できることが分かる。ただし破産手続に入っている以上、有効に履行されるかどうかは分からない（→6.2。なお担保については、物権法のところで扱う→5.1）。

|意 思 表 示 の|　意思表示の効力発生時期に関して、民法97条は「意思|
|到 達 主 義|　表示は、その通知が相手方に到達した時からその効力|

を生ずる」と定めている〔※〕（これは隔地者間に限って置かれていた規定を一般化したものである）。

　あわせて２項では「相手方が正当な理由なく意思表示の通知が到達することを妨げたときは、その通知は、通常到達すべきであった時に到達したものとみ

なす」としている。「しらんぷり」を防いでいるのである。

なお3項では「意思表示は、表意者が通知を発した後に死亡し、意思能力を喪失し、又は行為能力の制限を受けたときであっても、そのためにその効力を妨げられない」としている。

| 強 行 規 定 と
| 任 意 規 定 |

ところで契約に関するものを中心に、民法の多くのルールは任意規定と呼ばれ、当事者間の約定で、これとは別の内容を定めることは可能である。これに対して、当事者間でその効力を排除できないものを、強行規定という（民法91条）。

それなら任意規定は、何のためにあるのかということになるが、1つには当事者が何も取り決めなかった場合に妥当するルールという意味合いがある。日常的な契約では、当事者間でいちいち契約内容を細かく決めて契約を締結するわけではないからである。またそれ以外に、ひな形としての意味合い――ガイドラインとしての役割や、当事者の交渉を促進する役割（放っておくと任意規定が適用されるので、当事者がそれを回避したい場合は交渉せざるを得ない。ペナルティ・デフォルトといわれる）等がある。そこで民法が果たしている役割は大きい（→3.3、6.4）。

| キャンパスライフと法 |

契約というものには物神的イメージがあって、とくに法学をまったく勉強していない学生は、どんな経緯にせよ契約を結べば、それに拘束されるような印象も抱きがちである。しかしみてきたように、意思表示に瑕疵があれば、契約が効力をもたないことはあるし、意思表示としては問題なくても、内容に問題があれば、効力を否定されることがある。

たとえば「援助交際」として売春の契約をしても、民法90条に違反するので、そのあらかじめ定められた代金を顧客側が払わないとしても、売春した側は、代金を法律的に請求することはできない。

しかしそういう事情を知っている顧客が、そのことを悪用する可能性がある。料金を支払う段になって、「こんな契約は無効だ」といって支払いを拒絶するというようなケースである。これは実はかなりの難問なのだが（→7.5）、このケースで無効な契約にもとづいて裁判所が代金支払の請求自体を認めるということは、やはり考えづらいといえる。

4.5	飲食代金は時効でチャラになるのか

【消滅時効・取得時効】

　民法総則では、ほかにも全体にかかわる一般的なルールをいろいろ規定して
いるが、ここでは時効についてみたい。時効は民法以外についてもある一般的
な制度だが、制度の理解自体が難しいものといえる。

時 効 と は　たとえば契約がきちんと成立して、借金をしていて
も、一定の期間が経過すると、時効により借金が消滅
することがある。また、ある物をずっと自分の許においておくと、自分の物に
なるという形で時効が適用されることもある。

　そもそもなぜこのような奇妙な制度があるのか、いろいろ議論されており、
必ずしも分かりやすい説明はされていない。一般的には、①取引の安全、②正
当な権利者の保護、③採証の困難、④権利の上に眠るものを保護しない、など
の説明がされる。

　時効にも以下のようにいくつかの種類があり、それぞれについて制度が設け
られている趣旨も少しずつ異なるといえる。

消 滅 時 効　民法166条は、「債権は、次に掲げる場合には、時効に
よって消滅する」として、「（1）債権者が権利を行使
することができることを知った時から5年間行使しないとき」、「（2）権利を
行使することができる時から10年間行使しないとき」を挙げている〔※〕。こ
れを「消滅時効」という（2017年の法改正前は、「債権は、10年間行使しないとき
は、消滅する」と規定されていた。なお債権とは、たとえばお金を貸している相手に対
して返せという権利である→6.1）。あわせて2項は「債権又は所有権以外の財産
権は、20年間行使しないときは、消滅する」と規定しているが、これは地上権
などを指す（→5.1）。

　また「人の生命又は身体の侵害による損害賠償請求権の消滅時効」について
は、20年間とした（167条）〔※〕（不法行為の時効についてはあとでみる）。

　なお意思表示等の追認（→4.6、4.7）の取消権については、民法126条が「取
消権は、追認をすることができる時から五年間行使しないときは、時効によっ
て消滅する。行為の時から二十年を経過したときも、同様とする」としてい
る。

78

第 4 講　民法総則

　かつては日常的な取引にかかる債権について、より短期での消滅時効が定められていて、とくに飲食店の代金が 1 年間の短期消滅時効に該当し、話題にされることが多かったが、この規定は2017年の法改正で廃止された（債権は上記で統一された）。もっともすぐあとでみるように、時効には更新や完成猶予などがあり、期間を過ぎれば無制限に時効を主張できるわけではない。

取　得　時　効

民法162条は、「20年間、所有の意思をもって、平穏に、かつ、公然と他人の物を占有した者は、その所有権を取得する」、また 2 項で「10年間、所有の意思をもって、平穏に、かつ、公然と他人の物を占有した者は、その占有の開始の時に、善意であり、かつ、過失がなかったときは、その所有権を取得する」としている。これらを所有権の「取得時効」という。

　奇妙な内容のようだが、かなり要件を絞っていることに注目を要する（原則に比して例外が幅を利かせている→2.2）。土地などの所有権の帰属の判定は難しく、最終的にはこの取得時効によってしか判断できないこともある（→5.2）。

時　効　の　援　用

民法145条は、時効は当事者が「援用」しなければ、「裁判所がこれによって裁判をすることができない」としている〔※〕。つまり当事者が時効を主張しなければ、裁判所の方が勝手に「これは時効にかかっていますよ」というわけにはいかないのである。なお民法146条は「時効の利益は、あらかじめ放棄することができない」としている。

時　効　の　更　新、
完　成　猶　予

民法には、期間の経過だけで時効が成立しないように、さまざまな規定が置かれている。たとえば民法152条は「時効は、権利の承認があったときは、その時から新たにその進行を始める」としており、いわばゼロカウントになる。これを時効の更新という（2017年の法改正前は中断と呼んでいた）。

　また民法147条は、裁判上の請求がおこなわれたときには、判決等がでるまでは時効は完成しないとしている〔※〕。ただしこれは裁判上の請求に限られる。150条は「催告があったときは、その時から六箇月を経過するまでの間は、時効は、完成しない」としているが（これを完成猶予という。2017年の法改正前は停止と呼んでいた）、これを繰り返すだけでは時効の完成は止められない（ 2 項。その間に裁判を起こす必要がある）。

79

他方、161条は天災その他により時効更新のための手続をとれないときは、時効の完成を猶予している〔※〕。

　このように民法の規定は、債権者側（たとえばお金を貸している側）が、何もせずに放っておくと時効にかかるということであるに過ぎない。とにかく相手方が10年間ねばったら時効にかかってしまうというものではない。

**時効についての
そもそもの考え方**
　時効の規定の理解は、法学の真骨頂にかかわる点の1つといえる。

　つまり、もし一定の事実ないし「真実」があるのであれば、それを時間の経過によって、変動させる必要はない。たとえば借金があるなら、何年経とうと返済すべきであるし、不法行為により損害を与えたのなら、何年経とうと賠償すべきであろう。自分の物は自分の物、他人の物は他人の物である。

　もっともこの点で、いつまでも早期に決着させないと、相手方なども立場が不安定になるので、時効の設定により早期の決着を促すという観点はあり得る。

　ただそれとは別に、そもそも事実ないし「真実」が明確ではない、という局面が、社会には多々あることを認めざるを得ない。たとえば「神様」からみれば、昔の話であっても、借金をしたかどうか、不法行為があったかどうかについては、1つの事実ないし「真実」がある。しかしとくに物の所有関係については、仮に「神様」からみても、明確に分かるとは考えづらい。土地にせよ、自然の動植物等にせよ、「そもそも」は誰のものでもないのだから。

　このとき時間の経過のなかでの現状を見て、その状態に法律的な効果を与えることは、（所有関係に限らず一般的に）1つの方策であろう（もっとも現状を是認してしまうことには一定のリスクが伴うのは確かである）。

　犯罪の公訴時効にしても、それをなくしてしまうと、「真犯人」を検挙する可能性とともに、無実なのに逮捕される可能性も高まる。社会科学では、いわゆる「タイプ1エラー」（偽陽性）と「タイプ2エラー」（偽陰性）との分類が用いられる。どちらに判断しても、いずれかのリスクが随伴するのである。

　なお逆に、現状がまさに「真実」だという可能性もまた小さくない。とくに債権・債務であれば、債務者側がすでに債務を履行したが、そのことを証明できないというケースで生じる。つまり債権はすでに消滅している場合である。

　たとえばお金を貸したという事実は、貸した側が借用証書をとれば証明は容

第4講　民法総則

易であるのに対して、借金を返済したという証明は難しい。返済したときに受取証書を書いてもらって、きちんと保管しておく人は少ないからである。

失踪宣告　民法総則には、死亡に関する規定もあり、民法30条は「不在者の生死が七年間明らかでないときは、家庭裁判所は、利害関係人の請求により、失踪の宣告をすることができる」としている。この失踪宣告により、不在者は死亡したものとみなされ、婚姻は解消され（したがって再婚が可能になる）、相続も開始する。これもある意味では時効に関連する規定といえる。

「忘れられた頃に帰ってきた男」というのは、しばしば文学的な素材ともなる（菊池寛の『父帰る』やテニスンの『イノック・アーデン』が著名である）。

不法行為債権の消滅時効　不法行為についてはあとでみるが（第7講）、事故による賠償などの不法行為による損害賠償の請求権については、民法724条および724条の2により、「被害者又はその法定代理人が損害及び加害者を知った時から3年間行使しないとき」（ただし人の生命又は身体の侵害による損害賠償請求権については、5年間行使しないとき）および「不法行為の時から20年間行使しないとき」に、時効により消滅する〔※〕（生命・身体損害に関しては、2017年の法改正により延長された。考え方としてはすでにみた167条に対応するものである）。

キャンパスライフと法　たとえば大学4年になってから、「1年生のときの学費が未納なので、払ってください」と急に言われたら、びっくりしてしまうだろう。そして、仮に本当はすでに払っていたとしても、それを証明するのは難しい。

さらに10年前のこととなると、どうだろうか（読者が小学生の頃だろうか）。債権の消滅時効は10年であり、逆に10年間は消えずに残っている。こう考えると時効があるといっても、10年というのは結構長い。

このパターンが大がかりになったのが、いわゆる「消えた年金」の問題（2007年）だったといえる。昔、年金の保険料を納めたのだが、その納めた先の国のほうの記録が消えてしまったという話である。そこで国民が「昔、きちんと払いました」と証明するのは難しい。もちろん記録をきちんと保管しなかった国のほうに問題がある。しかし、年金の保険料を払っていない人も多いなかで、何の証拠もなく払ったとみなすことも、また難しいのである。

81

4.6 大学生は、正式に契約を結べるのか
【権利能力・行為能力】

　この本では大学生についても成年で、自身で契約をおこなう能力があるという前提で書いている。そうでないと大学生の例を出せないからである。

　しかし本当はどうなのだろうか。もっと小さい子どもはどうなのか。民法では、契約などをおこなう能力についても規定を設けている。

権利能力と行為能力　民法では「私権の享有は、出生に始まる」（3条）として、「権利能力」を定めている。権利能力とは、権利義務の主体となる資格である。これはあたり前のようだが、近代法の、ないしは人類の歴史の成果でもある。たとえばかつて奴隷は権利能力を否定されていた。

　しかし民法では、この権利能力とは別に、「行為能力」というものを定めている。これはいわば定型的に、単独では完全に効力のある契約を締結できないというグループを、制限行為能力者として定めているのである。

　本来は個々の事例において具体的に、自分の行為の性質を判断できる能力があったかどうかで契約の効力を判断すべきであり、これを意思能力という。2017の法改正では民法3条の2で「法律行為の当事者が意思表示をした時に意思能力を有しなかったときは、その法律行為は、無効とする」とした〔※〕（なお契約に加えて、取消し（→4.1）や解除（→6.3）も「法律行為」である）。

　しかしこれを個々のケースで「あのときはどうだっただろうか」と判断するのは難しいことから、定型的に能力が十分ではないグループを設けているのである。これは基本的には本人が、理解できずに不利益な取引をしてしまわないようにという趣旨であり、これを「本人の保護」の観点という。しかし同時にこのような定型的グループを設けることで、取引の相手方としても、あらかじめそのような当事者と契約する場合にどうすれば有効な契約が締結できるかを知ることができる。これを「取引の安全」の観点という。この2つの要請は基本的に相克するので、条文と解釈で個々に調整する必要がある（→2.2、2.3）。

　実はこの行為能力という点では、歴史的には家のなかでも「家長」だけがそれをもつ時代は長かった。かつては「聾者、唖者、盲者」も行為能力が制限されていたが、1979年にその規定は削除された。

第 4 講　民法総則

未　成　年　者　　行為能力が制限される代表的な類型の 1 つは「未成年者」である。民法は「年齢18歳をもって、成年とする」としている（4条）〔※〕（2018年の法改正により、2022年 4 月より20歳から引き下げられる。なお飲酒や喫煙は依然20歳から）。そして「未成年者が法律行為をするには、その「法定代理人の同意」を得なければならない」としている（5条）。法定代理人は通常は親である。その同意がない法律行為（契約の意思表示など）は、取り消すことができる（5条 2 項）。取り消せば、最初からその取引はなかったことになる（121条）（→4.1）。

　ここでは未成年かどうかを年齢で一律に定める点がポイントである。判断能力については、子どもであっても人によって異なるし、取引の内容によっても異なるともいえるが、それを個々に判断するのはかえって大変だからである。

　なお事故を起こしたときの責任に関しては不法行為法に規定がある（→7.3）。

成　年　後　見　　成年者についても、「成年後見」の諸制度が設けられている。これは以前の無能力者制度といわれたものを法改正したもので（2000年に施行）、なるべく本人の自己決定を活かす趣旨で、本人の能力に応じて細かく行為能力をサポートする方法を定めている。具体的には 3 つの段階に応じた制度がとられている。

　すなわち第一が「後見」である。これは事柄の当否を判断する能力が欠ける状態が通常である場合に付けられるものであり、民法 7 条は「精神上の障害により事理を弁識する能力を欠く常況にある者については、家庭裁判所は、本人、配偶者、四親等内の親族、未成年後見人、未成年後見監督人、保佐人、保佐監督人、補助人、補助監督人又は検察官の請求により、後見開始の審判をすることができる」としている。

　後見が付けられている場合は、「成年被後見人の行為は取り消すことができる」（9条）（ただし日常生活に関する行為は除かれる）。

　第二が「保佐」である。これは事柄の当否を判断する能力が、かなり不十分な場合（ただし第一の後見のときよりは判断能力を有する）である。すなわち「精神上の障害により事理を弁識する能力が著しく不十分である者」について、家庭裁判所は請求を受けて、保佐開始の審判をすることができる（11条）。

　保佐が付けられている場合は、保佐人の同意なしにおこなった重要な行為は、取り消すことができる（13条 4 項）。重要な行為とは「借財又は保証」「不

83

動産に関する権利の得喪」「訴訟行為」「相続の承認若しくは放棄又は遺産の分割」「新築、改築、増築又は大修繕」等々である。重要な行為に限って、同意を必要としている点が、後見とは異なる点である。

第三が「補助」である。これは事柄の当否を判断する能力が不十分な場合である。「精神上の障害により事理を弁識する能力が不十分である者」について、家庭裁判所は請求を受けて、補助開始の審判をすることができる（15条）。

補助が付けられている場合は、裁判所が定めた特定の行為について、補助人の同意が必要であり、その同意がないときにはこれを取り消すことができる（17条4項）。なお「精神上の障害」には、いわゆる狭い意味での精神障害に限らず、知的障害や認知症なども含まれる。

任 意 後 見　これらとは別に、「任意後見」という制度がある（「任意後見契約に関する法律」という特別法による）。これは本人が将来、判断能力が低下した場合に備えて、あらかじめ、誰かに生活や療養看護、財産管理に関する事務を処理してもらうことを定めておくという仕組みであり、「任意後見人」が選任される。

実際に本人の判断能力が低下した時点で、本人に代わってこの任意後見人をコントロールする「任意後見監督人」が家庭裁判所によって選任され、このときから任意後見契約の効力が発生する（同法2条1号）。

行為能力に関する
補 足 的 な 規 定　ここまでみてきたのは、主として本人を保護するための規定であるが、相手方からすると、有効だと思った契約がひっくり返ってしまうのではたまらない。すでにみたように「本人の保護」と「取引の安全」のバランスが必要である。

成年後見などについては、法務省の登記があり、また年齢についても各種の証明で確認することができる。契約の相手方としては、本人が制限行為能力者であるかどうか、調べようと思えば調べることができる。

しかしこれに加えて、以下のようなルールを民法は定めている。

第一に、未成年に関して、「こづかい」レベルについては、例外規定を設けている。すなわち民法5条3項は「法定代理人が目的を定めて処分を許した財産は、その目的の範囲内において、未成年者が自由に処分することができる。目的を定めないで処分を許した財産を処分するときも、同様とする」としている。子どもが「こづかい」を握りしめてお菓子を買いにきたときに、お店とし

ては、その売買が取り消される心配はする必要がないのである。なお、子どもの行為に親が同意するという形とは別に、法定代理人として親が契約を締結することは可能である。

第二に、制限行為能力者の相手方には、「催告権」が認められている。すなわち制限行為能力者（未成年者、成年被後見人、被保佐人、被補助人）の相手方は、「その制限行為能力者が行為能力者となった後、その者に対し、一箇月以上の期間を定めて、その期間内にその取り消すことができる行為を追認するかどうかを確答すべき旨の催告をすることができる」。この場合、その者がその期間内に確答を発しないときは、その行為を追認したものとみなすとしている（20条）。これは法律関係を、早期に安定させるためである。

第三に、制限行為能力者が「制限行為能力者が行為能力者であることを信じさせるため詐術を用いたときは、その行為を取り消すことができない」（21条）。たとえば未成年者が、成年者であると相手方に信じさせるために、あざむいたという場合である（ただし「あざむく」は通説では狭く解される）。

なお制限行為能力者が事故などを起こしたときの責任については、不法行為のところでみる（→7.3）。

キャンパスライフと法

選挙権年齢とあわせて、2022年4月から民法の成年年齢も18歳に引き下げられる。あわせて成年年齢を引き下げた後に、高校生や大学生らが悪質商法の被害や契約トラブルに遭わないよう、消費者契約法（→4.2）の改正（不安商法やデート商法の際に取消しを可能とする規定の追加等）もおこなわれる。

　いずれにせよ未成年と成年の中間に位置する大学生にとって、この行為能力は重要な事柄である。とくに悪徳事業者にとっては、未成年により取消しが可能かどうかは重要な点だった。事業者側からすると、いくら巧みに契約させても、未成年という理由であっさり取り消されてしまうからである。しかも返還時には、現存利益のルールから（→7.4）、提供した物やサービスを消費されてしまってはおしまいというところがある。したがって成年になり、この点の対象から外れることに伴う危険は小さくないと覚悟する必要がある。

　よくいわれることだが、「自分はだまされることはない」と思っている人ほど危うい。この本の著者も学生時代、危ういところまでいったことがある。

4.7 大学も法人という「人」である

【法　人】

　これまで、契約にせよ意思表示にせよ、当事者としては自然人を前提にみてきた。しかし自然人以外が契約や意思表示の主体となっていることは珍しいことではない。具体的には、会社を代表とする団体・組織体であり、民法ではこれらに対して法人という制度を用意している。

　すなわち民法が想定する「人」には「自然人」と「法人」の2種類がある。

法人とは何か　ただし法人という「人」だといっても、自然人ではなく、所詮はある種の比喩に過ぎない。なぜこのようなフィクションが必要なのだろうか。

　1つには便宜ということがもちろんある。しかしそれにとどまらず、自然人とは別に、契約などの権利義務関係の起点を明確化することは重要である。

　たとえば法人と個人が契約したが、法人側が代金を支払わないとする。このとき、法人といっても誰に代金を請求するのだろうか。そこでは個人と法人の財産が、明確に区別されていないとおかしなことになる。

　逆に、法人を運営している人の個人的な借金について、もし法人がその固有の財産で支払わなければならないということになれば、法人の活動とは関係のないところで、法人の活動基盤が掘り崩されてしまうことになる。こちらの方も防ぐ必要がある。

　法人の財産を、内部的に代表を定めて、その名義で預金しておくと、いざというとき混乱してしまう。だから別の法主体（法人）にして、財産関係を切り離しておく必要があるのである。たとえば「学長である田中さん個人の貯金」なのか、「田中さんが学長をしている大学の貯金」なのか、区別しないと不都合が大きい。とくにその法人ないし個人が破産したときに、深刻な問題となる。

フィクションとしての法人　個人・自然人が「実体」を備えているのに対して、法人は、建物や従業員こそ存在するものの、そのまとまりとしての一個の実在は特定できない。その意味では国家などと同様に、法的な世界で、独立的に権利・義務の主体（アクター）として活動するためのフィクションだといえる（→2.5）。

第4講 民法総則

民法の法人についての規定 民法33条は法人の成立に関して、「法人は、この法律その他の法律の規定によらなければ、成立しない」としている。

また法人は「登記」が必要である。法人は「人」といっても、自然人とは違ってあくまで法律の世界でのバーチャルな存在であるから、その存在が、取引しようとする相手方からも確認できなければならない。そのための手段が、法務省への登記なのである。36条は「法人及び外国法人は、この法律その他の法令の定めるところにより、登記をするものとする」としている。

法人は「人」だといっても自然人と同じではない。法人の能力については、34条が「法人は、法令の規定に従い、定款その他の基本約款で定められた目的の範囲内において、権利を有し、義務を負う」としている。

法人に関する特別法 法人については、民法以外で重要な法律がある。そのなかで「一般社団・財団法人法」では、剰余金の分配を目的としない社団・財団について、簡易に法人格を取得できるような一般的な法人制度を設けている。

社団法人とは人の集まりであり、財団法人は財産の集まりだと説明される。もっともこの区別には、それほど実益があるものではない。組織には、人と財産の両方が必要だからである。人の集まりといっても財産がなければ活動できないし、逆に財産だけがあってもそれを運営する人がいないと活動できない。

また法人の目的により、公益法人・営利法人という区別もされる。

これらの組み合わせで、たとえば株式会社は、営利・社団法人であると整理されている。ただし株式会社については、会社法という別の法律がある（→3.3）。

また「公益社団法人及び公益財団法人の認定等に関する法律」というさらに別の法律では、公益法人の認定と監督を、独立した委員会等の関与のもとで、内閣総理大臣または都道府県知事がおこなう制度を設けている。

これは公益法人については法人税が安いことと関連している。公的な仕事をおこなう団体であることがきちんと確認できれば、それを促進・支援するために、税制的に優遇されるわけである。すなわち法人の設立自体は容易にしつつ、税制優遇には公的な認定が必要だという二段構えにしたものである。

私立学校の多くは、私立学校法にもとづいて設置される公益財団法人である

87

学校法人が設置しており、学校の設置認可と同時に法人としての認可を受ける必要がある。なお国立大学は、独立行政法人とされている。

これらの法人の認定や認可は、いわゆる行政行為である。すなわち私人の一定の行為について、公的主体が認めないと、そもそも活動できなかったり、効力が発生しないようにしているのである（→9.1）。

法人の本質についての議論　資本主義のもとで、法人は、きわめて大きな役割を果たしている。この法人の本質について、とくに会社は何のためにあるのかについては、多くの議論がある（法人実在説、法人擬制説などがあるが、いずれにせよすでにふれたようにフィクションであることは間違いない）。

近時は株主利益が重要だとの議論が強いが（コーポレイト・ガバナンス論）、他方「営利一辺倒」では社会の要請と相容れないとの指摘もある。ただ、財やサービスを市場に提供すること自体、また従業員に賃金を支払うこと自体も、社会的に大切な役割だといえる。

権利能力なき社団　法人になっていない場合、その団体を「権利能力なき社団」ということがある。たとえばサークルや同窓会などであり、すでに4.6でみたような「人」としての権利能力を（法人でもないので）有していない。それでも判例では、実態に即して（法人のように扱えるところは）扱うようにしている（いわば法律的な婚姻に対する事実婚の位置づけのようなものかもしれない→8.1）。

代理　法人に関連して、代理という仕組みも民法総則の重要な内容である。

契約は、必ずしも本人が締結するとは限らない。そこで民法は、誰かが本人に代わって契約を結ぶ際の代理という制度を用意している。たとえばプロ野球の選手が代理人を立てて、球団と年俸交渉をおこなうという話は聞いたことがあるだろう。土地の売買など技術的に難しい取引について、知識や経験のある人に代わってやってもらうのも代理にあたる。弁護士は訴訟代理人である。

民法では、未成年者のように当然代理が設定される場合（法定代理）と、利用するかどうかは本人の自由である場合（任意代理）とがある（以下は主として後者の任意代理にかかわる内容である）。

民法はまず代理行為の要件および効果として、代理人がその権限内において本人のためにすることを示してした意思表示は、本人に対して直接にその効力

を生ずるとしている（99条）。なお本人と代理人の関係は、委任契約であることが普通である（→**6.5**）。

より一般的には、代理権は一定の範囲で、一定の代理人に与えられる。しかしそのいわば予定されている領域外で代理行為がおこなわれたときに、その効力をめぐって法律問題となる。典型的には、代理権の全然ない人が代理行為をした場合があり、これを「無権代理」という。

民法は、代理権を有しない者が他人の代理人としてした契約は、本人がその追認をしなければ、本人に対してその効力を生じないとしている（113条）。

このように無権代理については、追認がなければ効力は生じないのが原則であるものの、民法は、相手方が保護されるべき場合として、いくつかの類型を定めている。具体的には、代理権授与の表示（109条）、権限外の行為（110条）、代理権消滅後（112条）があり、代理権濫用行為（107条）も2017年の法改正で加えられた〔※〕。一言でいえば、相手方が、有効な代理行為だと信じてしまっても仕方ないという事情がある場合には、「表見代理」として、有効な代理行為があったものとしているわけである。

これらは本人の保護と、相手方の利益との調整局面といえる。本人からすれば、代理人に裏切られた形でもあるが、相手方も事情は分からなかったとすれば、意思表示の際と同様の、「善 対 善」の調整の問題となる（→**4.3**）。

キャンパスライフと法　大学のサークルにしても、その独立した会計があることが多いので、その金銭管理が必要になる。サークルの代表者や会計担当が明確に決まっていたとしても、その人の個人の預金等と混ぜてしまっては、いまサークル自体のお金がいくらあるのか分からなくなってしまうし、「使い込み」も発生しやすくなる。用具や楽器等の物品についても、同じようなことは起こり得るだろう。

これが、もし片方（個人のほうにせよ、団体のほうにせよ）に借金が発生していて、その差押などということになると、洒落ではすまなくなる。たとえきちんと分けて管理していたとしても、名義が同じである以上は、差押などの対象となってしまい、内部的な事情をもとに、対外的に債権者に対抗するのは難しい（→**6.2**）。だから本当は法人にしておいた方がいいのだが、普通はそこまでの手続きはしない（「権利能力なき社団」とされる）。

学問への扉

1．そもそも人間とその意思表示とは

　SF作家のカート・ヴォネガットによれば、地球は「宇宙の精神（科）病院」である。広い宇宙のなかでも、まともではない連中が選び集められて、それらが皆、地球に送り込まれている（『国のない男』）。

　だからその閉ざされた病院（地球）のなかで、めちゃくちゃなことをやり続けているのだ。資源を枯渇させ、地球を痛めつけている。他の動物を食い尽くし、殺戮し、奴隷化し、あまつさえ互いに殺し合い、争いはやむことがない。

　しかし民法の世界では一応、そんな人間が当事者（プレーヤー）として、ステージ上で「まともに」動き回ることを想定している。すなわち各人が「まともな判断」をもとに、他の人との間で契約等の法的関係を結んで、互いの利益を増進していくことが想定されている。

　たとえば契約を結んだ場合、それを守らなければならないのは、それが自分の真正の意思にもとづくものだからである（「意思自治の原則」といわれる）。だから契約の意思表示に関しては、それが本人の真正の意思であるか——すなわち冗談や、捻じ曲げられたもの、勘違いにもとづくものではないか——が問題となるが、何しろ「心の中」の問題なので、それを見極めるのは難しい。

　外部に表示されたものをつねに真正の意思表示とみなすことはできないし、しかし内面までは見極めることはできない。それでも具体的なケースにおいて、真正の意思表示とみるかどうかを判断しなければならないのが法学である。

2．近代法における人間像と意思表示

　「何か本当の意思なのか」は究極的にはよく分からないとしても、基本的には人間にはその「本当の意思」があり、それにもとづいて契約を結ぶのだと想定するのが近代法である。昨日に結んだ契約について、「今日の私は、昨日の私ではない」などと堂々と言われてしまっては、取引社会は成立しない。

　逆にいえば、人間には一貫した「真正の意思」があるというフィクションのもとにしか、近代社会は成り立たない。そのフィクションに照らして、明らかに「真正の意思ではないもの」が、意思表示の瑕疵として効力を制限されているわけである。

　しかし実際の生身の人間は、それとは違う。現実においてはコマーシャルや風評

に惑わされて、その時々の気まぐれで要らない物を買ってしまったり、後悔したりするのが人間である。

それはいわばポストモダンな人間像でもある。哲学者のドゥルーズは、分割不可能だった個人（individual）は分割されて、サンプルかデータに、あるいはマーケットかデータバンクに化けてしまうという（「追伸―管理社会について」）。

ただ、正面からそういってしまうと、話が止まってしまい、ルールが適用できなくなってしまう。近代的な人間像を前提として近代社会は成り立ってきたし、日常生活も成り立っている。そのことでいろいろ問題はあるにせよ、このフィクションを取り払った世界は、今よりはるかに混乱したものになるだろう。

3．現代法における人間像と意思表示

しかしながらそういう人間に関するフィクションをめぐって、現代的な難問は続く。たとえば産地偽装、談合、不当表示、法外な値段、一方的なネット規約等々、日常的に不当な取引が跋扈しており、法政策的な対応が迫られている。

あわせて高齢社会では、認知症の問題が重要性を帯びている。高齢者の意思表示をそのまま受け取りづらい場合（たとえば死亡直前の遺言の有効性）、逆にそれを悪用する場合（不要なものをたくさん買わせる事例）も目立ってくる。

高齢者には限らない。別の角度から、人間の意思表示に対しては、認知心理学の領域で、検討が進んできた。とくに錯覚を利用した取引（たとえば二重価格や閉店セール、あるいは「980円」という価格付けなど）であり、これに関しては、人間の思考の「くせ」（ヒューリスティックといわれる）を詳細に検討し、問題点が明らかにされてきている。

さらにこれを逆手にとって、いわば無意識に誘導して人間の福利を向上させる政策手法も提起されている。これはソフト・パターナリズム（あるいはナッジnudge）といわれ、法学者のサンスティーンと経済学者のセーラーの共著である『実践行動経済学』がまとまった見取り図を示している。法律問題ではないが、男子トイレの「的」のマークが典型例として挙げられている。費用もさしてかからず、人々の行動が誘導され、誰にとっても福利が向上するという意味で注目に値するが、無意識に誘導するという点で、危ういところもある。

25 番教室の窓

授業のレジュメ

私の学生時代には、大教室の授業で「レジュメ」などが配布されることはなかった。最近の大学の授業では、レジュメを配るか、そうでなければパワーポイントを駆使して講義することが、むしろ当然という風潮でもある。

これに異議を唱えるのは民法学の泰斗、米倉明先生（1934-）である。とくにロースクールに関しては、レジュメなど配ってはならないと断言する。

曰く、諸君は法律家として、依頼者からの話を聞く立場になる。世の中の紛争は、複雑で錯綜している。依頼者の話も混乱していて未整理で、ただちに理解するのは難しいかもしれない。そんなときに、「すみません、よく分からないので、整理されたレジュメをください」と依頼者に頼めるだろうか。

むしろぐちゃぐちゃな現実の紛争の要点をとらえて、法的に解明していくのが法律家としての基本的な能力である。授業はその能力を養うために最適の場であり、そこで整理されたレジュメを配ってしまうのは、教育上の大きなマイナスである。そういう趣旨を米倉先生はいう（『法科大学院雑記帳』ほか）。

それは法律家に限らず、たとえばコンサルタントやジャーナリスト、ケースワーカー・ソーシャルワーカーなどでも同様かもしれない。そうだとすると、大学の授業や法学の内容に、レジュメに代表されるような「分かりやすさ」を求めること自体が考え違いなのかもしれない。

もっとも授業が難しくて理解できなげば、そもそも法律家（あるいはその他の専門家）になれないではないか、という混ぜっ返しはあるかもしれない。

それでも講義に出て、自分の字で必死にノートをとる、ということの意味は、意外に大きいものがある。一通り、講義のノートを自分の字で体系的にとってあるのをあとから見返すと、少なくとも自分がその授業に懸命に参加していたのだという実感をもてるし、表面的には忘れてしまったとしても、一定の理解が自分の中にあるはずだという自信をもつこともできる。

念のために付言すれば、米倉先生自身は、明快かつ痛快な、まさに名講義をされていた。経済的な理由で一度は学業を断念し、しばらく左官業に就いていたが、そこの親方の配慮で高校に復帰し、その後に幾多の曲折を経ながら日本を代表する民法学者にまで駆け上がった人生の勢いそのままに、まさに気迫みなぎる授業であった。

第5講　物権法

5.0　自分の物なら、壊してもいいのか

【introduction】

「お気に召したらお持ち帰りくださって結構ですよ。どうせもらいものですから」「どれくらいするものかの」「値段ですか？　さあ、二、三千万という所でしょうか。正確にはわかりませんが」

「本当にもろうてもよかとか」鳴海老人は念をおすようにきいた。

「どうぞ。望洋先生が陶磁器にもご造詣が深いことは、かねがねうかがっておりますから」「それはうれしか。ではもらっておく」

老人のステッキが目にもとまらぬ速さで弧をえがくと、シャンデリアの光の下に北方青磁の名器が破片となって、噴きあげるように四散したのだ。

「もろうたもんは、わしのもんたい。文句はなかろう」

（五木寛之『戒厳令の夜』）

小説ではハイライトの場面の１つであるが、ここで語られている趣旨は、よく耳にするパターンではある。すなわち「自分の家だから、ゴミだらけでもいいじゃないか」、「自分の体や顔を、整形しようと刺青しようと勝手ではないか」、「自国の領土なのだから、何をしても自由ではないか」等々である。

これらはしかし、物を持つ・所有するということに関して、１つの素朴で極端な考え方を信奉しているに過ぎない可能性がある。所有権は万能ではなく、自分の物だから、何をしてもいいということにはならない。自明にも思える「自分の物」という概念は、実はなかなか厄介なところがある。

「物を持つ」というのはどういうことなのか。また「これは自分の物である」というのはどのように決まるのか、それらを扱うのが物権法である。

民法では総則の次に第２編の物権編がくる。物権とは、物に対する権利であり、代表的には所有権である。もっともそれは純粋に「物との関係」というよりは、その物をめぐって、人と人との争いになる。複数の当事者が「これは自分のものだ」と主張し、それぞれが信念を持っているものの、客観的にみても誰のものかは自明ではないことから、判定は難しい。

この第５講では、それらを具体的な例でみていきたい。

5.1 自分の物ならどうしてもいいのか

【所有権・占有権】

　民法の物権法は、人の物に対する権利（支配）関係を律するものであり、典型的には所有権——「これは私のものか、あなたのものか」——にかかる問題がテーマになる。もっともその中心は、実は不動産（土地や建物）の取引であり、とくに大学生にとっては日常的にかかわるものではないだろう（そういうのを延々とやるから、法学部の学生でも法律の勉強が嫌になってしまうのだ）。

　しかし物権法は、法学の考え方が端的にあらわれる領域でもあるので、以下では重要な点に絞って、所有権と占有権を中心にみていきたい。

　所有権の効力　所有権の絶対性は、近代市民法の原則の１つでもある。このことについて民法206条は、所有権の内容として「所有者は、法令の制限内において、自由にその所有物の使用、収益及び処分をする権利を有する」としている。

　所有権を典型とする物権は、物権的請求権というものを有する。その具体的な内容は、返還請求権、妨害排除請求権、予防請求権の３つとされる。すなわち自分の物を返してもらえない場合、自分の土地に勝手に建物を建てられているような場合、あるいはそのような事態が生じそうな場合に、そのような状態を除去する権利である。これらは民法の条文には書いていないが、当然の内容と考えられている（通説）。

　所有権の限界　それでも民法206条にも「法令の制限内において」とあるように、自分がその物の所有権をもっていれば、何をしてもいいというわけではない。

　たとえば民法207条は、「土地の所有権は、法令の制限内において、その土地の上下に及ぶ」としているが、実際には建築基準法による制限があり、また航空法をはじめとするいろいろな法律が、上方や下方での所有権者以外の利用を可能としている（原則に比して例外が幅を利かせている→2.2）。

　もし土地に対する所有権が、制約なく上空や地下にも及べば、そこを飛行機は飛べなくなってしまうことにもなりかねない。地下鉄や水道管などについても同様である。所有権といっても一定の制約はあり、そのことで社会全体の利益になっている。土地の所有者も、飛行機や地下鉄、水道等を利用することは

あり、本人にとっても利益が及ぶものといえる（法律により個々人の自由が制約されるが、そのことを通じて社会全体と個々人にも利益が及んでいる→1.1）。

また民法では「相隣関係」について、一定の規定を置いている。民法233条は「隣地の竹木の枝が境界線を越えるときは、その竹木の所有者に、その枝を切除させることができる」、また「隣地の竹木の根が境界線を越えるときは、その根を切り取ることができる」としている。他にも「建物を築造するには、境界線から五十センチメートル以上の距離を保たなければならない」（234条）、「境界線から一メートル未満の距離において他人の宅地を見通すことのできる窓又は縁側（…）を設ける者は、目隠しを付けなければならない」（235条）などいくつかの規定がある。

なおマンションの法関係については、区分所有法という特別法がある。

これに関連して、近隣との騒音や日照権などをめぐるトラブルは少なくないが、それらはあとでみる不法行為の問題となることが多い（→7.1）。いずれにせよ、所有権を有しているからといって、「何でもあり」というわけではなく、いわば内在的な制約を有しているのである。

法哲学者のジョセフ・ラズは、「自分が所有している、貴重なゴッホの絵画を、自分のものだからという理由で破り捨ててよいか」という問題提起をしている（『自由と権利』）。法律的には文化財保護法の適用範囲の問題となろうが、そもそも「所有権とは何か」に関する応用問題として一考に値しよう。

占 有 権　占有権とは、「本当は誰のものであるか」は別として、実際にある物が手許にあることに伴う権利である。民法180条は、「占有権は、自己のためにする意思をもって物を所持することによって取得する」としている。

そして民法198条は「占有者がその占有を妨害されたときは、占有保持の訴えにより、その妨害の停止及び損害の賠償を請求することができる」、また199条は「占有者がその占有を妨害されるおそれがあるときは、占有保全の訴えにより、その妨害の予防又は損害賠償の担保を請求することができる」、さらに200条は「占有者がその占有を奪われたときは、占有回収の訴えにより、その物の返還及び損害の賠償を請求することができる」としている。ただしそれぞれ出訴期間の制限がある。これらは占有訴権といわれ、すでにみた3種類の物権的請求権に対応するものである。

このように占有していること自体によって占有権が発生するとすれば、「本当はAのものだが、Bが占有している」ときに、2つの物権（所有権と占有権）がぶつかることになり、一体どうなるのかという疑問が生じる。

しかしこの「本当は」というのが曲者である。実は神様でなければ（いや神様でも）「本当は」よく分からない。だいたい所有権をめぐる争いは、お互いに「本当は私のものだ」と主張するから裁判になるのである。だからとりあえず、現在の状態を維持することにも意義があり、そこで占有者にも一定の権利を認めることが必要になり、実際に上記の占有訴権などがあるものと考えられる。

ちなみに所有権（この場合、本権と呼ばれる）にもとづく訴えとの関係について、民法202条は「占有の訴えは本権の訴えを妨げず、また、本権の訴えは占有の訴えを妨げない」（1項）としつつ、「占有の訴えについては、本権に関する理由に基づいて裁判をすることができない」（2項）としている。つまり別々の裁判で争えという意味になる。すると2つの裁判の結果が異なることがあり得るが、その点は民事訴訟法で判決の効力にかかわる別の大きな問題となる。

これらの点は、自力救済（自らの実力行使により自分の権利を実現する）を禁止している近代法の基本的な考え方とも関係が深く、さらにいえばそもそもの法学の成立と不可分の関係があるとも指摘されている（→第3講学問への扉）。

占有権は、いわば静的な権利保護ともいえるが、それと本権（所有権）の対立は、どちらも権利で、いわば「善 対 善」の対立なので、難問である（→2.3）。

用 益 物 権・担 保 物 権　物権にはこれらに加えて、用益物権と、担保物権というものがある。用益物権とは、他人の所有する土地の利用に関する権利であり、地上権、永小作権、地役権がある。たとえば地上権とは「他人の土地において工作物又は竹木を所有するため、その土地を使用する権利」（265条）である（ローマ法に由来する）。

担保物権には、代表的なものとして抵当権、質権、また留置権、先取特権がある。これらは貸付金などの債権（→6.1）の効力を強めるため、債権の担保として（いわば債権のカタとして）設定される権利である。

抵当権とは「債務者又は第三者が占有を移転しないで債務の担保に供した不動産について、他の債権者に先立って自己の債権の弁済を受ける権利」（民法369条）である。典型的には借金に際して土地に抵当権を設定して、借金を返

第5講　物権法

せない場合には、貸した側はその土地を売却して、そこから金額を回収する（厳しい印象があろうが、逆にそのような担保があるから、お金を貸せるというところもある。貸す側も、貸し倒れを防ぐために必死なのである）。

　また質権とは、「質に入れる」と表現されるとおり、「その債権の担保として債務者又は第三者から受け取った物を占有し、かつ、その物について他の債権者に先立って自己の債権の弁済を受ける権利」（民法342条）である。借金を返せない場合には、貸した側は質に入れたもの売却して、そこから金額を回収する（これも、そのように担保があるからお金を貸せるというところがある）。

　これらの担保物権については、実務に即して詳細な内容が定められており、金融取引では大きな役割を担っている。

　このほか債務者の財産について、他の債権者に先立って自己の債権の弁済を受ける先取特権というものもあり（303条）、賃金などの労働債権などが挙げられている（つまり従業員の賃金債権が保護されている）。

　なお基本的に「契約自由の原則」が妥当する債権と異なり（→6.3）、勝手に個々人が物権を作ってはいけないことになっており、民法175条は「物権は、この法律その他の法律に定めるもののほか、創設することができない」としている（物権法定主義といわれる）。ただし民法上や判例でも、いくつかの慣習法上の物権が認められている。とくに「入会権」（民法263条、294条）は歴史的にも重要である（→第5講学問への扉）。

キャンパスライフと法　大学生になると、身なり服装を自分で決めたい気持ちが強くなる。その延長にお化粧はもちろん、整形とか刺青とかも出てくるかもしれない。自分の身体だから、自分で決めて何が悪いというわけである。もともと proper（固有性）と property（財産）とは表裏であり、ジョン・ロックがいうように、所有権の観念は自分の固有の身体への所有権に端を発するところはある。

　確かに生存している身体の一部（たとえば髪や歯）でも、物とはなり得る。しかし身体に関する所有権には、臓器移植や血液に関する法律などによるさまざまな制限がある。遺体や遺伝情報などについては新たな問題も起きている。

　比喩的に自分の「身体への所有権」などというとき、自分のものだから、自由に何をしてもいいというニュアンスがあるが、法律的には所有権を有していても、「何でもあり」というわけではない点に注意を要する。

97

5.2　友人に預けていたものを勝手に売られたら

【所有権の移転】

　物権法のなかでは、所有権移転の問題がもっとも大きなトピックスといえる。これについて、動産と不動産（土地・建物等）に分けてみていきたい。

物 の 種 類　前提として、物の種類に関して民法85条は、「この法律において「物」とは、有体物をいう」としており、また86条1項は「土地及びその定着物は、不動産とする」、2項は「不動産以外の物は、すべて動産とする」としている。

　したがって、物は動産と不動産に分かれることになる。ただし近時では情報や知的所有権など、「物」の外延も難しくなっている。また動産については、特定物・代替物の区別がある。ちなみに動物などは法律的にはあくまで物であり、動産である。不動産は土地と建物だが、それぞれが別個の不動産となる。

所 有 権 の 移 転
──動 産 の 場 合　まず動産については民法192条が「取引行為によって、平穏に、かつ、公然と動産の占有を始めた者は、善意であり、かつ、過失がないときは、即時にその動産について行使する権利を取得する」としており、これを即時取得という。

　やや分かりにくい条文だが、「善意」というのは、民法総則（意思表示）のところでみたように「事情を知らない」という意味であり（→4.3）、要するに何の落ち度もなく、普通に物を買えば、それはその人の物になるという、ある意味ではあたり前のことが規定されているわけである。

　しかしたとえば詐欺で何かの物をだましとられたケースを考えると、話は簡単ではない。詐取された側からすれば、それが転売されたとしても、もともと自分の物であり、取り返したいというのは当然であろう。しかしそういう事情を知らずに、またそれを知らないことに落ち度もなく、それを買った者がいれば、民法192条はそちらの方に権利を認めているわけである（誰かに預けていた場合、貸していた場合も同様である）。

　なお、盗品・遺失物については民法193・194条が、盗難又は遺失の時から二年間は占有者に対して回復請求権がある（ただし市場等で商人から善意で買い受けたときは、占有者が支払った代価の弁償を要する）としている。

　この場合、その物を詐取されて、誰かに即時取得されてしまった側は、大変

気の毒であり、その物自体は無理だとしても、せめて金銭的な補償を受けたいところである。しかし転売された物を買った側は、すでに詐取した人に代金を払っているので、損害賠償はその詐取した人に求めることになる。もっともこのような場合、その詐取した人は往々にして、行方不明になっていたり、代金はさっさと使ってしまったりしていて、どうにもならないことも多い（このような状況は、意思表示にかかる本人と第三者の関係と同じである→**4.3**）。

なんとも「もとの所有者」には気の毒であるが、それでは即時取得のルールをやめてしまって「もとの所有者」を保護するようにすると、今度は事情を知らずにその物を買った人が悲劇に見舞われる。より一般化していえば、私たち（消費者）が物を買うときに、つねに「買っても、本当に自分のものになるかどうかはよく分からない」ということになってしまい、さすがに問題が大きい。以上を踏まえて、即時取得のルールが設けられているということになる。

契約の順番で所有権を移転するという法制も可能ではあるが、すると、「過去に別の人に売っていたことにする」という結託も横行するだろう。実際に諸外国でも、動産で即時取得を認めない例はごく例外的にしかない。その場合との優劣をよく考えてみることが、条文の理解につながるだろう（法律の条文には、オルタナティブはある→**2.2**）。ちなみに民法の起草者の1人である梅謙次郎は、これを「瞬間時効」と呼んでいた。なお有価証券については、さらに善意取得（過失を要件としない）が認められている。

所 有 権 の 移 転 ——不動産の場合

不動産（土地や建物）については、動産とは異なる仕組みがとられている。

不動産については、しばしば二重売買ということが起こる。1つの土地や建物を、二重に、さらには三重に売ってしまうというケースである。そんなことができるのかとの疑問があるかもしれないが、土地や建物は、実際に持ってきて引き渡すわけではないので、「そこにある」土地を「これは私の土地です。あなたに○○万円で売ります」と何人もに言うことは可能である。二重売買やカラ売りは、あとでふれるように不動産には限らず、著作権や債権でもあり得る。

このようなときの単純な解決は、最初に売った売買が有効であり、その後のものは一切無効だとするルールである。しかしこれは危うい。何しろ動産と違って、土地や建物は少なくともその物自体を「持ってきて、相手に渡す」と

いうことができないので、代金のやり取りや登記手続、建物なら鍵のやり取りなども一切なしで、所有権が移ってしまうというのは、やや「軽い」印象がある。外から見ると、この土地や建物は、いま誰の所有物やら、さっぱり分からないことにもなる。あとで争いになったとき、口頭でも契約自体は成立する以上、たとえば契約書の日付だけできちんと勝負がつくとも限らない。

そこで、不動産について採用されているのが「登記」という仕組みである。すなわち民法177条は「不動産に関する物権の得喪及び変更は、不動産登記法その他の登記に関する法律の定めるところに従いその登記をしなければ、第三者に対抗することができない」としている。これは土地や建物を自分の物として登記すれば、「第三者に対抗できる」ということであり、すなわち「本当は自分の物だ」とか「自分が先に買ったのだ」という第三者の主張を斥けられるというルールなのである（「対抗要件を備える」という）。逆に登記簿を見れば、その土地や建物について、いま誰が所有者か分かるはずだということになる。

もっとも登記が必ずしもオールマイティーであるわけではなく、登記の通りの物権変動があるという信頼がつねに保護されるわけではない。いいかえれば正当でない取引が、登記により真実に転化するものではなく、このことを「登記に公信力までは与えられていない」と表現される。

あり得る別の制度としては、登記に公信力までもたせることも考えられる。実際ドイツはそうなっている（法律のルールにはオルタナティブがある→2.2）。ただしそうすると、強迫等で登記をとられた場合も本人は救済されなくなる。

問題の位置づけ　いずれにせよ世の中には、二重売買とかカラ売りとかいう事態が実際に存在するのであり、これを想定して所有権およびその移転にかかわるルールが用意されているわけである。

何かを二重に売ってしまうなどということは、とても考えられないかもしれない。しかし身近な話でいえば、いわゆるダブル・ブッキング——同じ日の同じ時間に、2つの予定を入れてしまったというのは、いわば時間の二重売買だといえ、その手の話の深刻なケースだといえなくもない。たとえば就職活動のなかで、いくつもの会社に「第一志望です。ここに入社します」というのはよくある話ではある。音楽の著作権の二重譲渡が話題になったこともある。

そこでは静的な権利の保護と、動的な取引保護という2つの要請を考えつつ、微妙な決断が認められる（法学では、決断を求められる→2.3）。それでも決

められず、時効でしか決着をつけられないことも少なくない（→4.5）。

なお判例では、背信的悪意者といわれる理論が構成されている。すなわち二重売買においては、悪意でも（つまりそういう事情を知った上での取引でも）登記を有している者が優先するが、一定の（とくに悪性の強い）者は除くという解釈である（サブカテゴリーを設けることによる解決である→2.3）。

その他、物権法では、共有の際についてのルールなども規定されている。

物権と債権の交錯　ちなみにどうしても混乱してしまうのが、物権と債権の関係である（債権については第6講で詳しくみる）。たとえば所有権を実体的なものと考えると、どうして所有権を有していない無権利者が、そもそも土地を転売できるのか、という疑問が生じる。しかし、たとえば民法561条〔※〕（改正前は560条）は「他人の権利を売買の目的としたときは、売主は、その権利を取得して買主に移転する義務を負う」としている。逆にいえば次に扱う債権は、人と人との関係なので、そのような「約束」も可能なのであり、それが実現できなかったら、契約違反になる「だけ」の問題なのだともいえる。

物権は、人と物との関係であるが、その権利（物権）を有することは、すべての人に対して主張できないと意味がない（これを対世効という）。そうではなく特定の人にしか主張できないなら（対人効という）、それは債権だといえる。

キャンパスライフと法　不動産取引における登記は、ちょうど大学生にとっての学生証のようなものだといえる（道垣内弘人『リーガルベイシス民法入門』）。その大学の学生であっても学生証がないと、図書館を利用できなかったり、諸手続ができなかったりする。逆に学生証があれば、自分が確かにその大学の学生だと証明できる。

しかし「もともと」大学生ではない者が、たまたま学生証を拾っても、それでその大学の学生になれるわけではない。それで結果的に図書館等は使えてしまうかもしれないが、「もともと」がそうでなければ、学生証が実体を創出するわけではない。その程度のものだが、便利だし、なくすと大変面倒なのである。

ちなみに契約における印鑑や契約書の意味合いにも、似たようなところがある。立派な契約書があったり、そこに署名や印鑑の押印があったとしても、意思表示自体に瑕疵があれば、そのまま効力が発生するわけではない。

学問への扉

1．そもそも所有とは

　所有権というと、その内実は明確にも思われるが、「これは本当に自分の物か」というのは、突き詰めるとよく分からないところがある。その裏返しとして、「自分の物」だからといって、まったく好き勝手にしていいのかといえば、疑問符がつく。ある物の所有権が「本当に」自分にあるのか、必ずしも明確ではないとすれば、それをどう扱うかについても慎重であるべきだろう。

　しかしそもそも、本当に「所有」する必要があるのか。所有という考え方に対峙する「利用のみ」という考え方を強調しているのが、哲学者のジョルジュ・アガンベンが紹介する中世の修道院の考え方である（『いと高き貧しさ』）。そこでは物を所有せずに、利用するだけで、十分に生きていけるし、所有への拘泥が、かえって人間を貧しく、危うくすることが指摘されている。

　耳が痛いところであり、確かにもし必要なものを、いつでも十分に利用できるなら、所有という形で「独占」する必要はなくなる。たとえば「本の積ん読」により部屋を手狭にするのをやめて、必要があれば図書館に行けばよい。クルマや別荘等はもちろん、衣服や日用品についても個々には「使っていない時間」は長い。かつての山林への「入会権」は、そういう発想であったかもしれない。

　私たちは「所有」という観念自体に踊らされているのかもしれない。文豪ヴィクトル・ユーゴーは「所有しようという思いが募るあまり、われわれ自身が所有されてしまった」といっている。

2．近代法における所有

　近代社会は、私的財産の所有を梃子に発展した。それまでは封建制のもとで、普通は土地の所有も許されなかったのである。

　これをジョン・ロックは『市民政府論』で、自然の土地などに対して自分が労働を加えることで、その所有権を得られるのだと説明した（もっともそれは他人に迷惑をかけず、自分が利用しうる範囲で、という前提での説明であった）。

　ところがこのとき、同時に物の流通が活発化したことが問題を難しくした。転々流通しているうちには、いろいろ「おかしなこと」（不実登記、詐欺、二重売買等）も介在するが、それがロンダリングされてしまい、そんな事情を知らない人の手許に届く。そこに「もともとは自分の物だ」と主張する人がやってきて、押し問

答になる。いわゆる静的な権利（「もともとは自分の物だった」）の保護と、動的な権利の保護・取引の保護（「確かに自分が買ったのだ」）の調整は、今に至るまで、財産法のもっとも基本的な論点の１つである。

「物」は１つなので、所有権の有無は、明確に決めなければならず、折衷というのはない。そこでは仮に「51対49」の紙一重であっても、当事者に権利が「ある」か「ない」か、どちらかに決めなければならないという法的思考の特徴が端的にあらわれる。

３．現代法における所有

所有権というものの限界（ないしは悪ノリ）を明確に論じたのは、経済人類学者であるカール・ポランニーの『大転換』である。要するに近代社会は調子に乗って、何もかも、取引の対象になるはずのないものまで、所有権の対象としてしまったのだ。そこではとりわけ土地・労働・貨幣を「商品」として、取引対象（所有権の対象）にしてしまったことが、世の中をおかしくしたということが述べられている。それがファシズム勃興をも招いたという。

この「土地・労働・貨幣」という列挙は、その後のバブルの崩壊やリーマンショック、ヘッジファンドの跋扈、また今日的な労働問題（過労死・過労自殺、ブラック企業等々）をも予言していたように思える。

これをとりわけ体現したのが「アメリカ」であろう。哲学者の西谷修は、アメリカ的な自由と所有権とは表裏一体だという（『アメリカ　異形の制度空間』）。そしてこの21世紀、なんでも所有権や取引対象にする流れはさらに加速しているように思える。たとえば特許権・著作権に加えて、デザインや商標、スローガン、歌のメロディ等々が幅広く「知的所有権」として所有権の図式にのってきた（これがおよそ無視されている国や領域もあるけれども）。

さらに近時では、人間の「身体」とりわけ臓器、精子や卵子、遺伝子情報などまで自己決定の名のもとに、自由な取引の対象になりつつある。よくみれば水や空気、時間や宇宙空間も、取引対象となってきている。

しかし地球や宇宙はもともと、誰の物でもないのではなかったか。

25 番教室の窓

戦争の記憶

　私が大学生だった頃に講義を聞いた年長の先生方は、戦争を体験した世代だった。学徒出陣というのがあり、大学生も、自分がいつまで授業に出ることができるか分からなかった。どのみち最後まで授業をきいて、試験を受けて、単位をもらえるというところまで行く可能性は少ない。

　それでも学生たちは、死地に赴く前に、ギリギリまで大学に来て、講義に出たかった。これについてはさまざまな先生方が、当時のことを書いている。学業を途中で断念しなければならなかった無念を、また失った友人たちのことを。

　民法の鈴木禄彌先生（1923-2006）もその1人である（「一民法学者の放浪記」）。

　若き日の鈴木青年が、商法の講義に出ていたら、授業の真っ最中に、大学の職員さんがやってきて、「法律学科二年の鈴木禄彌さん、おられますか。召集令状が来ましたからすぐにお宅にお帰りください」と言う。

　「それで私はビックリ仰天いたしましたが、どうにもならないのです。」

　その場で鈴木青年は、先生に「それでは行ってまいります」と言ってお辞儀して教室を出ていって、数日後に入隊した。

　「私はそのときには私の人生の中で珍しく覚悟を決めたのです。それはどういうことかというと、それは達成できない確率が多いけれども、ともかく生きて帰ってきたい。そして帰ってきたら次の日から学生に戻りたい。」

　鈴木青年は満州、北京、青島と転属し、散々な目に遭いながらも生き延びて、敗戦の年（1945年）の年末に日本に復員することができた。砂利を積む貨物列車に乗せられて、佐世保から東京まで帰ってきた。途中の広島は壊滅していた。

　「十二月三日ぐらいの夜遅くのことですが、ちょうどそのころ疎開をいたしました家族が西荻窪に住んでおりましたから、そこへまいりまして、塀をドンドンと叩いて叩き起こして帰ってきた。そして次の朝早くに私が起きて身支度をしているものですから、親父が「おまえ、どこへ行くんだ」と言うから、「これから大学へ行きます」と答えまして、本当にそのまま講義を受けに大学へ行きました。」

　そうして帰って大学で一番最初に聞いたのが、民法の物権法の講義だった。

　その後、鈴木禄彌先生は、その鋭さで学界を震撼させる民法学者になった。不動産売買において、その所有権は一定の時点ではなく「徐々に移動する」という驚嘆すべき不動産物権変動理論が有名である。

第6講　契約法——債権法（1）

6.1　電車が遅れるのは契約違反か

【introduction】

　社会学者の見田宗介の『社会学入門』には、異国（いわゆる先進国ではない、時間がゆったり流れている国）を旅したときのエピソードが書かれている。
「ある朝、小さな雑貨店の前の石段に腰をおろして「午前」のバスを待っていると、新聞の売り子の男の子がやってきて「日本のことが出ているよ！」という。日本のアゲオという埼玉県の駅で、電車が一時間くらい遅れたために乗客が暴動を起こして、駅長室の窓がたたき割られた、という報道だった。世界の中にはずいぶん気狂いじみた国々がある、という感じの扱いだった。」

　日本人にとっては、「まあ、あまり焦らずに行こうよ」という教訓でもあろう。けれども、その電車遅延のせいで入試時間に遅れたとか、重要な商談に遅れたとか、それなりに重大な場面——賠償問題になるような——もあり得る（もっとも通常、鉄道約款でこの種の賠償請求は制限されている）。

　あるいは海外旅行の際に友人に車で空港まで送ってもらうはずが、友人が寝坊して送迎が遅れ、飛行機に乗り遅れて大損害を受けたというような場合はあり得よう。ドライバーが道を間違えて、ピザの宅配が遅れたくらいまらまだしも、救急車が道を間違えて、その到着が遅れたら、人の生死にかかわることもあろう。

　物権に続く民法の第3篇は債権で、契約と不法行為が中心的なテーマである。このうち契約は、すでにふれたように（→4.1）、社会において人間と人間との関係を形成・構築するもっとも基本的なツールである。

　民法総則（第4講）では、契約がきちんと両当事者の意思表示にしたがって成立しているかどうかを扱った。しかしそのようにきちんと契約が成立したにもかかわらず、当事者が契約内容をまったく、あるいはきちんと守らなかったときにも、別の大きな法律問題となる。

　この第6講ではこれらについて、具体的な問題でみていきたい。

6.1　友だちに貸したお金が返ってこない

【債権総論】

　債権法は、民法のなかでは条文数も多く（399条〜724条）、現代的な諸問題がダイレクトに反映されるダイナミックで華やかな領域といえる。近時には大きな改正もおこなわれた（〔※〕印で2017年の法改正として適宜言及している）。

　ただし民法第3編「債権」のうち、第1章「総則」を中心とした債権総論といわれる領域では、おもに金融関係を念頭においた議論が展開されることが多く、かなり技術的で複雑であり、普通の大学生にはほとんど縁のない内容でもある。社会人であっても金融取引や土地取引などを日常的におこなう人は少ないだろう。したがってここでは、ごく基本的な部分に絞ってみていきたい。

　債権とその実現　債権とは、特定の人に特定の行為を要求する権利である。この点で物権が、すべての人に対する権利であるのと対照的である（→5.2）。債権の発生原因は、契約を典型とする法律行為のほかには、不法行為、事務管理、不当利得がある（なお「債権」を有価証券の「債券」と間違えて記載されることがよくある）。

　そこで典型的には借金についてみると、お金を貸している側が債権者であり、借りている側が債務者である。たとえば企業に対して貸付（融資、ローン）をおこなう銀行が債権者、借りている企業の方が債務者になる（もっとも預金に関しては、預金者が債権者であり、銀行の方が債務者になる）。

　すると債権者の方が、借金を「取り立てる」側だから立場が強くて、債務者の方は「取り立てられる」側として、立場は弱いという印象がある。「借金が返せなくて、困った」というのがよくあるパターンだろう。

　ただし法的には、必ずしも債権者の方が強いとはいえないところがある。すなわちお金を貸している側としては、放っておいても返してもらえないことがあるし、逆に借りている側は、債権者が「返せ」といってこない間は、自分からは何もしなくてもいいともいえる。さらにいえば債権者としては、「返せ」と催促しても返してもらえないと、どうすればいいのか困ってしまう。

　別の種類の契約の方が分かりやすいかもしれない。たとえばピザの宅配を頼んで、何度も催促してもなかなか出前をしてくれなければ、頼んだ方としては、お腹を空かしてイライラしながら待っているしかない。あるいは間借り人

が、なかなか家賃を払ってくれないままに住み続けていると、大家さんとしては困ってしまう。「本を書きます」と言いながら、なかなか書かない著者がいると、出版社としては困ってしまう（この本もそうだったかもしれない）。

大学の授業にしても、チャイムが鳴っても教員が来なければ、学生たちは待っているしかない。1回くらいなら「自然休講」だといって喜んでいるかもしれないが、これが何度も重なれば、授業料を返せという話にもなりかねない。

要するに、人に何かを要求する権利（つまり債権）をもっていても、権利をもって（待って）いる「だけ」では権利は実現しないことがある。そこに法律に固有の重要な役割があるともいえる。つまり、道徳的な義務と違って、法律的な義務は、国家権力を通じて強制的に実現され得るのである（ルールとしての強制性が、国家法の重要なポイントである→第1講学問への扉）。

> **履　行　の　強　制**

そこで、どうしても相手が義務を果たさない場合には、裁判所に訴えることになる。しかし裁判所で「きちんと借金を返せ」という判決が出たとして、それでも借りた側が返さなかったらどうなるのだろうか。つまり債務者が債権者の言うことを無視するばかりか、裁判所の判決も無視するという場合である。

このときに民法414条は「債務者が任意に債務の履行をしないときは、債権者は、民事執行法その他強制執行の手続に関する法令の規定に従い、直接強制、代替執行、間接強制その他の方法による履行の強制を裁判所に請求することができる。ただし、債務の性質がこれを許さないときは、この限りでない」と定めている〔※〕（「履行」とは実際におこなう（perform）ことである）。

たとえば借金であれば、強制的に取り立てるということであり、具体的には、執行官がやってきて、金銭を取り立てたり、財産を差し押さえてそれを競売にかけるという手順になる（これを直接強制という）。これについては民事執行法という別の法律が詳しく定めている（民事執行法43条以下、168条以下等。民事執行法は、かつては（狭義の）六法の1つである民事訴訟法にあった内容が、独立した法律になったものである）。

ちなみにこういう強制執行のプロセスに対しても、さらに無視したり抵抗したりしたらどうなるかというと、民事執行法6条1項は「執行官は、職務の執行に際し抵抗を受けるときは、その抵抗を排除するために、威力を用い、又は

警察上の援助を求めることができる」としている。

　つまり、たとえば友だちに借りた1万円であっても、徹底的に返さないと、裁判所が出てきて、執行官が出てきて、最後には警察も出てくるのである（逆にそれまでは出てこない）。これが法治国家ということの1つの帰結に他ならない。

　なお借金、つまり金銭債務の場合は、このように債務者の財産を差し押さえて、強制的に換価することができるが、そうではない場合、たとえばすでにみたピザの配達や原稿執筆などの例では、このような方法はとれない。債務者を無理に押さえつけて、強制的に仕事をさせるというのは非現実的である。

　このような場合は事案により、罰金のようなものを課して間接的に仕事を促す（間接強制）、他の人にその仕事をさせて、その費用を債務者から徴収する（代替執行）、もう契約自体はあきらめて、損害賠償の請求に切り替える（そうすれば金銭債務として、強制執行でもきる）などの別の方法がとられる（民事執行法171条、172条など）。このなかでもとくに親権争い、子どもの引渡しに間接強制を適用するかについては議論がある。

　他方、履行不能（履行できないこと→6.2）の場合については2017年の法改正で、412条の2「債務の履行が契約その他の債務の発生原因及び取引上の社会通念に照らして不能であるときは、債権者は、その債務の履行を請求することができない」（1項）、「契約に基づく債務の履行がその契約の成立の時に不能であったことは、第415条の規定によりその履行の不能によって生じた損害の賠償を請求することを妨げない」（2項）との規定が新設された〔※〕。

債権の消滅・弁済　債権の消滅に関して、民法473条は「債務者が債権者に対して債務の弁済をしたときは、その債権は、消滅する」とする〔※〕（「弁済」とは債務にあたる給付をおこなうことである）。

　また弁済の提供の効果について、民法492条は「債務者は、弁済の提供の時から、債務を履行しないことによって生ずべき責任を免れる」としている〔※〕。つまり債務を履行しようとしても、相手方が受け取ろうとしなければ、履行できなくても債務不履行にはならない。

　別途、供託という仕組みもあり、479条は「債権者が弁済の受領を拒み、又はこれを受領することができないときは、弁済をすることができる者は、債権者のために弁済の目的物を供託してその債務を免れることができる」としている。そのほか相殺（505条）、更改（513条）等によっても債権は消滅する。

第6講　契約法——債権法（1）

連帯債務・保証債務

この本では、債務者が1人である場合を念頭にみているが、債務者が複数であるケースもある。その典型が「連帯債務」の場合であり、このとき債権者としては、どの連帯債務者に対しても、債務の全部または一部の履行を求めることができる（民法432条以下）。

他方、「保証債務」というものがあり、これは主たる債務者が履行しない場合に、代わって保証人が履行をおこなうものである（民法446条以下）。

ただし保証のなかでも「連帯保証」（民法458条）のように、はじめから保証人の側に履行を求められるケースもあるので注意を要する。少なくとも一般論としては、安易に誰かの債務の保証人になることは控えたほうがいいといえる。古代ギリシアの格言に、「保証人とならば、破滅は近きにあり」というのもある〔※〕（2017年の法改正で、手続がいくらか厳格化されている。民法465条の6以下により、個人保証の制限や、履行状況の情報提供義務など）。

たとえば奨学金を借りるときには、親に保証人になってもらうことが多いと思う。アパートを借りるときにも、保証人がいないと借りづらいということがよく言われる。金や家を貸す側としても、「そういう担保があるから貸せる」ということもあるわけで、踏み倒されないように必死なのである。

キャンパスライフと法

友だちに貸した1万円を、最終的に取り返すために、裁判があり、強制執行があるという説明に対しては、それでは1万円よりもコストが（時間や手間も含めて）かかってしまうではないか、との疑問があり得よう。

それはそのとおりである（簡易裁判所による少額訴訟制度というのがあるが、それは別の話として）。しかしそれなら「1万円を取り返すために、裁判を使えなかったらどうなるか」を考えてみるべきだろう（法律にはオルタナティブがあり得る→2.2）。誰かに貸した1万円について、もし相手が返してくれなければ、自力で取り返しに行かなければならない世界。それは法治国家ではなく、弱肉強食の世界である（「法の影のもとでの交渉」が働かなくなる→4.2）。

借りた側としても、お金を返そうとせずに裁判になれば、時間も手間もかかり、裁判に負けて結局は返さざるを得なくなれば、実は大損である（ラムザイヤーというアメリカの学者がこれらを「法と経済学」の観点から分析している。『法と経済学：日本法の経済分析』）。

109

6.2 注文したピザが届かない

【債務不履行】

　債務者が定められたことをおこなわず、債権（債務）が実現されない場合が主たる法律問題となるが、これを一般的に債務不履行という。

債務不履行の種類

　民法415条（1項）は、その債務不履行全般について、前段で「債務者がその債務の本旨に従った履行をしないとき又は債務の履行が不能であるときは、債権者は、これによって生じた損害の賠償を請求することができる」とするとともに、「ただし、その債務の不履行が契約その他の債務の発生原因及び取引上の社会通念に照らして債務者の責めに帰することができない事由によるものであるときは、この限りでない」と定めている〔※〕。

　一般的に債務不履行は、履行遅滞、履行不能、不完全履行の3つに通常分類される。たとえば約束された時間にピザの宅配が来なかったら履行遅滞であり、また材料が切れてしまって注文を受けたピザを作れなくなってしまった場合は履行不能であり、さらにピザが届くには届いたのだが、とても食べられる代物ではなかったりしたら不完全履行となる可能性がある。多少冷えていたくらいだと、また微妙な話になる（→6.5）。

　大学の授業にあてはめてみると、この本の著者も毎日のように債務不履行をしているようで、心が痛む。

　従来、「帰責事由」がある場合に債務不履行となるというのが通説で、これはあとでみる不法行為の過失に相当するものといわれていた。しかしこの点については、契約なのだからそれを履行しなかったこと自体で債務不履行であり、それ以上の要件は必要ないとの指摘も強かった。今般、415条の条文に「ただし書き」が加わったことに伴い、今後の実例の蓄積が注目される。

　また履行補助者（債務者が履行にあたって使用する雇い人など）の過失についても債務者自身の債務不履行を構成するとされる。

　なお、「債務の履行に代わる損害賠償の要件」として、415条2項では、415条1項により損害賠償の請求をすることができる場合において、①債務の履行が不能であるとき、②債務者がその債務の履行を拒絶する意思を明確に表示したとき、③債務が契約によって生じたものである場合において、契約が解除さ

第6講　契約法——債権法（1）

れ、又は債務の不履行による契約の解除権が発生したときには、債権者は「債務の履行に代わる損害賠償の請求をすることができる」としている〔※〕。

債務不履行の効果　債務不履行の効果としての損害賠償は、原則として金銭賠償である（民法417条）。そして民法416条は損害賠償の範囲について、「債務の不履行に対する損害賠償の請求は、これによって通常生ずべき損害の賠償をさせることをその目的とする」（1項）、また「特別の事情によって生じた損害であっても、当事者がその事情を予見すべきであったときは、債権者は、その賠償を請求することができる」（2項）としている。

この条文は、イギリスの Hadley v. Baxendale（1854年）という判例に由来する内容といわれ、まったく予見できなかったような、特別の事情により生じた損害は、対象とならないという形で、賠償の範囲を画しているものといえる。

やや極端な例だが、ピザの宅配が予定より数時間遅れたところ、その間に、ピザを待っていた空腹の客が餓死してしまったとしよう。宅配が時間通りにおこなわれれば、注文した客は餓死しなかったはずであり、その意味で債務不履行に伴う損害だとはいえる。しかしそんなことまでは、まず予見できないし、宅配が遅れたくらいで餓死するというのが、「通常生じる損害」ともいえないだろう。したがって、宅配が遅れたという債務不履行（具体的には履行遅滞）はあったといえるものの、死亡損害までの賠償は認められないものと考えられる。

あまりにも荒唐無稽な例だと思われるかもしれない。しかしこれが、たとえばその食事だけを頼りにしている、外出できない高齢者への配食サービスであれば、死亡損害までも「予見可能性」や「通常生ずべき損害」の対象に入ってくる可能性がある。あるいは同じ訪問するにしても、救急車であれば、その到着時間の遅れが命にかかわることは大いにあり得る（死亡損害の算定も難しい→7.2）。いずれにせよ物の所有権の所在のように「オールオアナッシング」の決断ではないが、それでも因果関係が及ぶのは「ここまで」という決断を要する。そのために条文において、予見可能性や通常損害・特別損害というサブカテゴリーが設けられている（あえて線引きするのが法学である→2.2、2.3）。

なお過失相殺として、「債務の不履行又はこれによる損害の発生若しくは拡大に関して債権者に過失があったときは、裁判所は、これを考慮して、損害賠償の責任及びその額を定める」（民法418条）としている〔※〕。不法行為におけ

111

る過失相殺と同様の趣旨である（→7.2）。

| 賠償額の予定と
免　　　　　責 |

賠償額の予定について、民法420条は、「当事者は、債務の不履行について損害賠償の額を予定することができる」（1項）〔※〕、また「違約金は、賠償額の予定と推定する」（3項）としている。

逆に、賠償をおこなわない旨の条項（免責条項という）を契約にあらかじめ入れて置いたらどうかは、難しい論点である。しばしば「何かあっても、当社は責任を負いません」というような趣旨が掲示されていることがある。

これについては、商品やサービスの（低い）価格と結びついていることも多いので、一概に無効とはいえないものの、逆につねに有効ともいえず、一方的に大幅な免責をおこなう条項は、消費者契約法違反（不当条項）だと評価されることがあろう（→4.2）。

| 遅　延　利　息 |

民法419条は、「金銭の給付を目的とする債務の不履行については、その損害賠償の額は、債務者が遅滞の責任を負った最初の時点における法定利率によって定める。ただし、約定利率が法定利率を超えるときは、約定利率による」としている〔※〕（別途、利息制限法による規制等がある）。

この法定利率について、404条は「利息を生ずべき債権について別段の意思表示がないときは、その利率は、その利息が生じた最初の時点における法定利率による」（1項）、「法定利率は、年三パーセントとする」（2項）としている（ただし数値は変動することがある）〔※〕。

| 破　産　手　続 |

ところで契約違反が債務不履行として、最終的には金銭賠償となっても、相手方に資力がなければ実現できない。しかし往々にして債務者にはあちこちからの債務が重なっていて、どうにもならないと破産という選択肢が浮上する。

破産が申し立てられて、裁判所が「支払不能または債務超過」であるとして破産手続開始を決定すると、破産法の破産手続により処理されることになる。その際には、税金や賃金債権等が優先的に弁済された上で、残りの債権が公平に処理されるが、抵当権が設定されている分は別枠になることから、あまり財産が残っておらず、一般の債権はほとんど弁済されないことも多い。なお債務が免責されるためには、裁判所に別途の許可を得る必要があり、財産隠匿や浪

第 6 講　契約法——債権法（1）

費等があると、免責が許可されないことがある（破産法252条）。

　債権総論には、債権者代位権や、詐害行為取消権など、破産を見据えた債権者・債務者の「攻防」にかかる規定が少なくない。

安全配慮義務

債務の履行プロセスにおいては、債務の本旨自体だけではなく、相手方の安全を確保すべき付随的な義務があるといわれる。これを安全配慮義務といい、公務災害や労働災害の領域などで、判例でも認められてきている。

　この安全配慮義務は、介護サービスでも言及されることがある。たとえば特別養護老人ホームでの利用者同士のトラブルに伴う転倒・骨折事案で、大阪高裁2006（平成18）-8-29判決は、施設は利用者の安全を確保し、事故を未然に防止すべきだったとして、安全配慮義務の違反にもとづく施設側の賠償責任を認めた。利用者同士のトラブルであるのに、施設の責任が問われている点が注目される。

　この法理は、明確な契約関係にない場合にも適用されるが、契約関係にあって、しかし契約条項としては明確に書いていない義務を導き出すためにも用いられる。とくに専門家の責任にかかわって、しばしば援用される。

キャンパスライフと法

　学校（大学）側が負っている債務としても、直接的な教育サービスの提供債務自体だけではなく、学生に安全に過ごしてもらうという付随的な義務や安全配慮義務が認められる場合はある。典型的には体育の授業で、指導の不十分さから、生徒がケガをしてしまった場合、学校側の責任が問われる。ケガをしない・させないように授業をすべきだったということである。

　また「いじめ」の場合のように、他に実際の加害者がいる場合でも、その場所を提供・管理していることに着目して、この法理によって学校側の責任が問われることがある。かつての附属池田小学校事件（2001年）のように、学外からの侵入者による傷害についても、学校側の責任が問われることがある。

　さらに微妙なケースは、学校外での事柄をめぐって起きる。運動部の合宿などは学校の管理下といえるだろうが、放課後の活動や時間後の懇親会などについては、教員がその場にいれば責任を問われるとしても、教員がいない場合にまで学校の（指導・監督）責任が問われるべきかどうかは難しい問題となる。

6.3	細かいネットの規約を読まないと

【債権各論　契約総論】

　民法第3編「債権」の第1章が総則（債権総論）であるが、それに続いて債権各論といわれる領域がある。すなわち第2章以下で、契約、事務管理、不当利得、不法行為と、債権・債務の発生原因が並ぶ。この債権各論は、具体的でイメージアップしやすい領域といわれる。

契　約　と　は

まず第3編第2章の「契約」においては、やはりはじめに「総則」が置かれていて、その後に契約の種類ごとのルールが置かれている。

　契約は、私たちが経済社会とつながるための基本的なツールである。物を買う、借りる、サービスを利用する等々の日常的な事柄は、基本的には契約という法的構成をとっている。大学と学生の関係も、基本的には契約関係といえる（ただし国公立大学においては公法関係である→9.1）。

　契約は意思の合致により成立する。すなわち申込に対する承諾によって、契約が成立する。民法522条1項は「契約は、契約の内容を示してその締結を申し入れる意思表示（以下「申込み」という。）に対して相手方が承諾をしたときに成立する」とする〔※〕。ただしこの申込みとは、承諾があれば契約を成立させるという意思表示なので、たとえば求人広告のように、契約交渉に入ることを呼びかける趣旨の意思表示は、ここでいう申込みにはあたらない（申込の誘引と呼ばれる）。大学の広告にしても同様である。

　契約は口頭でも成立し、契約書や印鑑などが必須ではない。日常の買い物の例を考えれば当然であるし、大きな株式売買などでも電話で成立する。ただしあとで紛争になったときに、文書などが残っていないと、証明が困難になる。

　もっとも契約がいわゆる「約束」とまったく同じかといえば、そうでもない。とくに6.1でみたような国家権力にもとづいて実現する（あるいは違反に対して賠償させる）ことが馴染まないものについては、法的な契約ではないというべきだろう。たとえば「デートの約束」や、スポーツの試合での「勝利の誓い」などは、国家権力による実現にはなじまない。あたり前ではないかと思われるかもしれないが、似たような例でも、これが「結婚の約束」や、治療で「必ず治します」と確約した、あるいは予備校で受験の合格を保証したなどと

いうような話になると、やはり微妙な問題をはらんでくる。

契約についての一般原則　近代市民法の原則として、基本的に「契約自由の原則」が妥当する。すなわちどんな契約内容とするか、契約を締結するかどうか、誰と契約するか、いかなる契約方式をとるか等については、基本的に当事者が決めることができる。

この契約自由の原則について2017年の法改正では、民法521条で「何人も、法令に特別の定めがある場合を除き、契約をするかどうかを自由に決定することができる」（1項）、「契約の当事者は、法令の制限内において、契約の内容を自由に決定することができる」（2項）、522条2項は契約の成立と方式について、「契約の成立には、法令に特別の定めがある場合を除き、書面の作成その他の方式を具備することを要しない」としている〔※〕。

要するに人間は自由に、誰とどんな契約を結んでも（結ばなくても）よい、ということだが、すでにみたように公序良俗に反する契約は無効になるし（→4.4）、契約という手法が幅広く用いられているなかでは、領域によっては契約に対する規制がおこなわれて、契約自由がそのまま認められない場合もある。

たとえば医療行為は医師や医療機関と患者との契約によりおこなわれるが、誰でもやってよいというものではなく（業務独占）、医療契約の当事者（医療サービスの提供側）は限定されている（医師免許を要し、診療所開設の届け出等も要する。逆に正当な事由がなければ契約を拒否できない。行政法による規制である→9.1）。

契約の当事者　契約によって債権・債務が発生し、たとえば借金では「貸した側＝債権者」、「借りた側＝債務者」となる。しかし実際には両方の当事者が、それぞれ債権と債務をもつことになる場合が多く、これを双務契約という。たとえば物の売買では、代金を支払うことと、目的物を相手に引き渡すことについて、それぞれ債権・債務が成立する。大学であれば、教育サービスの提供と、授業料の支払いについて、それぞれ大学側と学生側に債権・債務が成立する。

これらについて、民法では「同時履行の抗弁」を定めている。すなわち民法533条では「双務契約の当事者の一方は、相手方がその債務の履行を提供するまでは、自己の債務の履行を拒むことができる」として、基本的には「いっせいのせ」で双方が同時に履行すべき旨を規定している。もっともそのような一回限りの売買等ではなく、継続的な関係にかかわる契約もあるし、一方当事者

だけが債務を負う契約（片務契約）もある。

契約の解除

とくに双務契約では、相手方のまともな履行がおこなわれなくても、契約が残っていると自分の方の債務は残ってしまう。契約から離脱するためには、契約を一方的にでも破棄する（解放される）必要があり、これを「解除」という。

解除の方法について、民法540条は「契約又は法律の規定により当事者の一方が解除権を有するときは、その解除は、相手方に対する意思表示によってする」（1項）、「前項の意思表示は、撤回することができない」（2項）としている。

解除権の行使について、民法541条は「当事者の一方がその債務を履行しない場合において、相手方が相当の期間を定めてその履行の催告をし、その期間内に履行がないときは、相手方は、契約の解除をすることができる」としており、これを催告解除という。ただし「その期間を経過した時における債務の不履行がその契約及び取引上の社会通念に照らして軽微であるときは、この限りでない」としている〔※〕。また「債務の全部の履行が不能であるとき」や「債務者がその債務の全部の履行を拒絶する意思を明確に表示したとき」等には、ただちに無催告解除が可能である（542、543条）〔※〕。

契約解除の効果については、民法545条は「当事者の一方がその解除権を行使したときは、各当事者は、その相手方を原状に復させる義務を負う」（1項）とするとともに、「解除権の行使は、損害賠償の請求を妨げない」（4項）としている（契約から解放されても、なおマイナスが発生していることもある）。

事情変更の原則

契約締結時の事情が大きく変化し、そのままの形で契約を履行させることが著しく不合理である場合に、契約をそのままの形では履行させないでよい場合があるとする法理があり、これを「事情変更の原則」という。

「契約は守られなければならない」という大原則に対する例外であり、国際的なルールには取り入れられていることが多く（ユニドロワ国際商事契約原則等）、2017年の法改正のなかでも議論されたが、条文化されなかった。

約款とその拘束力

契約条項については、別の用紙などに細かい字でびっしり書いてあることがあり、これを「約款」という。最近ではインターネットでの種々のサービスを利用する際の利用規約もこれの一種といえる。

第6講　契約法——債権法（1）

　実際問題として、約款やネット上の規約をまともに全部読んでから契約する人など、ほとんどいないだろう。しかし読んでいないからといって、それらが契約内容にならないとすると、不都合が多い。

　そこで2017年の法改正では、「定型約款」についての規定を置いた。すなわち「定型取引」（ある特定の者が不特定多数の者を相手方として行う取引であって、その内容の全部又は一部が画一的であることがその双方にとって合理的なもの）において、契約の内容とすることを目的としてその特定の者により準備された条項の総体を「定型約款」として、「定型約款を契約の内容とする旨の合意をしたとき」および「定型約款を準備した者があらかじめその定型約款を契約の内容とする旨を相手方に表示していたとき」には、定型約款の個別の条項についても合意をしたものとみなすとした（548条の2（1項））。

　他方、「相手方の権利を制限し、又は相手方の義務を加重する条項であって、その定型取引の態様及びその実情並びに取引上の社会通念に照らして民法第1条第2項に規定する基本原則に反して相手方の利益を一方的に害すると認められるものについては、合意をしなかったものとみなす」として内容面から歯止めをかけている（2項）。しかし合理的な内容であれば、一定の要件のもとで定型約款内容の一方的な変更も認めている（548条の4）。条文には文言的にあいまいな面はあるが、実務上の必要性とのバランスをとったものといえる。

> キャンパスライフと法　　大学の学則や、履修要綱も、「約款」的なものだといえる。卒業のために必要な単位や、懲罰規定（どのようなときに退学や停学になるかを含めて）も入っている。一方的に、ぎっしり書いてあって、全部読む学生もいないだろう。
>
> 　だからといって「読んでいないから、効力がない」とするわけにはいかない。その意味では法律と一緒である。「法の不知は恕せず」といわれる。そうでないと、法律を勉強すればするほど不利になることが生じるためである（→3.2）。
>
> 　イギリスで、ネット通販の利用規約の中に、「みずからの魂を、永久を店側に譲り渡す」という条項をこっそり入れていたという話がある。ジョークではあったのだが、ネット通販を利用した客のほとんどは、そんな条項には気づかずに「規約に同意します」のボタンを押してしまったという（もっとも同意したとしても、日本なら民法90条や消費者契約法により効力は制限されよう）。

117

6.4　タダでくれると言ったのに

【契約各論（1）】

　民法第3編「債権」の第2章「契約」の第2節以下では、典型的な契約類型ごとに、規定が置かれている。

典　型　契　約　　民法では典型的な契約として、13種類が規定されている。これらについては大きく移転型（ないしは譲渡型）、利用型（ないしは貸借型）、役務型（ないしは労務型）の3つに分けられることが多い。

　ただしこれらはまさに典型的なものについて規定したものであり、これ以外の契約が許されないわけではない。**6.3**でみたように基本的に「契約自由」であり、その内容は当事者同士で自由に決めることができる（この点で物権とは異なる→**5.1**）。たとえば大学と学生の契約にしても、教育サービスの提供にとどまらず、施設の利用なども含まれていて、かなり複合的なものだといえる。ピザの宅配も、売買・準委任に加えて配送の要素もあり、かなり複合的である。

　民法のルールの多くは任意規定であり、契約により当事者間の約定で異なる内容が定められることは多いが、それでも——あるいは場合によっては「だからこそ」——民法が定める内容の役割も大きい（→**3.3**、**4.4**）。

**交 換 型 の 契 約
　——売　　　買**　　まず移転型の契約として、民法には贈与、売買、交換についての規定がある。

　このうち中心となるのは売買である。民法555条は「売買は、当事者の一方がある財産権を相手方に移転することを約し、相手方がこれに対してその代金を支払うことを約することによって、その効力を生ずる」とする。売買は代表的な契約類型でもあり、民法559条は「この節の規定は、売買以外の有償契約について準用する。ただし、その有償契約の性質がこれを許さないときは、この限りでない」としており、他の契約類型にも適用される。

　そのなかでは、売買の目的物に不完全な部分があった場合についての規定（民法560～570条）が重要であり、担保責任と呼ばれる。

**売 買 に お け る
担 保 責 任**　　売買における売主の担保責任は、従来、瑕疵担保責任といわれて非常に複雑なところだったが、2017年の法改正では「契約内容適合性」という概念を軸に、以下のように整理された

〔※〕。

第一に、買主の追完請求権として、562条は「引き渡された目的物が種類、品質又は数量に関して契約の内容に適合しないものであるときは、買主は、売主に対し、目的物の修補、代替物の引渡し又は不足分の引渡しによる履行の追完を請求することができる」としている。

第二に、買主の代金減額請求権として、563条は「前条第一項本文に規定する場合において、買主が相当の期間を定めて履行の追完の催告をし、その期間内に履行の追完がないときは、買主は、その不適合の程度に応じて代金の減額を請求することができる」としている。

第三に、目的物の種類又は品質に関する担保責任の期間の制限として、566条は「売主が種類又は品質に関して契約の内容に適合しない目的物を買主に引き渡した場合において、買主がその不適合を知った時から一年以内にその旨を売主に通知しないときは、買主は、その不適合を理由として、履行の追完の請求、代金の減額の請求、損害賠償の請求及び契約の解除をすることができない。ただし、売主が引渡しの時にその不適合を知り、又は重大な過失によって知らなかったときは、この限りでない」としている。

たとえば数量を指示して買ったものの数量が不足している場合には、1年以内であれば、代金の減額を請求できる。缶ジュース1ダースを買ったのに、2本足りなかったというような場合が考えられる。

なお、数量が少なすぎて契約の目的を達しないときには、契約を解除できる。あわせて損害賠償も可能である（民法565条により準用される563条）。

売買については、民法以外で製造物責任法（PL法）も問題となり得る（→7.3）ほか、金融商品販売法、住宅品質確保法などの特別法も重要である。

**交換型の契約
——贈与・交換**　贈与や交換は、日常生活では一般的におこなわれるが、法的紛争に至ることはそれほど多くはなく、ルールも簡明である。そのなかで贈与について、民法550条は「書面によらない贈与は、各当事者が解除をすることができる。ただし、履行の終わった部分については、この限りでない」としている〔※〕。つまり「これ、君にあげるよ」と明確に約束したとしても、書面としていない限り、それが履行される（この場合は引き渡される）前であれば、翻意できるわけである（逆に引き渡してしまったら、もう取り返せない）。

不思議な規定ともいえるが、これはやはり法的な契約──国家権力により強制的に実現すべき契約──の範囲を画したものとみるべきだろう。「これ、君にあげるよ」というような言い方は、現実の社会においては、しばしば複雑な文脈のなかで表明される。たとえば半分冗談だったり、何かと引き換えであったりである（アイゼンバークというアメリカの学者は、「ごちゃごちゃしている」という妙に的確な表現でこの点を説明している）。したがって、「これ、君にあげるよ」という部分だけを切り取って、法的な贈与契約として扱うことへの逡巡が、この条文の背景にあるものとみられる。だから別に贈与の翻意を「勧めて」いるわけではない（法律は道徳ではなく、効果を規定するだけである→1.1）。比較法的には、これでも日本の民法は贈与契約に強い効力を認めている。

　なお民法554条は「贈与者の死亡によって効力を生ずる贈与については、その性質に反しない限り、遺贈に関する規定を準用する」としている（死因贈与といわれる→8.4）。

利用型の契約
──賃　貸　借

　売買のように財産を移転するのではなく、所有権はそのままで、他人がそれを利用するというタイプの契約が民法では3種類規定されている。要するに「借りる」場合である。

　似たような名称で紛らわしいが、このうち一般的なのは賃貸借で、民法601条は「賃貸借は、当事者の一方がある物の使用及び収益を相手方にさせることを約し、相手方がこれに対してその賃料を支払うことを約することによって、その効力を生ずる」としている。

　たとえばアパートを借りることや、レンタカー、日用品のレンタルなども基本的にはこれにあたり、社会では広く用いられている契約類型だといえる。これらについては、使用代金の支払や返却時期などが問題となるが、とくに土地や建物に関しては、借地借家法などの特別法で規定されている部分や、個別の契約内容で決まる部分が大きい。

　また判例を通じても法理が形成されている。たとえば家賃を一回くらい滞納しても、契約当事者間で信頼関係がなくなったとまではいえないので、ただちに退去を命じることはできないとされる（信頼関係破壊法理といわれる）。

利用型の契約
──消費貸借、
使用貸借

　次に消費貸借というのは、民法587条が「当事者の一方が種類、品質及び数量の同じ物をもって返還をすることを約して相手方から金銭その他の物を受け取るこ

第6講　契約法——債権法（1）

とによって、その効力を生ずる」としていて、これだけでは分かりづらいが、典型的には金銭の貸借（要するに借金）である。借りた「その紙幣や貨幣」を返すわけではなく、「同種のもの」を返す契約だから「消費」貸借となる。

　この金銭の消費貸借契約を、「金消」と略して呼ぶことがある。だからたとえば友人に「金消」契約の保証人になるのを頼まれたりしたら、慎重に判断する必要がある（保証債務は軽いものではない→6.1）。

　なお消費貸借は要物契約といわれ、金銭等の授受があってはじめて契約の効力が生じるが、約束だけで契約が成立する「書面でする消費貸借等」という類型が2017年の法改正で新設された〔※〕（第587条の2。使用貸借と寄託についても同様の規定が設けられた）。これを要物契約に対して諾成契約という。

　最後に使用貸借というのは、無償（タダ）で使って返すという契約であり、典型的には、親族間での家の貸し借りや、本の貸し借りなどが考えられる。民法593条は「使用貸借は、当事者の一方が無償で使用及び収益をした後に返還をすることを約して相手方からある物を受け取ることによって、その効力を生ずる」としている。

キャンパスライフと法　たとえば生協の食堂でランチを食べるというのは、ごく日常の事柄だが、契約類型にあてはめようとすると結構難しい。単純な売買とは少し異なり、あとでみる準委任（料理を作ってもらうという）の要素もある。さらに食堂のテーブルと椅子を一定期間、利用するという要素も含まれている。加えて大学の生協の組合員になっていれば、関係は一層複雑になる。

　ただ、すでにみたように売買は各種契約の総則規定なので（559条）、何かトラブルがあったときには、売買の規定を手がかりに考えることができる。たとえばまったく食べられない代物であったときには、債務不履行の諸対応が可能であるし、追完請求（562条）や代金減額請求（563条）、別途の賠償請求（565条）なども考えられる。

　もっとも多少メニューや味に問題があるくらいであれば、価格との兼ね合いもあり、法的な問題にまでならない（むしろ市場を通じた選択の問題となる）ことが多いだろう。

6.5 結果を残してこそプロか

【契約各論（2）】

　これらに続いて民法では役務型の契約として、雇用、請負、委任、寄託について規定している。

役務型の契約
──雇用、請負、
委任、寄託

このうち雇用は、民法623条が「当事者の一方が相手方に対して労働に従事することを約し、相手方がこれに対してその報酬を与えることを約することによって、その効力を生ずる」としているが、要するに労働（雇用）契約のことであり、勤め人にとって大切な契約類型である。もっともこれについては、いわゆる労働関係法（労働基準法や最近制定された労働契約法など）で、別途詳細に規定が設けられており、民法上の規定はあまり問題にならない。

　寄託についても、倉庫営業に代表される商事寄託、銀行預金に代表される消費寄託などがあるが、民法の条文自体はあまり大きな役割を果たしていない。

　請負については、民法632条は「当事者の一方がある仕事を完成することを約し、相手方がその仕事の結果に対してその報酬を支払うことを約することによって、その効力を生ずる」としている。典型的には建物などの建築がこれにあたり、洋服のオーダーメイドなどもこれに含まれよう。「仕事を完成する」というところにポイントがあり、いくら努力しても、仕事が完成しなければ（たとえば建物が建たなければ）契約を履行したことにならない（いわば結果にコミットするタイプの契約なのである）。

　これと対照的に、当事者間の信頼にもとづいて仕事を頼むケースで、仕事の完成云々が明示しづらい契約類型があり、これを委任（および準委任）という。

　委任については、民法643条は「当事者の一方が法律行為をすることを相手方に委託し、相手方がこれを承諾することによって、その効力を生ずる」としている。典型的には代理人の選任（いわゆるエージェント）、弁護士業務（訴訟行為の代理）や、不動産取引の仲介、銀行への送金依頼などのように、法律行為を誰かに頼んだ場合ということになるが、民法656条は「この節の規定は、法律行為でない事務の委託について準用する」としており、結果的にあらゆる事柄（事務）の委託について、民法上は委任の規定が適用されることになる（これらの契約等の法律行為以外の事柄を委託した場合は「準委任」と呼ぶ）。

第6講　契約法——債権法（1）

　したがって、語学学校、エステ、パック旅行などの諸々の（とくに無形の）サービスを提供する契約は、基本的にこれにあたることが多い。医療や福祉サービスなどを提供する契約も、基本的にはこれに該当する。たとえば介護について、「仕事の完成」というのはやや観念しづらいし、医療については、治療をおこなって無事に病気が治癒すれば、「仕事の完成」といえなくもないが、逆に仮に全力を尽くしても病気を治せなかったとしても（医療過誤などであれば別だが）、治せなかったことを「契約違反だ」とはいえないだろう。

受任者の注意義務

　この委任契約については、すでにみたように「仕事の完成」というのは観念しづらいのだが、すると、どうすれば債務を履行したことになり、逆にどういうときに、債務不履行になるのだろうか。これについては民法644条に「受任者は、委任の本旨に従い、善良な管理者の注意をもって、委任事務を処理する義務を負う」という規定があり、略して「善管注意義務」といわれる（ローマ法の「善良な家父の注意」に由来するといわれる）。つまり仕事をおこなう側（サービス等を提供する側）が、この善管注意義務を果たしたかどうかで、債務の履行・不履行が決まる。

　この善管注意義務の具体的な内実は、契約によって決まる部分も大きいものの、少なくとも主観的に努力したというだけでは十分ではなく、受任者に即して社会的に期待される能力、知識などに応じた客観的な水準が求められる。いわゆるプロフェッショナルとしての水準と考えてもいいだろう。

　なお受任者の報酬に関して、民法648条は「受任者は、特約がなければ、委任者に対して報酬を請求することができない」としており、また委任の解除に関して、民法651条は「委任は、各当事者がいつでもその解除をすることができる」（1項）とするとともに、相手方に不利な時期に委任の解除をしたときなどは、「相手方の損害を賠償しなければならない。ただし、やむを得ない事由があったときは、この限りでない」（2項）としている〔※〕が、実際には契約でこれらとは異なる内容が定められることが多い。

善管注意義務の判定

　善管注意義務を果たしていたかどうかは、事故や不適切な事態などが生じたときに問題となる。

　たとえば年金基金の運用であれば、「プロとしての運用」をおこなっていたかどうかが問われる。しかしプロが最善の努力を尽くして運用したとしても、失敗して損をすることはある。したがって単純に結果の巧拙から、注意義務を

123

果たしていたかを判断するのは適切ではないが、だからといって年金運用の意思決定・履行プロセスなどの適正さを評価するのも難しい。

福祉の領域では、いわゆる介護事故や看護事故に関して、その場において相手に合わせて、いわば当意即妙に注意義務を尽くしていたかどうかが問われることがある。介護老人施設で、トイレでの介護を拒否した利用者がトイレ内で転倒して骨折した事案において、横浜地裁2003（平成15）−3−22判決は、専門知識を有する介護義務者は、専門的見地から、介護を受けるように説得すべきだったとして賠償責任を認めたが、この判決に対する評価は分かれている。

受験予備校や英会話教室、運転免許の教習所などでも、何かの「達成」を確約するものではなく、どう考えても本人の努力しだいというところはある。それでも教え方があまりにも不適切であったり、そのプロセスで余計な損害を発生させたりするようであれば（ハラスメント等）、善管注意義務違反となることがあろう。ただ価格との関係を含めて、市場の選択に委ねられる部分もあろう。

委任や準委任は、請負のように仕事を完成することを約するものではない。それでもたとえば警備会社との契約等では、防犯が維持されたという結果こそが大切だともいえ、「警備会社も努力はしたのだが、盗まれてしまいました」ではおさまらないだろう。その意味ではやはり個々の契約の趣旨や目的によるところが大きいものといえ、ひるがえって契約締結時に慎重なリスクマネジメントを要しよう。

なお会社の取締役は、会社法355条の忠実義務（「取締役は、法令及び定款並びに株主総会の決議を遵守し、株式会社のため忠実にその職務を行わなければならない」）とともにこの善管注意義務を負っているが、これはビジネス・ジャッジメント・ルールといわれ、真剣に経営判断したのであれば、商売がうまくいかなかったなどの場合にも責任を負うものではない、と考えられている。要するに経営上の判断について、あとから結果により法的責任を云々するものではないという趣旨といえる（行政法における裁量に近いところがある→9.3）。

その他の契約類型　そのほか民法では、組合、和解、終身定期金についての定めを置いている。ただしこれらも別の法律等により律せられる部分が大きく、民法の規定は大きな役割を果たしているとはいえない。

第 6 講　契約法——債権法（1）

　とくに終身定期金の規定（689条以下）は「当事者の一方が、自己、相手方又は第三者の死亡に至るまで、定期に金銭その他の物を相手方又は第三者に給付することを約する」というユニークなものだが、日本では公的年金や保険会社の年金商品がそれらに代わる役割を果たしていることから、主として社会保障法制や保険約款の問題となり、民法の規定が前面に出ることはほとんどない。

　他方、世の中にはこれら以外にも無数の契約形態がある。このなかでは、商法や特別の法律が規定していることもある。事業者に焦点をあてて法律が設けられたり規定が置かれたりすることも多い。たとえば銀行業法、保険業法などの法律であり、あとで扱う行政法にあたる（→9.1）。

電 子 契 約 法

いわゆる電子契約については、「電子消費者契約に関する民法の特例に関する法律電子契約法」により、消費者が申込みをおこなう前に、消費者の申込み内容などを確認する措置（再度のクリックの要求等）を事業者側が講じないと、要素の錯誤にあたる操作ミスによる消費者の申込みの意思表示は無効となる（→4.2）。ネットでの取引などで、しつこく確認のためのクリック等を求めてくるのは、この規定との関係があるからである。

キャンパスライフと法

バイトや就活などについての諸問題は、基本的に労働法の領域になる。たとえば仕事はいつでもやめられるか、賃金を払ってもらえなかったらどうなるか、残業は断っていいのか、また就活でのトラブル等々である。

　ただしこれらも民法のバリエーションというところはあり、民法の基本を押さえておくことが大事になる。たとえばすでにみたように、賃金債権は、先取特権として保護されている（→5.1）。会社からの解雇（クビ）は、それほど自由にはおこなえない（→9.3）。またバイトの仕事をしているなかで、お客さんに損害を与えたらどうなるかは、次に扱う不法行為の問題になる（→7.3）。

　なお逆にバイト中に自分がケガをしたらどうなるか。そのときには労災保険が適用され、この辺は社会保障の領域になる（社会保障は、実はこの本の著者の専門領域である）。いずれにせよ、「契約でこう決まっていますから」という言辞にごまかされないように気をつける必要がある。

学問への扉

1．そもそも契約とは

　ニーチェによれば、さかのぼれば債権／債務から、社会は始まっているという。約束のある種の負い目が、契約法と道徳（とくに宗教）を、さらにいえば社会の基本を作っているのである（『道徳の系譜学』）。

　ところが日本的な契約意識や契約慣行は、比較法文化にかかる格好の議論の対象となってきた。とりわけ取り上げられるのが、日本人が契約に挿入する、いわゆる誠実協議条項──「何かあったら、誠実に話し合う」旨の条項──であり、それに象徴される契約関係への見方である。

　アメリカ的な感覚では、この手の条項は理解不能である。アメリカでは契約プロセスで何かあったときのために分厚い契約書を交わしておくのであり、そうでなければ契約条項をあれこれ考える意味がない。いわば事前のリスクマネジメントとして、膨大な条項を用意しておくのである。

　この点で「何かあったときには、腹を割って話し合えばいい」と構える日本人の契約意識との懸隔は大きい（日本の民法学では逆に、契約は債権者と債務者との共同体だという見方もある）。

2．近代法における契約

　近代社会において、法的な関係を結ぶ際のもっとも基本的な手法は契約である。「身分から契約へ」（H. メイン）ともいわれるとおり、契約というスキームが、近代社会のダイナミズムをもたらした原動力なのである。

　ここでは契約を結ぶことにより、幸せが増進するから、人間はそうするのだと考えられる。それはたとえばレストランで食事をすると、しない前よりは幸せになるくらいの意味である。売った側も、その契約により代金が入ってきて、幸せになる。売ったら余計に損をするなら、最初から売ったりしないだろう。

　これにアメリカ契約法の考え方であり、またミクロ経済学の考え方でもあろう。一定の価格で取引が成立することにより（市場における均衡）、消費者余剰が発生するし、同時に生産者余剰が発生して、双方の幸福が増進する。

　そこでは選択の自由の確保が大切になる。そのことにより「無差別曲線が右上にシフトする」のであり、この辺はミクロ経済学の価格理論そのものである。

　だからとくにアメリカ法では、予測可能性がつくようにルールを定めておいて、

契約関係を結びやすいようにしているといわれる（樋口範雄『アメリカ契約法』）。そのことにより、人々の幸福は増進するからである。法律というルールの設定（自由への制約）が、皆の幸福を増進させるというのと同様の図式が、私人の間での契約の設定（契約を守らなければならないという制約）についても妥当するわけである。

3．現代法における契約

市場は完全情報をもととした行動を前提としているが、実際にはそういうものではない。そのことは独占による価格操作で知られていたが、より一般的に、事業者側のほうが、消費者側よりも情報を有しているという情報の偏在、情報非対称性の問題として諸学問で取り上げられるようになった。他方、逆に消費者側が私的な情報を有しているということも指摘され、経済学では中心的な課題の１つとなった（取引開始前の「逆選択」、取引開始後の「モラルハザード」の問題といわれる）。オリバー・ハートらによる「経済学における契約理論」は2016年のノーベル経済学賞を受賞している。

かつては「契約は守られなければならない」（pacta sund servanda）というのがもっとも基本的な契約の法理であった。しかしアメリカでは「契約を守らない自由」、「効率的契約違反」（efficient breach of contract）という議論がある。ある局面では契約を守らずに、たとえば別の契約に乗り換えたほうが、社会的にも効率的なので、それをルールとしても容認しているという趣旨である。

法律が定めているのが、その「効果」に過ぎないとすれば、契約違反は「いけない」のではなくて、「契約違反をしたら、賠償する」というだけのことともいえ、それを見越して契約作成段階では周到にリスクマネジメントをしておくのがアメリカ流ともいえる。しかしそこまでドライに割り切って、増進すべき利益が個人にどこまで、あるいは世界に無限にあるのかという疑問も生じる。

哲学者のベンヤミンは、「宗教としての資本主義」と言った。キリスト教が資本主義の勃興に有利に働いたのではなくて、キリスト教自身が資本主義に変容したのだという。しかもこの宗教には「祝祭日しか存在しない」のである。

25番教室の窓

法学はなぜつまらないイメージがあるのか

書店に行くと、「プロ野球の経済学」、「アイドルの経済学」みたいな本はたくさんあるし、「恋愛の社会学」、「スマホの社会学」みたいな本もある。そこでは経済学や社会学は、単なる書名として使われていることもあるし、それなりに本格的な経済学的分析や、社会学的な分析がされていることもある。

しかし、「アイドルの法学」とか「プロ野球の法学」というような本は、皆無である。「結婚の法学」、「スポーツの法学」というような本はあるが、まさに実務書であり、法律相談の内容を集めた本である。それは医学などの他の実学でも同様で、あるのは実務書であり、実務相談の本である。

いわばプロとしての本しかないのであり、専門外でも楽しく読める「知的な面白本」みたいなのは、なかなか作れないのである。そのことは、法学を孤高の地位に置くとともに、条文の丸暗記のイメージも重なって、つまらないイメージにもつながっているのだろう。

しかし学生時代、法学をそこそこ習得すると、世の中の多くの事柄は、法律的な言語で置き換えられることが分かり、それはなかなか痛快な感覚だった。

とりわけ日常生活において、不満足な感情や物言いは、それを法的に表現することが可能である。たとえば「話が違うじゃないか。どうしてくれる」というのは、「債務不履行である。損害賠償を請求したい」と表現できる。足を踏まれたら、たとえ相手が「わざと」ではなくても、「過失による不法行為である。治療費を請求したい」と表現できる。言われたほうは、ちょっと怯む。

つまり、いつでも瞬時に高度な知的武装ができるような、あるいは知的なスーパーマンに「変身」できるみたいな感覚があった。そういう練習は、法律を理解し、活用するための有効なステップともなるだろう（ただし生兵法を振り回すことはお勧めしない。法律は弱いもののためにある）。

もうひとつ、法学が痛快なのは、何といっても「きっぱりと」決断を下すところだろう。このケースでは離婚できるのか、できないのか。このケースでは損害賠償は求められるのか、求められないのか。この物の所有権者は誰なのか。

慎重な調査・分析やら、気の利いたコメントやら、堂々巡りの議論に対して、「それで、結局どうなるんだ。何もこの問題への結論が出ないじゃないか」と言い放ち、それらは一線を画した「潔い決断」をおこなえる点が、他の学問とは異なる魅力だと思う。

第7講　不法行為法——債権法（2）

7.0　事故は決して起きてはならないというけれど
【introduction】

　ある国の大統領のところへ抜け目ない切れ者が訪れてこんな取引を提案した。

　「お国の経済がぱっとしませんですねえ。立て直しのお手伝いをさせていただければ光栄に存じます。それはそれはものすごい新技術が発明されまして、これをお譲りしましょう。GDP も雇用も二倍、二倍ですよ。ただしですね、ひとつ条件がございまして、お国の人口から毎年二〇〇〇〇人、ええ、お若い方が多くはなりましょうが、そのお命を頂戴したいのです」。

　大統領はうろたえて後ずさりし、一も二もなく男を追い払った。かれがそうやって拒絶したのは……自動車の発明であった。

（ピエール・デュピュイ『経済の未来』）

　世の中には、小さな事故から大きな事故まである。天災も人災もある。故意による犯罪もあるが、過失による事故も、加害者に「悪気」がない分、深刻でもある。しかし事故に際しては、その責任を負う者がいれば、被害者に対して、責任をとるのが原則である。

　悲惨な事故があると、「二度とこういう事故が起こってはならない」などといわれる。しかし、本当に二度と起こっては困るのなら、その原因となる事柄自体をやめるしかない。思想家のポール・ヴィリリオがいうように、鉄道の発明とは鉄道事故の発明であり、船舶の発明は船舶事故の発明であり、原発の発明は原発事故の発明なのである（『アクシデント　事故と文明』）。

　だから「どのみち事故は起きるのだ」という前提で考えざるを得ず、そうだとすれば、どうしても事後的な対処法を用意しておかなければならない。そのなかで、一定の要件のもとで、原則として金銭賠償により解決を図るのが不法行為法であり、現実的な役割を担っているように思われる。

　この第7講では、契約と並ぶ債権の発生原因である不法行為を中心に具体的な例でみていきたい。

7.1 スマホを見ていて人とぶつかったら
【不法行為（1） 過失、因果関係】

債権・債務の発生原因のうち、不法行為（民法第3編「債権」の第5章）は、契約との二大領域をなす。不法行為法は、条文は多くないが、扱う領域は非常に広い。

不法行為とは 不法行為について、一般的には民法709条で「故意又は過失によって他人の権利又は法律上保護される利益を侵害した者は、これによって生じた損害を賠償する責任を負う」とされている。民法のもっとも重要な条文の1つである。

広く、人に害を与えてしまった場合が不法行為である。喧嘩もそうだし、キャッチボールをしていて窓ガラスを割ってしまったというのもそうだし、スマホの画面に気をとられて人とぶつかったというのもそうだし、騒音やプライバシー侵害なども民事上はおもに不法行為の問題となる。ちなみに交通事故や失火、原発事故なども典型的な例といえるのだが、制度的に特別法が整備されていて、民法の一般的な議論が必ずしもあてはまらないことがある。

いわゆる医療過誤や介護事故なども、裁判では不法行為の問題として処理されることがあるが、当事者間には契約関係があることから、すでにみた債務不履行（注意義務違反や安全配慮義務違反）の問題として扱われることも多い。いわば債務不履行と不法行為の中間的な領域の1つといえる（ギルモアというアメリカの学者はこれを contract と tort の混合として、"contort" と呼んだ）。

このような場合の理論構成については大きな議論があるが、1つの法的紛争である以上、債務不履行か不法行為かという法的構成によって、結論がまったく異なってくるということは妥当ではないだろう（裁判でも、弁護士は大体両方の成立を主張して、どちらか片方でいいから認められるように立論する）。

過失 民法709条の故意・過失のうちで、民法で主に問題となるのは「過失」である。過失がなければ、責任を負わないというのは、近代市民法の原則の1つでもある。ちなみに故意というと「わざと」ということになるから、犯罪なども入ってくる。刑法上の犯罪ではむしろ故意が中心的な問題だといえる。

「過失」というと、うっかりしたミスという語感であるが、不法行為法では

それよりは客観的にとらえられている。つまり主観的に集中力を切らさずにいたかどうかではなく、客観的な注意義務違反（予見義務、結果回避義務）があったかどうかを通説は判断基準とする。

たとえば高速道路を逆送して事故を起こしたら、たとえ主観的には全神経を集中していたとしても、客観的に注意義務違反（場合によっては故意）による事故招致だといえる。セクハラやパワハラにしても、「そんなつもりはなかった」という言い訳が通るかどうかは、主観的な意図ではなくて、客観的な注意義務を果たしていたかという基準で評価されることになる。

逆にまったく結果を予見できないような場合、あるいは結果を予見していても、次にみるように、どうしようもないような場合などは、その行為（過失）と損害の間に因果関係があったとしても、不法行為は成立しない。

この具体的な判定はきわめて困難で、多数の判例があるが、一般的な定式として引き合いに出されることが多いのが、アメリカ法の「ハンドの公式」といわれるものであり、これは「Ｂ（回避コスト）＜Ｐ（損害発生の蓋然性）×Ｌ（被侵害利益の重大さ）→過失あり」という形で定式化されている。

たとえば医療でいえば、一定の処置により、小さい確率での副作用は予見されていたとしても、もしこれをおこなわなければ確実により深刻な事態になるという場合を考えてみると、予見可能性はあるが、結果回避にかかる費用が大きいため（この場合は、処置をやめれば、より甚大な被害が生じるので）、過失はない、という結論を導くことができる。

不法行為の機能と政策的な判断　不法行為の機能としては、被害者の救済（これを通じた正義の重視）と将来的な不法行為の抑止が挙げられる。日本では前者が重視されるが、アメリカでは後者が大きな位置を占めているといわれる。これらの基本的なウェイトの置き方が、個別の案件への法的評価に影響する面は大きい。

被害者の救済という機能を重視すると、過失を広く認める方向に傾く。たとえば危険を伴う行為に反覆的に携わる者は、多かれ少なかれ事故の発生を予知できるのだから、賠償責任保険に加入することも可能であり、逆に保険加入を前提とすれば、責任を幅広く認めることも可能となる。これを制度化したのが、たとえば自賠責保険の領域だといえる（→7.3）。

その逆も考えられる。たとえばさしたる損害は生じていなくても、将来的な

再発防止を図るために、あえて過失を認定して、賠償を命じるということもあり得る（これらの観点から、アメリカでは実際の損害額を超える懲罰的賠償や、逆に名目的賠償が命じられることがある）。

とかく裁判では「勝訴か敗訴か」だけが結果として取り上げられがちだが、「勝つには勝ったが、ごく一部の賠償額が認められただけ」という場合も少なくない（法学では、その帰結まで意識しておく必要がある→2.3）。

因　果　関　係　このような過失（および故意）と因果関係がある損害が賠償の対象となる。ただしこの因果関係についても、事実的・自然的な因果関係とは違って明確に判断できないことが多く、しばしば問題となる。

たとえば物騒な例だが、大学に飛行機が落ちてきたというケースで考えると（実際に2004年には沖縄の大学にアメリカ軍のヘリコプターが落ちてきた）、墜落自体により周囲に直接的な被害を与えた場合は当然賠償対象だが、そうではなく、それを遠くから見た人が驚いて心臓発作を起こしたとか、その映像をテレビで見ていた人がPTSDを起こしたとか、因果関係は拡がっていく。さらに事故のせいで交通渋滞が起きて、そのせいで商談やデートに遅れて商機や婚期を逃したとか、どこまでも因果の連鎖は止まらない可能性がある。

そこで伝統的な通説は、「相当因果関係」という形でその範囲を画してきた。具体的にはすでにみた債務不履行に関する民法416条を類推適用する（賠償範囲は通常損害と、予見可能な特別損害に限られることになる→6.2）。近時はより分析的に把握する立場が有力だが（事実的因果関係・保護範囲・損害の金銭的評価の3つに分けて評価する）、結局のところ、ある程度は政策的な価値判断とならざるを得ない。すなわちこのような過失に伴って、どこまでの損害を行為者に賠償させるのが妥当かという法的・規範的な判断ということになる。

さらにこの損害の原因が必ずしも特定できない場合、あるいは他の要因も競合していた場合等々には、きわめて微妙な判断が迫られる。たとえばかつての公害や原爆症、薬害の認定などにみられるように、因果関係の判定や救済・賠償範囲は、社会的にもしばしば問題となる。世の中の事象は、ある意味ではすべて因果関係でつながっているので、どこかで因果関係の切断・限定をおこなう必要がある（サブカテゴリーを用いて決断をおこなうものといえる→2.2）。

被害者救済と無過失補償 より一般的に不法行為法において、もし被害者の救済を最優先にすれば、過失は広く認めて、さらには無過失に近づけることが考えられる。同時に保険への加入とタイアップして、事故のリスクに備えるという方向である。

そこで被害者救済の観点から、一定の領域では無過失補償とすべきとの主張もある。すでにみたように自賠責保険はそれに近い制度になっている（→7.3）。

とくに医療過誤は、法的には不法行為と債務不履行の中間領域といえるが、事柄が専門的であるのに加えて、「密室性」により患者側は証明の手段に乏しく、過失や注意義務違反の証明が難しいことを受けて、議論を経て産科領域について、産科医療補償制度がスタートしている（2009年）。

医療全般での事故補償のあり方についても引き続き議論されているが、不法行為法には、被害者救済として損害に対して金銭が払われればいいというだけではなく、正義の観点から事故の責任を問題にするという契機もある。その意味では保険で全部すませてしまう（加害者側の「自腹」が痛まない）というのは問題をはらんでいるといえるし、「事故が起きても保険から払われるから」という態度（いわゆるモラルハザード）も生じうる。これらの双方を見据えた解決が求められ、無過失補償を導入することの得失は慎重な検討が必要だろう。

アリストテレスの整理によるならば、配分における正義と、矯正における正義のどちらも重要である（『ニコマコス倫理学』）。

キャンパスライフと法 たとえば教員が授業で居眠りしている学生を少し厳しく注意したら、学生がショックを受けて、その日の帰りがけに自殺してしまったというような場合、教員の不法行為になるのだろうか。

教員の行動が学生の自殺の原因になっていることは間違いない。しかし、居眠りを注意するのは教員の職務であるし、普通はそのくらいで自殺してしまうとも考えづらい。過失も、相当因果関係も、ただちには認められそうにない。

ただし、とくに学生側に心身の特性がある場合（メンタル面での不安定、希死念慮やナルコレプシー（睡眠障害）など）には、教員側が学生の特性を把握しているべきだという議論はあり得る（障害者への「合理的配慮」の問題といわれる）。もっともそれら学生の個々の事情を教員がすべて把握するというのもまた難しい。同様の点は職場での上司と部下の間についても妥当しよう。

7.2 命にも値段がつけられている

【不法行為（2） 損害の賠償】

不法行為法の中心的な効果は損害賠償であるが、ありとあらゆる事故などによる権利侵害が対象であるだけに、その損害の評価はなかなか複雑である。

不法行為による損害　不法行為が成立すれば、それによって生じた損害が賠償対象となる。この損害の種類は通常、積極的損害、消極的損害、精神的慰謝料の3つに分けられる。

たとえば自転車でうっかり人にぶつけてしまったという例で考えると（自動車でも同じなのだが、自賠責保険が関係してくるので、ここでは自転車の例にする）、積極的損害とは、ケガの際の治療費など、積極的な意味で損害（マイナス）が生じているものを指す。これに対して消極的損害とは、ケガで入院したため、その間に得られるはずの賃金などの収入が得られなかったという場合など、いわば消極的な意味で損害が発生した（プラスになるはずのところがゼロになった）というものを指す。後者については逸失利益といわれる。

また精神的慰謝料とは、死亡等についての精神的な損害に対するものである（実際的には損害額の調整という意味合いも担うことが多い）。民法710条は「他人の身体、自由若しくは名誉を侵害した場合又は他人の財産権を侵害した場合のいずれであるかを問わず、前条の規定により損害賠償の責任を負う者は、財産以外の損害に対しても、その賠償をしなければならない」としている。

実際には損害はより多様で、最近ではネットでのなりすましによる名誉毀損に対して、発信者探索の弁護士費用が損害として認められた例がある（大阪地裁2017（平成29）-8-31判決）。なお民法721条は、「胎児は、損害賠償の請求権については、既に生まれたものとみなす」としている。

賠償の方法　不法行為では、民法417条（722条により準用される）により、金銭賠償が原則である（→6.2）。

ただし判例では例外的に差し止め請求も認められることがある。被害の発生が確実に予測されて、事後的な救済では十分ではない、公害や騒音、日照権侵害などの生活妨害の領域で、しばしば差し止めの可否が問題となる。

また名誉毀損に関しては、民法723条が「他人の名誉を毀損した者に対しては、裁判所は、被害者の請求により、損害賠償に代えて、又は損害賠償ととも

第7講　不法行為法──債権法（2）

に、名誉を回復するのに適当な処分を命ずることができる」としている。

死亡損害

とりわけ難しいのは、生命侵害についての評価である。というのは、人を傷つけた場合、その傷が重いほど治療費も多額になるので、積極的損害（したがって賠償額）は大きくなる。ところがその究極の重い損害である死亡にまで至ると、もう治療は必要ないということになり、少なくとも積極的な損害としては、遺族に葬祭費用が生じるくらいで、かえって「安上がり」になってしまう。

また精神的慰謝料についても、たとえば本人の精神的な損害を考えると、即死せずに重傷を負って、本人が慰謝料を請求し、後日、本人が亡くなると、それが遺族に相続されるが、そうすると即死の場合は、かえって金額は少なくなるのかという疑問が生じる。

すでにみた消極的損害、逸失利益という考え方自体も、大きな問題を抱えている。たとえば高い収入を稼いでいる人が事故に遭って働けなくなると、大きな逸失利益（事故がなければ得られるはずだったのに、事故のせいで得られなくなった利益）が生じる。逆に、あまり稼いでいなかった人が事故にあっても、少ししか逸失利益は発生しない。さらにいえば無収入の人（たとえば専業主婦や学生、ホームレスの人）は、逸失利益ゼロということになるし、他の人からお世話をしてもらっていた人（たとえば重度の障害者）が事故に遭って亡くなると、介護費用等が必要なくなり、その限りで逸失利益どころか、周囲の人にとっては少なくとも財産的にはプラスになるということもあり得る。

これらは常識的にはヘンなので、いろいろ議論されてきているが、理論的に割り切れるものでもなく、実務的には各種の損害を合計して、交通事故の領域を中心に、他の類似領域と比べてバランスが取れるような水準での判決が蓄積されていて、それらの先例に依拠しながら損害額が算定されている。

交通事故については、通称青本と呼ばれる「交通事故損害額算定基準」（日弁連交通事故相談センター本部）、赤本と呼ばれる「民事交通事故訴訟損害賠償額算定基準」（日弁連交通事故センター東京支部）が実例を収集している。

過失相殺

民法722条は、「被害者に過失があったときは、裁判所は、これを考慮して、損害賠償の額を定めることができる」としており、これを過失相殺という。これは被害者側にも落ち度があった場合に、本来の賠償額から、一定程度（たとえば3割とか5割とか）を減らす

135

という方法である。たとえば道路から被害者が急に飛び出してきて発生した交通事故などである（ただし自動車事故については、自賠責保険で特別の取り扱いがされる）。

この過失相殺は、損害額の調整という意味で、喧嘩両成敗・痛み分けというような日本的な思考になじみやすいところがある（判例では被害者側の心因的素因等による減額などにも過失相殺を類推適用することがある）。逆にアメリカ法では、被害者側にも過失があれば賠償を認めないという法理（寄与過失）があり、きっぱりと「権利がある／ない」を決断する傾向がある（→2.3）。

不法行為の時効　民法総則のところでみたとおり（→4.5）、民法724条は消滅時効の特則として、不法行為による損害賠償の請求権は、（1）被害者またはその法定代理人が損害及び加害者を知った時から3年間行使しないとき（人の生命又は身体の侵害については5年間（724条の2））、（2）不法行為の時から20年を経過したときは、時効によって消滅するとしている〔※〕。

刑法の領域では、2010年に重大な犯罪に関する公訴時効が廃止ないし延長された。不法行為には犯罪行為も含まれるので、不法行為の民事上の時効のあり方とも関連は深いといえる。もっともすでにみたように、時効は制度趣旨が錯綜している。一方では、不法行為をおこなっていない者を保護する必要があるが（刑法に即していえば、冤罪の防止）、本当に不法行為があった場合には、時効によって正義に反する結果がもたらされないように注意を要する。

金銭賠償の意味　不法行為にせよ、債務不履行にせよ、金銭賠償が原則になっている点については、疑義があってもおかしくない。

実際、債務不履行では履行の強制や間接強制ということはあり得るし（→6.1）、不法行為では、例外的に差し止め請求が認められることもある。それでも、うまくいかなければ最後は金銭で決着をつけるしかない。そこに法学の限界を見ることは可能だろう。ただ以下の点は指摘することができる。

第一に、金銭により回復される部分はあるし、どのみち「もとには戻らない」とすれば、金銭でしか解決できないというところはある。逆にいえば「もとには戻らない」のだから金銭賠償も要らないという人は少ないのではなかろうか。

第7講　不法行為法——債権法（2）

　第二に、それは行為の重さを量ることにはなるし、行為規範として今後の抑止にもなる。少なくとも過失の成否が微妙である場合、このくらいの注意義務を果たさなければ賠償責任が生じるのだ、というラインを示す意義は大きい。

　さらにいえば、賠償額の多寡は、いわば責任の大きさを示す場合があろう。もっともすでにみたように、賠償額の算定ではあくまで実際の損害額に徹するというのが基本である（差額説という）。それでもいわゆる精神的賠償の水準において、被害者へのダメージの大きさをあらわすことは可能であろう。

　第三に、「金銭よりも真実の究明を」とか「謝罪を」と言われることも多いが、それならたとえば真実が究明され、謝罪があれば、それだけで被害者側は十分満足できるのかという疑問がある。ちなみに憲法上の「良心の自由」との関係からも、国家機関による「謝罪の強制」は難しい（謝罪広告を求めるところまでがボーダーラインとされる→10.2）。

　ただ、あわせてより踏み込んだ履行方法を考える余地はあろう。たとえば定期金賠償（毎年、事故を引き起こした日に一定額を支払わせる等）とか、ボランティア活動をさせるとか、また懲罰的損害賠償などである。

　金銭賠償は、隔靴掻痒の感があるにせよ、一定の役割は担っている。その意義と限界を考えることが大切であろう。

　キャンパスライフと法　不法行為に該当する行動の態様と、損害額との間には、直接の関係はなく、いいかえればどんな損害額になるかは偶然に左右される。

　たとえば廊下を不用意に走っていて、誰かにぶつかったら、それは走っていた人間の不法行為だといえる。そこでぶつかった相手がたまたま運んでいた高価な物品を落として壊してしまったら、その高い金額が賠償額になるし、壊したのが安いものなら賠償額も安く済む。単にぶつかっただけなら普通は損害は生じないし、逆に屈強な人にぶつかって、自分が傷を負ったら自業自得である。

　まったく同じ行為でも、帰結としての損害額は大いに異なる。「道徳上の運」だといえる（→第7講学問への扉）。セクハラ等にしても、まったく同じ言動であっても、相手によってはまったく異なる帰結となり得る。ただ、どのみち不用意な言動を避ければ、そういう事態にはならないということはいえる。

7.3　未成年なら許されるのか

【不法行為（3）　特殊な不法行為】

　一般的な不法行為についての内容をみてきたが、不法行為にはさまざまなバリエーションがある。とくに重要なものについてみておきたい。

主体についての特則　不法行為の主体については、いくつか重要な規定がある。

　民法712条は、責任能力に関して「未成年者は、他人に損害を加えた場合において、自己の行為の責任を弁識するに足りる知能を備えていなかったときは、その行為について賠償の責任を負わない」としている。

　また民法713条は「精神上の障害により自己の行為の責任を弁識する能力を欠く状態にある間に他人に損害を加えた者は、その賠償の責任を負わない。ただし、故意又は過失によって一時的にその状態を招いたときは、この限りでない」としている（「ただし書き」は泥酔中などを想定している）。だから未成年者や精神障害者自身は基本的に責任を負わない。

　すると、もし未成年者等が人に損害を与えたらどうなるのだろうか。民法714条は「前二条の規定により責任無能力者がその責任を負わない場合において、その責任無能力者を監督する法定の義務を負う者は、その責任無能力者が第三者に加えた損害を賠償する責任を負う。ただし、監督義務者がその義務を怠らなかったとき、又はその義務を怠らなくても損害が生ずべきであったときは、この限りでない」としている。すなわち子どもなどによる不法行為については、結局は親などが責任を負って賠償をおこなうケースが多いことになろう。

　しかも「監督義務者」（たとえば親）が監督を怠らなければ、誰も責任を負わない——つまり損害は被害者のもとに「とどまる」ということになる。これは被害者にとっては理不尽なことではあるが、たとえば自然災害であれば、多くの場合は請求する相手はいないわけで、それと同じことだとはいえる。

最近の判例　しかしその境界線は微妙であり、とくに次の事案は大きな社会的議論を呼び起こした。すなわち家を出て徘徊中に鉄道事故に遭った認知症高齢者の家族に対して、JR東海は家族の監督義務に違反していたとして、振替輸送費など約720万円を支払うよう求めて提訴し、地裁・高裁では請求を認めていたが、最高裁2016（平成28）－3－1判決

は以下のように述べて家族の監督責任を否定した。「認知症により責任を弁識する能力のない者Aが線路に立ち入り列車と衝突して鉄道会社に損害を与えた場合において、Aの妻Y1が、…Aの介護に当たっていたものの、当時85歳で左右下肢に麻ひ拘縮があり要介護1の認定を受けており、Aの介護につき…補助を受けていたなど判示の事情の下では、Y1は、民法714条1項所定の法定の監督義務者に準ずべき者に当たらない」。

　この分野については、他にも重要な最高裁判例が出されている。すなわち校庭から転がり出したサッカーボールを避けようとして起きた転倒事故について、ボールを蹴った子供の親が監督責任を負うかという事案で、最高裁2015（平成27）－4－9判決は以下のように述べて親の監督責任を否定する判決を出した。「親権者の直接的な監視下にない子の行動についての日頃の指導監督は、ある程度一般的なものとならざるを得ないから、通常は人身に危険が及ぶものとはみられない行為によってたまたま人身に損害を生じさせた場合は、当該行為について具体的に予見可能であるなど特別の事情が認められない限り、子に対する監督義務を尽くしていなかったとすべきではない」。

　いずれも事故や損害は実際に発生しているのが難しいところである。徘徊する高齢者やサッカーボールを、自然災害と同視できるかということでもあろう。

使用者責任　責任主体に関しては、いわゆる使用者責任の規定もある。民法715条は、使用者等の責任として、「ある事業のために他人を使用する者は、被用者がその事業の執行について第三者に加えた損害を賠償する責任を負う。ただし、使用者が被用者の選任及びその事業の監督について相当の注意をしたとき、又は相当の注意をしても損害が生ずべきであったときは、この限りでない」としている。

　これにより、たとえば会社の従業員が仕事の上で事故を起こした場合には、その人が所属する組織が賠償責任を負うということになる。これは会社などの組織の一員である従業員の、いわば「歯車」としての活動が事故を引き起こした場合、その「歯車」自体に責任があるというよりは、組織の方に責任があるとみるべきだからである。従業員のおかげで事業が成り立っているのだから、それに伴う損害の責任も事業者が引き受けるべきだともいえる（報償責任、また危険責任などといわれる）。また実際的には組織自体の方が、賠償資力がある

という点も大きい。自然人と異なり、法人はあくまでフィクションとしての存在であるが、そこには固有の意味があるといえる（→4.7）。このような条文の趣旨から、「ただし書き」の免責が認められることはほとんどない。

　ただしその従業員自身に固有の落ち度があった場合は、被害者に対しては組織が責任を負うものの、組織から今度はその事故を直接引き起こした従業員に賠償の補塡を求めることがあり、これを求償権の行使という（715条3項）（もっともやはり条文の趣旨から裁判で求償権が認められることはほとんどない）。

工 作 物 責 任

不法行為のやや特殊な類型として、工作物責任というものがある。

　民法717条は、土地の工作物等の占有者及び所有者の責任として、「土地の工作物の設置又は保存に瑕疵があることによって他人に損害を生じたときは、その工作物の占有者は、被害者に対してその損害を賠償する責任を負う。ただし、占有者が損害の発生を防止するのに必要な注意をしたときは、所有者がその損害を賠償しなければならない」としている。

　これはたとえば建物に欠陥があり、通行人などに損害を与えた場合、その建物を作った人ではなく（過去にさかのぼって実際に建物を作った人を探し出して、その責任を追及するのは現実的ではないことが多いだろう）、建物の占有者や所有者が責任を負うというものである。

　この工作物責任は、建物の占有者や所有者自身の過失を要件としていないので、いわゆる無過失責任といえる。たとえば大学の建物が崩れて学生がケガをした場合、施工業者等ではなくて、大学に責任を問いたくなるのは当然でもあろう。あわせて放置していた行政の責任が問題となることもある（→9.6）。

　なお動物占有者についても、民法718条は「動物の占有者は、その動物が他人に加えた損害を賠償する責任を負う。ただし、動物の種類及び性質に従い相当の注意をもってその管理をしたときは、この限りでない」（1項）、また「占有者に代わって動物を管理する者も、前項の責任を負う」（2項）としている。

重 要 な 特 別 法

不法行為関係では重要な特別法も多くある。そのいくつかを挙げておきたい。

　第一に、「失火ノ責任ニ関スル法律」は、失火者の責任を、重大な過失がある場合に限定している。木造家屋の多い日本では、過失責任では失火者の責任が重くなりすぎるためであり、いいかえれば延焼のリスクは、いわば自然災害

第 7 講　不法行為法——債権法（2）

に類したものとして、自ら火災保険により備えることを求めるものともいえる。

　第二に、製造物責任法（いわゆる PL 法）は、製造物の欠陥により人の生命、身体又は財産にかかる被害が生じた場合における製造業者等の損害賠償の責任について定めている。過失を要件としておらず、製造業者等に重い責任を課したものといえるが、「欠陥」の有無について争われることはある（たとえばその製造物の使い方が悪かった場合）。

　第三に、自動車損害保障法がある。いわゆる自賠責であり、保険への強制加入を前提に、運転者の責任を高く求めるものである（→7.1）。

　その他、国家賠償法（→9.6）、原子力損害賠償法などの特別法がある。これらにおいても、保険とのセットが想定されている。

共同不法行為等

複数の加害者が関与したケース、すなわち共同不法行為について、民法719条は「数人が共同の不法行為によって他人に損害を加えたときは、各自が連帯してその損害を賠償する責任を負う。共同行為者のうちいずれの者がその損害を加えたかを知ることができないときも、同様とする」としている。

　また正当防衛および緊急避難に関して、民法720条は「他人の不法行為に対し、自己又は第三者の権利又は法律上保護される利益を防衛するため、やむを得ず加害行為をした者は、損害賠償の責任を負わない。ただし、被害者から不法行為をした者に対する損害賠償の請求を妨げない」としている。

キャンパスライフと法

飲食店でバイトをしていて、皿をひっくり返してお客さんの着物や荷物をダメにしてしまったとする。この場合、怒った店主がバイトの人に対して、お客さんに直接賠償するように命じたとしても、これは典型的な使用者責任のケースであり、一義的な賠償主体は店（店主）の方にある。バイトが働いてくれているおかげで店を経営していたのだから、それが当然だということになる。

　そうしたあとで、店からバイトの人に「穴埋め」を求められるかどうかは、労働契約の問題となるが、故意や重過失の場合でなければ、普通は求償は認められない（判例・通説）。いいかえれば店の側のリスクマネジメントの問題である。

　ただし店の商品を用いた悪ふざけなどは、故意による不法行為なので、当然賠償対象になるし、それに伴う営業面での（たとえば評判低下による）損害なども賠償対象に含まれ得る。

7.4 人助けを途中でやめてはいけない
【不当利得・事務管理】

　債権の発生原因としては契約と不法行為以外に、不当利得と事務管理がある。不当利得は実務的に重要で、また事務管理は理論的に興味深い制度である。あわせて財産法の締めくくりとして、民事訴訟法についてふれておきたい。

不 当 利 得　債権の発生原因のうち、不当利得（民法第3編「債権」の第4章）については、そもそもいろいろな種類・性格のものが混じっているといわれるが、大雑把にいえば財産的にアブノーマルな状態をもとに戻す必要があるときに、一般的に不当利得の返還という形がとられる。いわばもろもろの財産関係の「裏返し」であり、これらのことから不当利得は民法の「箱庭」といわれたりする。

　具体的には民法703条は不当利得の返還義務として、「法律上の原因なく他人の財産又は労務によって利益を受け、そのために他人に損失を及ぼした者は、その利益の存する限度において、これを返還する義務を負う」としている。

　これまでに扱った例でいえば、たとえば詐欺による意思表示を取り消すと、支払った代金は相手方の不当利得になるので、返還を請求できることになる。

現存利益について　この「利益の損する限度において」は、現存利益といわれるのだが、これが簡単ではない。たとえば食堂で、他人の注文した物が、自分のテーブルに供されたので、食べてしまったというように、すでに消費してしまったという場合は、もう返しようがないといえる。しかしそのことで食事代が浮いたとすれば、その分は現存利益があるともいえ、ケースバイケースで考えるしかない。「価値の返還請求権」rei vindicatio（レイ・ヴィンディカチオ）の問題といわれる。

　なお悪意の受益者の返還義務について、704条は「悪意の受益者は、その受けた利益に利息を付して返還しなければならない。この場合において、なお損害があるときは、その賠償の責任を負う」としている。

不 法 原 因 給 付　民法708条は「不法な原因のために給付をした者は、その給付したものの返還を請求することができない。ただし、不法な原因が受益者についてのみ存したときは、この限りでない」としている。これを不法原因給付という。

第7講　不法行為法──債権法（2）

　たとえば違法薬物の売買が終わったあとで、売主から買主に対して、やはり違法薬物の取引は無効なので、薬物を返せというのはおかしい。もっとも具体的にあり得るケースをいろいろ考えると難しいところがある。

　たとえば「人を殺してくれ」と依頼して、金銭を渡したとする。これはどう考えても無効の契約であるが、だからといって「これ、無効でした」といって、依頼者が殺し屋に対して金銭の返還請求をおこなって、そこで裁判所が返還を命じるとか、それでも返さなかったら強制執行とか、どうもヘンである。

　しかしながら逆にこれらを認めないと、契約は無効だといいながら、契約の有効性を認めることになってしまうのではないかという疑問もある。代金が支払われて、殺人が実行されることになれば、まさに契約通りではないか。

　相当な難問であり、実は708条の条文自体、起草時に起草者間で意見が分かれたところであった。判例では両方の当事者が「悪い」ときには、「どちらがより悪いか」により判断するといったりしているが、苦しいところではある。

事　務　管　理

最後に債権の発生原因としてはやや特殊なものとして、事務管理（民法第3編「債権」の第3章）にふれておきたい。合意によりお互いにとって「いいこと」をするのが契約、合意もなく相手方にとって「よからぬこと」をするのが不法行為だとすると、組み合わせとしては、合意もなく相手方にとって「いいこと」をするというパターンが考えられる。これを民法では事務管理と呼んでいる。頼まれたわけではないが、他人の事務を管理するという意味合いである。

　小さなところでは、雨が降ってきたので、隣の洗濯物を取り込んであげるというような例があるが、典型的には、道で倒れている人を（頼まれたわけではなく）助けてあげるという例が考えられる。新約聖書のルカ伝に出てくる「良きサマリヤ人の喩え」がちょうどこれにあたる。

　だから意識不明の人を介抱するとか、その人に医療処置を施すというのは事務管理ともいえ、医療や福祉サービス提供の中にはこれにあたるものも一定数あろう（もっとも実際には事後的に契約として処理されるのが普通だろう）。

　この事務管理について、民法697条は「義務なく他人のために事務の管理を始めた者は、その事務の性質に従い、最も本人の利益に適合する方法によって、その事務の管理をしなければならない」としている。

　そして「管理者は、本人又はその相続人若しくは法定代理人が管理をするこ

143

とができるに至るまで、事務管理を継続しなければならない」としている（700条）。善意ではじめたことは、もともと「やらなくてもいい」ことだからといって、いい加減な方法でおこなったり途中で放り出してはいけないわけである。

　他方、「管理者は、本人のために有益な費用を支出したときは、本人に対し、その償還を請求することができる」としている（702条）。助けてもらった側としては、あとで「別に頼んでないよ」と言って、費用を支払わないですませるわけにはいかないわけである。また「管理者は、本人の身体、名誉又は財産に対する急迫の危害を免れさせるために事務管理をしたときは、悪意又は重大な過失があるのでなければ、これによって生じた損害を賠償する責任を負わない」としており（698条）、いわば多少の失敗を許容している。

　これらを通じて、頼まれなくても「いいこと」をしたものが損をすることがないように、また助けられる側の利益にもなるように、さらにはより「いいこと」が促進されるように、ルールを定めているわけである（法学では、帰結を意識する必要がある→2.3）。「よからぬこと」の処理が中心の法律の世界で、この事務管理は例外的に「よきこと」の増進に関する部分といえよう。

　関連して、好意で預かった知人の子どもを池で死なせてしまって責任を問われた「隣人訴訟」も著名である（津地裁1983（昭和58）−2−25判決は請求を一部認容した）。

裁判手続・民事訴訟法について──補説として

財産法の締めくくりとして、民事訴訟法について少しだけふれておきたい。

　実際の裁判では、その手続が重要な役割を占めている。それらのうち私法・民事法関連は民事訴訟法等で定められている（民事訴訟法は、狭い意味での「六法」（→3.0）の1つである。なお刑法関連は刑事訴訟法である）。ここではその一端だけを紹介する。

　まず裁判において、いわゆる立証責任・証明責任は大切で、死命を制することがある。これは、事実の存否がはっきりしなかったとき（ノンリケットといわれる）どちらが勝訴／敗訴するかを定めるものである。証明責任を負う方が、それを証明できなければ、その事実があったかなかったかは「本当は」分からないのだが、「ない」ものとして扱われ、不利に扱われる。

　各条文について、どちらが証明責任を負うかは、個々に判断するしかないのだが（要件事実論といわれる）、常識的なもので、たとえば借金については「お

第7講　不法行為法——債権法（2）

金を貸したのだから、返せ」という側は、借用証等を示す必要があるし、「もう返したよ」というならば、受け取り証書や振込み履歴等を示す必要がある。

またそのように裁判では、さまざまな主張や証拠等が提出されるが、それを受けて裁判官がどう判断するかは個々の裁判官に委ねられており、これを自由心証主義という。民事訴訟法247条は「裁判所は、判決をするに当たり、口頭弁論の全趣旨及び証拠調べの結果をしん酌して、自由な心証により、事実についての主張を真実と認めるべきか否かを判断する」としている（→2.4）。

それから民事訴訟における訴訟費用は、最終的には敗訴者が負担するのが原則である（民事訴訟法61条）。この訴訟費用というのは、共通費用である。他方、弁護士費用は原則として（不法行為以外では）、各人が工面する必要がある。弁護士を立てずに「本人訴訟」も可能だが、実際上大きな問題ではある。ただし不法行為では相手方への弁護士費用の請求が認められることもある。

民事訴訟法を略して「民訴」というのだが、「民訴は眠素に通じる」といわれ（授業も眠くなる内容ばかりという意味）、もっぱら手続の話で退屈に思われがちである。しかし上記以外にも、審理対象の原則（処分権主義、弁論主義——訴訟の開始と終了、また訴訟手続の進行について、当事者が主導する）、訴訟要件（原告適格、訴えの利益等）、判決の効力（既判力等）をはじめ、そもそも裁判という土俵に上がれるか、そこではどういう風に（どういう武器で）闘えるか、どのように勝負がつくかなど、実務的にはとても重要な内容を扱う。

キャンパスライフと法　ボランティアは、別に依頼されたわけではなく自発的に活動に携わるので、いわば事務管理のようなものともいえるが、そのボランティア活動のなかで事故を引き起こした場合の責任は問題となる。

数少ない裁判例である東京地裁1998（平成10）-7-28判決は、「ボランティアが無償の奉仕活動であるからといって、それ故に直ちに責任が軽減されることはないというべきであるが、もとより、素人であるボランティアに対して医療専門家のような介護を期待することはできないこともいうまでもない」と述べている。あいまいな内容だが、やはり法的責任を重くしすぎてボランティア活動を阻害するのは避けたい（むしろ活動を促進したい）ということがあるのだろう。実際問題としては、ボランティアの運営側が、賠償責任保険に加入させておくということが多い。学生が実習活動等に行く場合も同様である。

学 問 へ の 扉

1．そもそも事故とその責任とは

　哲学者のトマス・ネーゲルは、「信号を見落とした不注意な運転手が、歩行者を轢いてしまうかどうかは、そのとき横断歩道にたまたま歩行者がいたかにかかっている」といっている。

　単なる信号無視（それだけなら違反切符を切られるくらいだろう）ですむか、過失運転致死傷の罪を問われるか（懲役もあり得る）、まったく帰結が違ってくる。しかしそこは本人とはまったく関係のない偶然の事情によって決まる。

　これをトマス・ネーゲルは『コウモリであるとはどのようなことか』というユニークな本のなかで、道徳上の運（moral luck）の問題と呼んでいる。

　1人1人の人間は、それぞれ世界のなかで、「唯一の主役」であり、同時に取るに足りない「脇役」である。その乖離から、責任を取らなければならなかったり、取らずにすんだりする。同じように行動しても、事故を起こしたり、起こさなかったりする。ひるがえって被害者としては、同じ構造のなかで、法律的な責任を追及できたり、追及できなかったりする。

　結局のところ、法律的な責任の有無は、科学的な事実解明の問題ではなく、法律的な判断の問題である。法学は、金銭的な賠償という効果との関係で、あくまで法律的な責任の有無を判定する。

　その限りにおいてその判断から「逃げてはならない」のが法学の役割だが、社会的な、あるいは道義的な責任の問題にまで一挙に決めるものではない。基本的には金銭賠償を命じるだけである。

2．近代法における不法行為

　近代法では、不法行為に関して「過失無ければ責任なし」という原則を確立した。いいかえれば事故が発生しても、その事故の発生を引き起こす過失（ないし故意）があった場合だけ、法的責任をとるということである。

　しかし近代社会では、それこそクルマの運転のように、それ自体は危険なことは多く、過失の線引きも困難になる。つまり「絶対に事故が起きないように」ということであれば、クルマの運転もできないし、医療行為もできない。

　事故による損害は確実に発生していて、それを被害者に「天災のようなものだと思って、あきらめろ」というのは酷である。そこで登場するのが、保険という手法

によるリスクへの対処である。そこでは厳密な過失の有無の判定をいわば迂回することが可能になる。その典型がドライバーの加入する自賠責保険であり、無過失補償に接近させることで、被害者救済を実現している。

　個々の事故の原因や事情を細かく調べて法的責任を追及するよりは、どのみち一定の確率で生じるのだと割り切って、実際に生じる損害を想定して、保険という手法でリスクに備えるのは合理的な１つの方法であろう。

　社会学者のフランソワ・エヴァルドは、法と保険は同じ１つの事象への２つの対応だといっている。

３．現代法における不法行為

　しかし現代では、保険という手法の限界も、また問題となっている。つまり大地震にせよ、原発事故や失業にせよ、事故の発生確率、損害の想定、ひるがえって保険料率の計算が困難であり、「保険付保の不可能性」が指摘されている。

　これが社会学者のウルリヒ・ベックが喝破した「リスク社会」といわれる状況であり、リスクといっても、従来のような計算可能な不確定性への対応（たとえば生命表をもとにした死亡保険の設計）とは一線を画している（『危険社会』）。

　また仮に確率を計算できたとしても、ごく微細な確率で生じる大損害にどう備えるかは難問である（ブラック・スワンと呼ばれる。発生した際の損害額が巨大でも、微細な発生確率を乗じると、損害の「期待値」は小さくなる）。加えて天災なのか、人災といえるのか（さらにそもそも事故なのか）も微妙である。

　純然たる自然災害にしても、その被害を食い止める余地はあったとして、何らかの法的責任が問われることは多い。たとえば地震に伴う津波は、自然災害であるが、それを予期するとともに、防波堤をきちんと整備しておくべきだったとか、津波が来た時点で適切に注意喚起すれば、被害をより小さく食い止められた等々の指摘である。

　そうすると、その矛先は、政府にも向かうことになる。哲学者のロラン・バルトは、「われわれは解釈の時代に入ったのだ。停電は決して停電ではなく、政府の過失になるのである」といっている（『小さな歴史』）。

25番教室の窓

どうしても買えない本

　本を無理に読まされるほどつらいことはない。小学生のときの読書感想文ほどつまらないものはなかった。感動したフリをして、感想文をでっち上げるのは空しい作業である。

　それでも時には人生を「丸ごと」変えてしまうような本に出会うこともある。多くの人がそういう経験を語る。ぜひそういう本と出会ってほしいと思う。

　しかしどの本が、その人の人生を変えるような本なのかは、あらかじめは分からない（恋愛と同じである）。だから、とにかくいろいろ読んでみるしかない（その点も恋愛と同じかどうかは分からない）。

　ただ、詳しくない領域については、なかなか自分では「鼻が利かない」こともある。そういうときには、信頼できる人が薦める本を、それこそだまされたと思って読んでみるのもいいと思う。

　三ヶ月章先生（前出）の授業は、学生時代にもっとも面白かったものの1つだが（まさに「民訴」で「眠素」を吹き飛ばす講義だった）、そこで諸外国の司法制度の話になったとき、田中英夫『英米の司法』という本に言及した。

　「とってもいい本です。分厚いとか高いとか言ってないで、さっさと買って、一晩で読みなさい」

　私は衝撃を受けた。実は私は当時、その田中英夫先生（前出）のゼミに所属していたのだ。だから殊勝に概説書などは買っていたものの、その『英米の司法』という本には手が出せずにいたからである。何しろ600ページ以上で、当時で五千円近くして、内容的にも学生には「とりつくしまがない」感じの本だった。

　しかしそれ以来、推薦された本や気になった本は、とりあえず「さっさと」買うようにはなった。飲み代などと比べれば、本など安いものである。そのせいで部屋は本で埋まったが、一晩で読むというのはなかなか実践できなかった。

　それでもどうしても買えなかった本がある。件の『英米の司法』である。

　今でもこの本をみると、学生時代、自分には絶対に取り付けない絶壁のように思えた記憶がよみがえる。この本に、厳しい学問の世界全体が象徴されているように感じられるのだ。

　爾来数十年が経過して、研究者となった今でも、この本だけは、どうしても買うことができないのである。

第**8**講　家　族　法

8.0　家族はしょせん他人か

【introduction】

　「私の人生の前半は、親のせいで悲惨だった。後半は子どものせいで悲惨になった」というのはアメリカの弁護士の言葉である（池澤夏樹『叡智の断片』）。

　ちなみに人生の中盤は、配偶者のおかげで幸せだったのだろうか、それとも人生の中盤も、配偶者のせいでやはり悲惨だったのだろうか。いずれにせよ、人生の幸不幸の大きな鍵を握っているのが、家族というものである。

　実際、家族の中もなかなかうまくいかない。離婚をはじめとして、むしろトラブルは絶え間なく、それが法律問題となることも少なくない。ただそれは一般の市民同士の法律的な争いとは少し異なる。

　たとえば夫婦間で、早く家に帰ってくるといったのに来なかったから「債務不履行」だとか、人の話を聞きながらつまらなそうにあくびをするのは「不法行為」だとか、法律的に説明はできるが、何か少し違う感じがする。冷蔵庫に入れておいた私のプリンを食べられてしまったとか、そういうのも法律的に所有権を争うものでもなさそうである。

　総じて家庭内の人間関係と、その外の市民の間の関係とでは、法的紛争の様相は大きく異なる。

　逆に、家族の対外的な関係をみると、個々人というより家族というまとまりが大きな意味をもっていることがある。たとえば子どもがボールでガラスを割ったときに、親が責任をとることがある。ないしは事故によって生命が損なわれたときには、近親者からは賠償請求できる。それらはまさに「親だから」、「家族だから」である。これらはあたり前のようではあるが、クールに「家族といっても個々人の集まりに過ぎない」と言ってしまえば出てこない内容であろう。

　そもそも家族とは、夫婦とは、親子とは何かに関してもいろいろ議論がある。家族の諸問題に、法学はどのように向き合えるだろうか。

　この第8講では、民法典の後半に置かれている家族法（親族法・相続法）についてみていきたい。

149

8.1　婚約破棄や浮気は許されるのか

【婚姻法】

　民法第 4 篇は、親族編である。親族とは民法725条により、六親等内の血族、配偶者、三親等内の姻族（配偶者側の血族）を指す。親族編では条文に沿っていくと、婚姻および離婚、親子について規定されている。

婚　　姻　結婚については憲法24条が「婚姻は、両性の合意のみに基いて成立し、夫婦が同等の権利を有することを基本として、相互の協力により、維持されなければならない」と定めている。

　そして民法731条は「婚姻は、18歳にならなければ、することができない」としている〔※〕（2018年の法改正により、成年年齢の引き下げとあわせて、2022年4月から男女とも18歳に揃えられる）。

　婚姻の手続につき、民法739条は「婚姻は、戸籍法の定めるところにより届け出ることによって、その効力を生ずる」としている。いわゆる婚姻届の提出である。その際、750条は「夫婦は、婚姻の際に定めるところに従い、夫又は妻の氏を称する」としていて、最近の最高裁2015（平成27）-12-16判決はこれを合憲と判断したが、議論のあるところである。

　なお民法742条は、婚姻の無効原因として、「人違いその他の事由によって当事者間に婚姻をする意思がないとき」と「当事者が婚姻の届出をしないとき」を挙げる。また743条は婚姻の取消しを請求できる場合として、これに加えて不適法な婚姻（若年、重婚、近親者等）、不適齢者の年齢、再婚禁止期間内の婚姻、詐欺・強迫による婚姻を挙げる。

婚　姻　の　効　果　そこで夫婦になること、結婚することの法的効果はどのようなものか。家族とは、あるいは夫婦とは、契約の束に過ぎないのか。それともそれを超えた何かの実体があるのだろうか（法律では効果を考えることが重要である→2.2）。

　婚姻の対内的な効果として、民法752条は「夫婦は同居し、互いに協力し扶助しなければならない」としている（あとでみる貞操義務の問題と関係する）。

　次に対外的にも関係する問題として、民法755条は「夫婦が、婚姻の届出前に、その財産について別段の契約をしなかったときは、その財産関係は、次款に定めるところによる」として、いわゆる法定財産制を定めている。

すなわち760条は「夫婦は、その資産、収入その他一切の事情を考慮して、婚姻から生ずる費用を分担する」、また762条は「夫婦の一方が婚姻前から有する財産及び婚姻中自己の名で得た財産は、その特有財産（夫婦の一方が単独で有する財産をいう。）とする」、さらにその2項で「夫婦のいずれに属するか明らかでない財産は、その共有に属するものと推定する」としている。

そして対外的には、761条が「夫婦の一方が日常の家事に関して第三者と法律行為をしたときは、他の一方は、これによって生じた債務について、連帯してその責任を負う。ただし、第三者に対し責任を負わない旨を予告した場合は、この限りでない」としている。これを「日常家事連帯債務」という。夫婦のどちらかが日常的に買ったものの代金は、両方で支払わなければならないのだ。

夫婦はいわば「サイフ共同体」である。実際には1つ1つの家具やら電化製品やらを、厳密にどちらの所有物と分けられるものでもなく、なんとなく共有しているというところがあり、その反映ともいえる。

なお754条は「夫婦間でした契約は、婚姻中、いつでも、夫婦の一方からこれを取り消すことができる。ただし、第三者の権利を害することはできない」としている。もっともこれは次にみる裁判離婚の要件と同じで、一定の要件に対する効果を示しているだけで、別に積極的に夫婦間の契約を取り消すことを「奨励」しているものではない（法律は道徳とは異なり、あくまで要件と効果の関係を定めたものである→1.1）。

これ以外に不法行為に関して、民法711条は「他人の生命を侵害した者は、被害者の父母、配偶者及び子に対しては、その財産権が侵害されなかった場合においても、損害の賠償をしなければならない」としている（それは本人の請求権の相続とは別である）。

そしてこれらとは別に（あとでみる）相続権の存在は大きい。

貞 操 義 務　さらに婚姻固有の問題として、夫婦間の貞操義務の問題がある。すなわち不倫があった場合、判例は配偶者から、不貞相手への慰謝料請求を（一種の人格権侵害として）認めている。ただし子からの請求は否定している（最高裁1979（昭和54）-3-30判決）。

これに対して学説では、妻・子双方からの請求を肯定する通説に対して、片方だけを肯定する見解、いずれも否定する見解など多岐に分かれており、またそもそも裁判で争って法律的な判断を下す対象になじまないとの指摘もある

（司法審査の限界にかかわる→10.4）。他方、婚姻が実質的に破綻している場合には、不法行為の成立も否定される（最高裁1996（平成8）-3-26判決）。

貞操義務との関係では、既婚者が離婚して、別の誰かと結婚するという約束をした場合の評価も難しい。公序良俗（民法90条→4.4）に反するとまではいえないにせよ、あまり望ましい約束とはいえないだろう。反面、離婚して再婚することが「悪い」ことではないので、そこで約束を裏切られた側を保護する必要性はあるようにも思われる（不法原因給付にもかかわる（→7.4）。最高裁1969（昭和44）-9-26判決は、とくに働きかけの強かった（その後に破棄した）一方当事者（既婚者）の賠償責任を認めた）。

事実婚・内縁 内縁を含めたいわゆる事実婚の問題も重要である。同居していても、「籍を入れない」ということは多い。この場合、判例を通じて、相続を除いて婚姻と同等に扱われることになっている（逆にいうと、相続が最後の一線ではある）。

事実婚は、実態としてはまったく通常の婚姻と変わらないのだから、同じように扱うべきだという主張は、一定の説得力をもっている。それでも逆に、まったく通常と（外見も内実も）異ならないからこそ、婚姻の届出をしているかどうかで扱いを変えるということにも合理性はあろう。そうしないと、ある人が結婚しているかどうか、調べる方法もないことになる。たとえば子どもすら、自分の父親と母親とが結婚しているかどうか、分からない。逆にたとえば単身赴任で別居していたら、婚姻の外見も内実もかなり乏しい。

夫婦であることは、心情だけではなく、みてきたように法的な効果を伴う。法律による諸制度は、あくまで効果との関係で定められているのである。

もっとも当事者の間では、その事実婚関係が確固としてあったとすれば、対外的にかかわりない範囲では、その事実状態は尊重に値する。そのことから、事実婚破棄に伴う慰謝料なども判例では認められている。

なお社会保障関係の法律では、生活保障の観点から、事実婚も保護している。たとえば国民年金法5条は「この法律において、「配偶者」、「夫」及び「妻」とは、婚姻の届出をしていないが、事実上婚姻関係と同様の事情にある者を含むものとする」としている。

家族の多様性 ──同性婚等 いわゆる同性婚について、民法では規定はない。すでにみた憲法24条の規定もあり、民法は「男女」による

婚姻を想定していることは確かであるが、別に民法が同性婚自体を否定したり禁止したりしているものでもない。

　すなわち同性同士で結婚式を挙げても、同居してもいいのだが、相続をはじめとする民法が定める法的効果は及ばないということである（法律ではその効果が重要である→2.2）。ただしそれにとどまらず、実務的・実際的な、また象徴的なもろもろの事柄や問題（たとえば病院での付き添い等々）が付随してあることも無視できない。

　今後、法改正や立法によって、同性婚に男女間の婚姻と同じ効果を認めることは、憲法上も可能であろう。ただし「同じ効果」といっても、単に「同等に認めればいい」とだけいってすむものではない。たとえば子どもをもてるかどうかも難問となる（同性婚を認める諸外国の法制においても、この点の扱いは分かれる）。

　「法律が古い」、「法整備を要する」とだけいうのは簡単だが、新しい問題に即したルールや法律を作ろうとすれば、相当なエネルギーを要するのである（法律の条文は、きわめて精緻に作られている→2.2）。

キャンパスライフと法　学生時代に結婚までいかなくても、婚約までならいくこともあるだろう。そこで婚約の不履行も、慰謝料等の賠償責任を生じさせる。これはまさに契約と同じであるが（→6.1〜）、どこまでを「婚約」とみるかは難しいところがある。

　かつて最高裁1963（昭和38）－9－5判決は、当事者がその関係を両親兄弟に打ち明けず、結納や同棲の事実もなかったが、真実の夫婦として共同生活を営む意思で婚姻を約して、長期にわたり肉体関係を継続するなどの事情のもとで、一方の当事者が正当の理由なくこれを破棄した場合の慰謝料支払義務を認めた。

　他方、あえて結婚・同居しないことを選択した「パートナー関係」が16年続いたのちに、一方的に破棄されたケースについて、慰謝料請求を否定した最高裁2004（平成16）－11－18判決がある。

　逆に婚姻後に判明した婚約時期の不貞について、慰謝料請求等を認めたケースとして、佐賀地裁2013（平成25）－2－14判決がある。

8.2 夫／妻の顔を見るのも嫌になったら

【離婚法】

　家族法のなかで、もっとも「法的な紛争らしい」のは、離婚をめぐる諸問題だろう。法律の内容に加えて重要な判例も出されている。

離婚と契約　債権（契約）法では、継続的な関係の維持が難しくなれば、その関係を解消するということが多かった。一度契約したからといって、サービスの提供等を無理やりに実施・継続させるわけにはいかないことが多い（→6.1〜）。

　婚姻の場合も、片方が嫌になっているのに、無理に婚姻を続けろと命じても、あまり意味がないような気もする。しかし他方、片方から自由に婚姻を解消できるというのも、問題がありそうである。とくに離婚には相続や子どもも関係してくることが多いので複雑である。

　また財産関係についても、夫婦間でいわば「サイフ共同体」としてあいまいだったものが、離婚を契機として問題が一挙に顕在化し、個々に所有権の判定・確定を迫られる。

協議離婚と裁判離婚　日本での主要な離婚の方法としては、協議離婚と裁判離婚がある（ほかに調停離婚、審判離婚等がある）。諸外国と比べて特徴があるのは前者の協議離婚であり、両者の当事者が合意すれば、それだけで離婚できる。日本ではこれが約9割を占めている。民法763条は「夫婦は、その協議で、離婚をすることができる」としており、両方がサインして離婚届を出せばいい。

　ただし子の監護に関する事項の定め等、一定の手続的な要件がある。2012年に改正された民法766条は、「父母が協議上の離婚をするときは、子の監護をすべき者、父又は母と子との面会及びその他の交流、子の監護に要する費用の分担その他の子の監護について必要な事項は、その協議で定める。この場合においては、子の利益を最も優先して考慮しなければならない」とする。

　後者の裁判離婚では、片方は婚姻を維持したいが、もう片方が嫌だという場合でも、一定の要件に合致すれば、裁判で（相手にとっては）強制的に離婚が可能になる。

　すなわち民法770条1項は「夫婦の一方は、次に掲げる場合に限り、離婚の

訴えを提起することができる」として、以下の1～5号を掲げている。

① 配偶者に不貞な行為があったとき。
② 配偶者から悪意で遺棄されたとき。
③ 配偶者の生死が三年以上明らかでないとき。
④ 配偶者が強度の精神病にかかり、回復の見込みがないとき。
⑤ その他婚姻を継続し難い重大な事由があるとき。

たとえば相手方に浮気（不貞）があれば、いくら相手が平謝りしても、1号に該当して裁判により一方的に離婚できる。

また770条1項には5号の包括的な条項があるので、上記のような特定の理由にはあてはまらなくとも、離婚が可能な場合はある。これには1～4号に準じるものと、より一般的な破綻が想定される（これについては次にみる）。

ただし772条2項は「裁判所は、前項第一号から第四号までに掲げる事由がある場合であっても、一切の事情を考慮して婚姻の継続を相当と認めるときは、離婚の請求を棄却することができる」としている。もっとも学説ではこの条項はあまり使うべきでないとされる。

裁判離婚の要件に あてはまらないとき 上記の裁判離婚の要件にはあてはまらないが、片方が「どうしても離婚したい」というときは、離婚できるのだろうか。もちろん相手が協議に応じてくれれば協議離婚が可能だが、問題は相手がどうしても応じない場合である。

このときどうしても離婚したい方が、契約のように一定の金銭を払えば婚姻を解消できるという解決方向もあり得る。しかし現行法ではそれを認めていない。片方の当事者が結婚を維持したい以上は、上記の770条1項の1号～5号にあたらなければ、そう簡単に婚姻の解消は認められていないのである。

カトリック系の国では、かつては両者が望んでも、離婚できなかった。両方の当事者がともにやめたがっているのに、なぜ離婚できないのかという疑問もあろうが、少なくとも子どもがいる場合にはその利害や、相続にもかかわる。

このように婚姻というのは、普通の財産的な契約よりもはるかに重いものとして位置づけられており、離婚に制約を設けることが、双方（そして子ども）や社会によっても利益になるという想定だといえる（ルールによる制約が、個々人にとっても利益をもたらすという考え方である→1.1）。

破綻主義

ただし全般的な動向としては、明確に裁判離婚の事由にあてはまらなくとも、片方がどうしても嫌だといっている以上、無理に婚姻を維持しても意味に乏しいのではないかとの考え方が強くなってきている。これについてはとくに有責配偶者（自らが裁判離婚事由を引き起こしている場合）からの請求が争点となり、判例の積み重ねにより一定の制約下ではこれも認められ得るに至っている。

すなわち婚姻が実質的に破綻している場合には、片方からの請求でも離婚を認める方向で判例は判断されてきている。このことは有責主義から破綻主義への流れといわれ、さらに有責配偶者からの請求も認める場合は積極的破綻主義といわれる。

具体的には、一定年数以上の別居（婚姻の形骸化）や、未成熟子がいない（福祉が害されない）こと、離婚により相手が過酷な状況に置かれないこと等の条件を満たす場合である（最高裁1987（昭和62）-9-2判決。有責離婚3要件といわれる。判例を通じてサブカテゴリーが創設されたものといえる→2.3）。

なお近時は高齢者の認知症が増加しており、このとき裁判離婚が認められるかどうかも、770条1項の4号との関連で今後問題となろう。この場合も婚姻を「無理に続けても意味がない」ともいえるが、認知症は一般的な大量現象であり（民法が想定した「精神病」とは一線を画しているといえる）、それだけで一方的に離婚を認めてよいのかとの疑問もある。「一方的な離婚を認めては相手が気の毒だ」という場合を含め、有責配偶者からの離婚の要件に準じる配慮は必要であろう（最高裁1970（昭和45）-11-24判決がその趣旨の判断を示す）。

離婚の効果

離婚の効果として、民法768条は「協議上の離婚をした者の一方は、相手方に対して財産の分与を請求することができる」としている。これを財産分与といい、通説ではこれに清算、損害賠償、扶養という3つの要素があるとされる。

その2項は「前項の規定による財産の分与について、当事者間に協議が調わないとき、又は協議をすることができないときは、当事者は、家庭裁判所に対して協議に代わる処分を請求することができる。ただし、離婚の時から二年を経過したときは、この限りでない」、3項は「前項の場合には、家庭裁判所は、当事者双方がその協力によって得た財産の額その他一切の事情を考慮して、分与をさせるべきかどうか並びに分与の額及び方法を定める」としている

（すぐあとでもみるように家族法では、家庭裁判所が大きな役割を果たしている）。

また767条は「婚姻によって氏を改めた夫又は妻は、協議上の離婚によって婚姻前の氏に復する」（1項）、「前項の規定により婚姻前の氏に復した夫又は妻は、離婚の日から3箇月以内に戸籍法の定めるところにより届け出ることによって、離婚の際に称していた氏を称することができる」（2項）とする。

再婚禁止期間 民法733条は「女は、前婚の解消又は取消しの日から起算して百日を経過した後でなければ、再婚をすることができない」（1項）としている。

これは父性の二重の推定を避けるためであり、2016年の法改正でその期間が半年から100日に短縮された。ただし「女が前婚の解消又は取消しの時に懐胎していなかった場合」と「女が前婚の解消又は取消しの後に出産した場合」にはこの規定は適用されない（2項）。

家庭裁判所 家族法では、家庭裁判所が大きな役割を担う。離婚について、またあとでみる養子関係について端的にみられるように、しばしば裁判所が「認める」かどうかが争われる（そこではじめて権利義務が変動する）。その意味では法の運用が「行政法的」なのである（→9.1～）。他方、家庭裁判所では、裁判とは別の家事審判・家事調停という形もとられ、当事者の合意による解決も重視される。

キャンパスライフと法 20歳までの結婚も年に数万件あるようで、学生結婚も少なくないだろう。みてきたように婚姻関係は両者が合意すればさっさと解消できるが、片方が継続を望んだときにはそう簡単にはやめられない。それが恋人関係との違いである。

離婚するのが難しいと、ひるがえって結婚に対する逡巡もうまれるので、最近の「生涯未婚」の増加への対策としては、「いつでも離婚できる」ようにするのも一法だろう（いわゆる「お試し婚」の容認）。ただ一度結婚すると、子どもや財産清算など、恋人関係とは異なる重い問題が伴ってくる。

学生時代の大きなイベントには就職がある。結婚相手を選ぶのと同様に、どこに就職するかを選ぶのも大きな決断であるが、一度就職しても、本人からはいつでもやめられるのに対して、会社側からは、日本ではそう簡単に解雇はできないことになっている（→9.3）。もちろん結婚と同様に、相手方にも「選ぶ権利」はあるので、解消云々はそのあとの話ではある。

8.3 父／母が本当の親でなかったら

【親子法】

婚姻に続いて民法では親子（および親権）について規定されている。親子とは何かについては近年、いろいろ複雑な問題が生じている。

親 子 の 確 定　親子はどこまでいっても——仮に両親が離婚しても——親子である。ただその確定が、困難になってきているのが今日である。

民法772条は「妻が婚姻中に懐胎した子は、夫の子と推定する」とした上で、2項で「婚姻の成立の日から二百日を経過した後又は婚姻の解消若しくは取消しの日から三百日以内に生まれた子は、婚姻中に懐胎したものと推定する」としている。これは嫡出推定といわれ、2項は離婚して再婚した場合等に、すでにみた女性再婚禁止期間（原則100日）の設定とともに、推定の重複を避けるために置かれている規定である。

しかし夫婦間での「普通の」ケースについても問題は生じ得る。すなわち通常に妻に子どもが生まれた場合でも、772条により夫の子と推定されるものの、それは推定に過ぎない。つまり本当にその夫の子かどうかは分からない。ただ結婚中なのだし、要するに他の男性の子どもではないだろう、という想定である。ちなみに「推定する」と規定されているときは、反証が出れば覆る。これに対して「みなす」と規定されている場合は、推定は覆らず、そういうものとして扱うという法律用語である（→2.2）。

この推定に関しては、嫡出の否認という仕組みがある。すなわち民法774条は「第772条の場合において、夫は、子が嫡出であることを否認することができる」としており、これを嫡出否認の訴えという。ただし777条は「嫡出否認の訴えは、夫が子の出生を知った時から一年以内に提起しなければならない」としており、その期間の経過後は772条の推定を覆すことができなくなる。

これは、いつまでも子どもの身分（自分の親が誰なのか）が確定しないことを防ぐ趣旨だといえる。次に親権についてみるように、親がいない（誰だか分からない）ということは、その子どもを育てる責任を有する人がいない（誰だか分からない）ということを意味するからである。

第8講　家族法

**今日的な問題
——ＤＮＡ鑑定**
しかし後日（1年以上経過後に）、どうも血液型が合わないのでDNA鑑定をしてみたら、夫が父親ではなかったというケースはあり得る。あるいは病院で取り違えていたというケースだってあり得る。このように「生物学的な父親」と、「育ての父親」が異なるケースをどう考えるかは難問である。

　法律的には1年を経過すると772条の嫡出推定を覆すことはできなくなるのだが、そうやって「科学的な真実」を無視してよいのだろうか。もっとも逆に、そのような「科学的な真実」を重視する方向に転換すると、今度はそれまで「育ててきた」という事実は無視してもいいのかという問題が生じる。

　近時の判例は、機械的なDNAによる判定とは距離を置く（嫡出推定に一定の意義を認める）方向を示している（最高裁2014（平成26）–7–17判決）。難しい問題で、最終的には立法による解決が求められよう。ただ問題はその内容——どのように解決するか——であり、「民法が時代に合わないから改正しよう」というだけでは無意味である（法律の条文は、精緻に作る必要がある→2.2）。

　さらに人工生殖の技術の進展は、誰が父親で、誰が母親なのかの判定を、きわめて複雑なものとしている。「遺伝上の親」、「生物上の（産んだ）親」、「法律上の親」が一致しない事態が普通に発生する（さらに「育ての親」が別のこともある）。だから何をもって「本当の親」というか自体、自明ではないのである。

　ほかにも具体的な論点はいろいろあるが、いずれにせよ個々の事例に即して、親子とは何か、家族とは何かを、帰納的にケースに応じて決めて、それを積み上げていくのが法学だといえる（法学では「定義はオメガ」である→2.3）。

親　　権
親子であることの法的効果として、親権がある。民法818条は「成年に達しない子は、父母の親権に服する」としており、820条は「親権を行う者は、子の利益のために子の監護及び教育をする権利を有し、義務を負う」としている。あわせてこれに派生する一群の条項がある（居所指定権（821条）、懲戒権（822条）、職業許可権（823条）、財産管理代表（824条）等）。親権というと、「親の子に対する権利」という意味にとれるが、実際のところは（つまり法律的な効果としては）親の子に対する義務という側面が強いといえる。

　次に離婚に関連して819条1項は「父母が協議上の離婚をするときは、その協議で、その一方を親権者と定めなければならない」、2項は「裁判上の離婚

159

の場合には、裁判所は、父母の一方を親権者と定める」としている。

さらに虐待に関して834条は「父又は母による虐待又は悪意の遺棄があるときその他父又は母による親権の行使が著しく困難又は不適当であることにより子の利益を著しく害するとき」は、家庭裁判所は親権喪失の審判をすることができるとしている。しかしこの要件は厳格で、効果も親権を完全に喪失させるという強いものなので、実際の適用はなかなか困難であった。

そこで児童虐待の深刻化に対応して民法834条の2を新設し（2011年）、「父又は母による親権の行使が困難又は不適当であることにより子の利益を害するとき」に、2年内の「親権停止」の審判も可能として、ややソフトな効果を定めた（法律は要件と効果のセットで考えることが大切であり、ここでは法政策的に、マイルドな効果を伴うサブカテゴリーを創設したものといえる→2.3）。

養子・特別養子　以上はいわば自然の親子であるが、民法では別途、養子についても定めている。すなわち人為的に親子関係を発生させるものである。

このうち普通養子制度は、契約のように、縁組意思の合致により成立し、婚姻と同様に届出によって効力を生ずる。これにより法定血族関係が発生する。ただし民法798条は「未成年者を養子とするには、家庭裁判所の許可を得なければならない」とする。

これに対して特別養子制度は、家庭裁判所の審判によって成立し、養子と実方の親族関係が終了する点に特徴がある。要するに、限りなく実の親子に近い関係を「作り出す」ものだといえる（法学では「定義はオメガ」であり、ここでは親子という効果をもたらす要件を法政策的に作り出している→2.3）。

なおこの養子関係に端的にみられるように、家族法では、家庭裁判所が大きな役割を担う。私人が親子（養子）関係を形成する自由が、ルールによって制約されていて、公的な機関が認める（許可する）ことで、はじめて親子となることができるのである。その点で、法の運用が「行政法的」だといえる（→9.1）。

扶養　親族全般に通じる事柄として、扶養の問題がある。民法877条1項は扶養義務者について「直系血族及び兄弟姉妹は、互いに扶養をする義務がある」、2項は「家庭裁判所は、特別の事情があるときは、前項に規定する場合のほか、三親等内の親族間においても扶養の義務を負わせることができる」としている。

第8講　家族法

　次に扶養の順位について、878条は「扶養をする義務のある者が数人ある場合において、扶養をすべき者の順序について、当事者間に協議が調わないとき、又は協議をすることができないときは、家庭裁判所が、これを定める」としている。さらに扶養の程度又は方法について、879条は「扶養の程度又は方法について、当事者間に協議が調わないとき、又は協議をすることができないときは、扶養権利者の需要、扶養義務者の資力その他一切の事情を考慮して、家庭裁判所が、これを定める」としている。

　このようないわゆる私的扶養は、かつては社会的扶養、すなわち社会保障の充実により、徐々に解消していくことが期待されていた。しかし周知のとおり生活保護の支給要件に関して、この関係が注目されるに至っている。すなわち生活保護受給者の家族や親族に、たくさん稼いでいる「有名人」がいるときに、そんなケースで税金を使っていいのかということが指摘されるのである。

　伝統的な学説ではこの扶養義務を、生活保持義務と生活扶助義務に二分している。前者は「最後に残された一片の肉まで分け与えるべき義務」といわれ、夫婦間、親と未成熟子の間がこれにあたる。後者は親族一般について「己れの腹を満たして後に余れるものを分かつべき義務」とされる。つまり少なくともすべての親族に機械的に扶養義務が課されるものではないことが分かる。

　これまでは親から未成熟子への扶養が主に問題となってきたが、近時では子からの親への扶養（介護・社会保障）の問題も重要性を帯びてきている（→10.3）。

> ### キャンパスライフと法
>
> だいたい出自に関する予想外の事柄――親と思っていたのが実の親ではなかったというような――が判明するのは、大学生の頃が多い。親から告げられたり、諸書類から事態が知れるのである。DNA鑑定の裁判例でも、子どもが23歳のときに告げられた事案がある（福岡高裁1998（平成10）-5-14判決）。
>
> 　人工生殖に関しては、出自（遺伝上の父親）を知る権利も問題となる（精子提供は匿名でおこなわれることが多い）。そこでは「自分は一体何者なのか」という、いわゆるアイデンティティ・クライシスも生じる（ただし出自を知る「権利」というときの内実については慎重な議論を要する→3.3）。
>
> 　いわゆる二重国籍の場合も、20-22歳の間で国籍の選択を要する（国籍法14条）。そういう事柄を、受け止められる年齢ということでもあろう。読者にとっても決して他人事ではないかもしれない。

8.4 親の借金が子どもにのしかかる

【相続法】

　民法の第5編は「相続編」であり、これが民法全体の掉尾を飾る。

　相続というのは、なかなか不思議な制度でもある。家族になるかどうかは自分で決められる部分もあれば、勝手に決まる部分もある。ただ家族である以上は、自分や親族が死亡した場合、財産が移っていったり、移ってきたりする。

　その意味では相続は、「家族であること」の法的効果の最たるものともいえる（→2.2）が、同時に「争続」などといわれるように、法的紛争も少なくない。

相　　続　民法882条は「相続は、死亡によって開始する」としている。そして896条は「相続人は、相続開始の時から、被相続人の財産に属した一切の権利義務を承継する。ただし、被相続人の一身に専属したものは、この限りでない」としており、一定の地位や身分（たとえば従業員としての地位）を除いて、すべての財産、また債務（借金）も相続の対象となる。

　そこで民法915条では「相続人は、自己のために相続の開始があったことを知った時から三箇月以内に、相続について、単純若しくは限定の承認又は放棄をしなければならない」としている。このうち限定承認というのは、922条により「相続によって得た財産の限度においてのみ被相続人の債務及び遺贈を弁済すべきことを留保して、相続の承認をする」ことである（実例は少ないが、借金が多いときに意味がある）。

　なお内縁・事実婚の場合は、相続権は認められない。相続権は、まさに家族であることの法的効果だといえる（法律ではその効果が大切である→2.2）。

遺言と法定相続分　自分の死後の財産等の処分方法は、基本的にはあとでみる遺言により自由に決められる。死ぬ前であれば、人は自分の財産を自由に処分できるし、その一環として贈与もできる。遺贈（遺言による贈与。贈与といっても債権法のところでみた「契約」ではない）は、この延長線上にあるものといえる（964条）。

　相続としての遺贈に対して、死亡を不確定期限とする（契約としての）死因贈与があるが、これも性格は遺贈に近く、その規定が準用される（民法554条）。

　ただ遺言は、手続的な負担もあり、作成しない人も多い。遺言がない場合

は、法定相続分により、財産の行き先が決まる。

民法900条は「同順位の相続人が数人あるときは、その相続分は、次の各号の定めるところによる」として、法定相続分を以下のように定めている。

① 子及び配偶者が相続人であるときは、子の相続分及び配偶者の相続分は、各二分の一とする。

② 配偶者及び直系尊属が相続人であるときは、配偶者の相続分は、三分の二とし、直系尊属の相続分は、三分の一とする。

③ 配偶者及び兄弟姉妹が相続人であるときは、配偶者の相続分は、四分の三とし、兄弟姉妹の相続分は、四分の一とする。

④ 子、直系尊属又は兄弟姉妹が数人あるときは、各自の相続分は、相等しいものとする。ただし、父母の一方のみを同じくする兄弟姉妹の相続分は、父母の双方を同じくする兄弟姉妹の相続分の二分の一とする。

ちなみに非嫡出子の相続分については、従来は（上記の４号のなかで）嫡出子の半分とされていたが、最高裁2013（平成25）－９－４判決により違憲と判断され、嫡出子と同等となった（→**10.2**）〔※〕（ただしそこでの配偶者の保護が課題となり、2018年の法改正で、その居住権を保障する形で「配偶者居住権」を創設する（原則終身）とともに、20年以上の婚姻においては配偶者に生前贈与した居住用不動産を遺産分割からも原則除外するなどの諸方策を法制化した）。

例外的な取り扱い この法定相続分の計算に際して、「共同相続人中に、被相続人から、遺贈を受け、又は婚姻若しくは養子縁組のため若しくは生計の資本として贈与を受けた者」（903条）があるときは、「特別受益者」として、その分は相続分から差し引いて計算される。

逆に、「共同相続人中に、被相続人の事業に関する労務の提供又は財産上の給付、被相続人の療養看護その他の方法により被相続人の財産の維持又は増加について特別の寄与をした者」（904条２項）があるときは、「寄与分」として、共同相続人の協議で定めたその者の相続分にこれが加えられる。とくにお世話をした人に報いるという趣旨である。また相続人の存否が不明の場合には、生計同一や療養看護に努めた場合などは「特別縁故者」として一定の権利が得られる（958条の３）（これらの取扱いは、法政策的にサブカテゴリーが創設されたものといえる→**2.3**）〔※〕（さらに相続人以外の被相続人の親族が介護等をおこなった場合は金銭を請求できる仕組みが2018年法改正で導入された）。

相続人がまったくいない等により、相続財産の行き先が決まらない場合は、959条により、国庫に帰属する（要するに国に没収される）。

共同相続人は、協議で遺産の分割をすることができる。遺産の分割について、共同相続人間に協議が調わないとき、又は協議をすることができないときは、各共同相続人は遺産分割を家庭裁判所に請求できる（907条）。

遺言について、民法964条は「遺言者は、包括又は特定の名義で、その財産の全部又は一部を処分することができる。ただし、遺留分に関する規定に違反することができない」としている。すなわち遺言内容は基本的に自由であるが、手続がかなり厳格であり、決められた手続に違背すると効力が認められない。なお遺言は15歳から作成できる（961条）。

それとは別に964条の「ただし書き」にあるように、遺言によって、財産を任意に処分しようとしても、一定の制約がかかっている。すなわち親族には、固有の遺留分というものがあり、遺言によりその分も侵害されていれば、請求すれば取り戻すことができる。これを遺留分の減殺請求という。

民法1028条は「兄弟姉妹以外の相続人は、遺留分として、次の各号に掲げる区分に応じてそれぞれ当該各号に定める割合に相当する額を受ける」として、

① 直系尊属のみが相続人である場合 被相続人の財産の三分の一
② 前号に掲げる場合以外の場合 被相続人の財産の二分の一

と定めている。

その限りで遺言による処分は、完全に自由ではないことになる。法制度的にはそうではない選択肢（たとえば完全に遺言の自由を認める）もあり得るが（ルール設定にオルタナティブはある→2.2）、現行法はいわばバランスをとっているわけである（自由の制約を通じた、全体的な福利の増進である→1.1）。

これらからするとどちらを原則と見るかは難しいが、遺言がなければ自動的に他の親族に財産は移るのだし、逆にすべてを贈与しようとしても、親族に遺留分は残るのだから、それらはまさに「家族であること」の法的効果といえる。いいかえればこれらは最終的に「家族とは何か」を示すものでもあろう（法学では「定義はオメガ」であり、その効果が大切である→2.3）。

認知症と遺言能力　最近では認知症の場合の遺言の効力が、死後にしばしば問題とされるようになっている。何しろ最後の意思

第 8 講　家 族 法

なので、なるべく尊重したいのだが、これが認知症だと、その「真意」が定か
ではないということになる。

　認知症といっても程度はさまざまで、また日により、時により、状態も変わ
るので、遺言能力の「あとから」の判定は困難を極める。ひとたび認知症と診
断されたら、ただちにまったく判断能力がないと断じるのは誤りである。

　シェイクスピアの『リア王』で有名だが、直近に親切にしてくれた人に、財
産を一挙にあげてしまうという例は実際にもみられる。そのことが一概に悪い
とはいえないのが難しいところである。政策的には、なるべく早い時期に遺言
を作成してもらうこと、ないしは成年後見制度の活用（→4.6）などがあり得
る。

同時死亡の取り扱い　なお民法総則の条項だが、民法32条の2は「数人の者
が死亡した場合において、そのうちの一人が他の者の
死亡後になお生存していたことが明らかでないときは、これらの者は、同時に
死亡したものと推定する」としている。

　死亡の順番によって、相続財産の行方が変わってくることから、大規模な災
害などに際しては、この規定が重要な意味をもつ。この規定は、あとから挿入
された「枝番号」の例でもある（青函連絡船の海難事故を機に追加された）。

キャンパスライフと法　縁起でもないが、読者の父親が亡くなったとする。す
るとみてきたように遺産が相続される。もし母親と子
ども1人が相続人であれば、半分ずつとなる。

　ところで葬儀にいきなり見知らぬ若者があらわれて、「自分は子どもであり、
あなたとは腹違いの兄弟である」と言われたらどうなるか。いわゆる隠し子で
ある。生前にはそんな話は一度も聞かなかったということはあり得よう。

　このとき子どもである以上、やはり遺産を相続する。しかも（最高裁判例に
もとづく民法改正により）非嫡出子と相続分は同等となったので、（遺言がなけ
れば）受け取る割合は同じになる。いいかえれば単純計算では、異母兄弟があ
らわれなかったら自分が受け取るはずの分が、半分に減ってしまうのである。

　これが「子ども（非嫡出子）には罪はない」として憲法14条をもとに民法を
改正したことの帰結ではあった（→2.3）。逆に債務の相続があれば、一緒に引
き受けることになるが、そういうときには名乗り出てこないかもしれない。

165

学問への扉

1．そもそも家族とは

　哲学者のスラヴォイ・ジジェクがジョークとしてこんな子どもの発言を紹介している。

　「パパが生まれたのはマンチェスター、ママが生まれたのはブリストル、そして僕が生まれたのはロンドン。そんな3人が出会えたなんて、不思議だね！」

　一組のカップルが同じ家にいるときに、そういう「客観的」な事実を、夫婦とみるか、そうではないとみるかは、まさに法律的な評価の問題である。一組の大人と子どもがいるときに、それを親子とみるかどうかも同様である。

　このとき法律は、一定の要件を備えている場合に、それを夫婦や親子であるとして、一定の法的な効果を結びつけている。もっともそれ以外の多様な家族の形態を、別に否定したり禁止したりしているわけではない。

　たとえばセキセイインコを自分の妻と考え、クマのぬいぐるみを自分の子どもと考えても一向に構わない。ただそこに法的な効果が伴わないだけである。

　その限りにおいて、「家族とは何か」、「夫婦とは何か」、「親子とは何か」を決めるのは、法律である。しかしその内実（たとえば愛情とか絆とか）にまで法律は及ばないし、及ぼしようがない。それは人生全般についてそうであり、法律は無力である。それでも離婚とか相続、あるいは児童虐待に代表されるように、家族をめぐる諸紛争は、しばしば人生に決定的な影を投げかける。そういうところだけでも適切に解決していければ、法律の意義はあるだろう。

2．近代法における家族

　近代において、家族は私的な領域の代表として位置づけられている。そこで家長（だけ）が近代的な法主体として定立されてきたことについては、社会哲学者のハーバーマス『公共性の構造転換』が描いている。それは逆にいえば、「法は家庭に入らず」ということでもあった。

　家は個々人にとって、心の休まる場であり、帰るべき原点であり、国家権力に対する牙城でもある。個々人という単位に加えて、家族ないし家庭という事柄を、法律的にも承認することには意味があるように思われる。

　経済学では、組織の内外の境界を、効率性によって画する。すなわち中に丸ごと取り込んでしまったほうが効率的であれば、そうするのが合理的であり、そこに組

織の線引きがある（ロナルド・コース（『企業・市場・法』）の取引費用論をベースとした「企業の境界」の議論といわれる）。ドライな見方ではあるが、この発想は家族の理解にもあてはめる余地があろう。

すなわち家族・家庭機能をバラバラにして、個々人でそのとき、その場面で外部サービスを利用するよりも、一括して「家族」、「家庭」という仕組みを利用する方が効率的であり、そういうパッケージを法律も正面から制度として認めているものといえる（これも「フィクション」の１つといえる→2.5）。

他方、家長中心ということは、男性中心・男性優位ということにもつながる（やがてその裏返しとして専業主婦もあらわれる）。男／女の二分法が、世の中の二分法および序列全般と、言語的にも根深くつながっていることを、フェミニズム法学者のフランシス・オルセンが『法の性別』のなかで解明している。

3．現代法における家族

今日では、家族像の拡散（バラバラになる方向）と、逆に家族の凝集化（一体となる方向）という、相反する方向性が目立っている。

前者は家族の多様性ということでもあり、標準的な家族像（「夫がいて、妻がいて、子どもが数人いて…」）というのも見出しづらくなっている。他方、後者では家族を過剰に重視し、家族至上主義的な側面もみられる。その弊害は、たとえばモンスター・ペアレントや自立できない若者などにもみられる。

公私二分論が、家族内のある種の問題を隠蔽している点もしばしば指摘される。とくにフェミニズムからの批判であり、たとえばシャドウワーク（家庭内労働）や児童虐待、DV・モラハラ等々が、みえなくなってしまうのである。そこでは公私の枠を乗り越えて諸問題に対応する必要がある。

さらにテクノロジーの発展により、さまざまな人工生殖形態が、親子や家族の概念の問い直しを迫っている。しかし見方によっては、それらは家族を、とりわけ血縁を重視しすぎることに伴う現象でもあろう。

小林康夫（表象文化論）の『君自身の哲学へ』では、これらを「血の存在論」と呼んで、次のように強く異議を唱えている。「親も家族も民族もけっしてわたしの存在の最終根拠を与えてはいない」。

25番教室の窓

法律科目の期末試験

　法学部では、多くが大教室・大人数での講義なので、平常点とかレポートということはほとんど無くて、まずもって期末試験で評価される。

　六法は持ち込み可（ただし書き込みがないもの）というケースが多い。法学は、条文を暗記する科目ではないのである。

　私の学生時代も、試験問題はいろいろだったが、とくに問題文が「とても短いもの」と、「とても長いもの」が、印象深い。

　「とても長いもの」の代表は、ケース設例である。つまり法的紛争をめぐる事実が、何ページもにわたって延々と記載されている。

　実際の法的紛争は、そのように複雑なものだろうから、そこから適切に法的論点をすくい上げて、適切な法律条文を探し出して、あてはめて適切な解決を導くというのは、問題の出し方としてはまっとうである。そうなのだが、まず延々とつづく設例を読むだけでくたくたであり、それだけで試験時間がどんどん過ぎていって、焦ってしまうことこの上ない。

　他方では、問題文が「とても短いもの」もあった。たとえば「詐欺」とか「表見代理」とか「特別養子縁組」というように、法的概念についての語句説明を求めるものが、その代表である。

　ただこのとき、「…について説明せよ」などの指示は無くて、単に問題としてその単語だけが記載されていることもあった。国際法の試験では、確か「第1問海」とだけ書かれていたことがある（あるいはもしかしたら「空」だったかもしれない。いずれにせよ、たった「1文字」であった）。

　もちろんその出題の趣旨を質問する学生はいない。これは包括的なテーマの指示であり、「海」について、その国際法上の位置づけや問題点について要領よく書いた上で、それに対する自分自身の見解の提示までを求めているのである。

　いわば試験時間内に小論文・レポートを書くことを求めているわけで、章立てや全体の内容のバランスのよさも必要となる。もちろん途中まで書いてから、思い直してはじめから書き直す時間的な余裕などはない（ついでに筆記用具もボールペンと指定されていた）。

　とても長い問題も、とても短い問題も、なかなか厄介であった。もっともそういう答案（しかも数百枚）を採点する側こそが、いかに大変かを思い知ったのは、それから数十年後、教員になってからであった。

第9講　行　政　法

9.0　火事になったら自分の家にも入れない

【introduction】

　宇治拾遺物語に、良秀という絵師が、自分の家が火事で燃え落ちるのを眺めて、「やっと本物の火事の迫力が分かった」と傑作を完成させたという話がある。

　普通はだいたい話は逆で、火事で燃え盛る家のなかには子どもやペットがとり残されていたり、財布やら大切な思い出の品やらが残っている。半狂乱になって何としても取りに戻ろうとするのを、消防団員が必死に押しとどめる。

　自己責任で戻ってもいいじゃないかという考えもあろうが、少なくとも現行法はそれを禁止している。消防法28条は「火災の現場においては、消防吏員又は消防団員は、消防警戒区域を設定して、総務省令で定める者以外の者に対してその区域からの退去を命じ、又はその区域への出入を禁止し若しくは制限することができる」としている。

　このように、私たちの自由は実際に制限されることがある。それは人々の生命や安全を守るためであったり、迅速な消火活動をおこなうためであったり、いずれにせよ何らかの意味で「国民のため」にされていることである。しかしそのことで、いつもは自由に入れる場所（なにしろ自分の家である）に入れなくなっているわけで、まぎれもなく公私の線引きにより私人（国民）の自由が制限された瞬間である。

　同様に、普段は自由に出入りできる場所に行けなくなる事態は、たとえば火山が噴火したり、地震崩落の危険が迫ったり、要人が来日したりすると起きる。

　より一般的に、法律の制定や改正によって自由の制限は生じ得る。最近では新たな法規制により、ドローンを飛ばせなくなったり、店でタバコを吸えなくなったり、外国人を家に泊まらせられなくなったりしている。

　これらも法律の制定が、私人の自由を制限した瞬間であり、また行政法が登場する瞬間でもある。それは法（律令の「令」）の典型的なイメージでもある。

　この第9講では、この行政法の世界を、もう少し具体的にみてみたい。

9.1　大学生になったら運転免許をとりたい
【行政行為（・行政処分）】

　アメリカでは、道端で子どもたちがレモネードを売っているのが夏の風物詩である。日本ではそれは可能だろうか。そういえば大学の文化祭では、学生たちが屋台でヤキソバやらコーラやらを売ったりしている。

許可がないと　で　き　な　い　家のなかでレモネードをつくって飲むのはもちろん自由だし、庭で近所の人に配るくらいなら構わないだろうが、勝手に玄関先で、通行人などに対してレモネードを販売しても良いか。正面から法的に考えると、難しいだろう。

　というのは、飲食業になりそうだからである。そうだとすると行政法的には、許可がいる。食品衛生法は、次のように定めている。

51条　都道府県は、飲食店営業その他公衆衛生に与える影響が著しい営業（…）であって、政令で定めるものの施設につき、条例で、業種別に、公衆衛生の見地から必要な基準を定めなければならない。

52条　前条に規定する営業を営もうとする者は、厚生労働省令で定めるところにより、都道府県知事の許可を受けなければならない（1項）。

　これらからして、勝手に「レモネードをつくって商売として売る（営業の）自由」は、とりあえず「ない」のである。ただし「許可を受ければ、営業できる」ということになる。その意味では、自由が一時的に制限されていて、許可を得れば、その自由が回復するのだといえる（51条の「政令」というのは、食品衛生法施行令を意味していて、そこではほぼあらゆる種類の飲食店営業が列挙されている。また52条の「厚生労働省令」は、食品衛生法施行規則を意味していて、そこでは関係する諸手続について書いてある。なお都道府県知事の許可とされているが、実際には保健所に権限が委任されている）。

　「営業」という概念の解釈から、子どもたちなら大目に見てもらえるかもしれないが、少なくとも「正式に店を構えて」というのは、このように営業許可がなければできない。とにかく人の口に入るものだから、不衛生な飲食営業がおこなわれてはまずい。その辺の安全衛生基準を確認して、営業許可が出されるということになる。ラーメン屋さんにはこの食品衛生法の許可がよく貼られ

第9講　行政法

ているし、学園祭の模擬店などでも保健所には届出をしているはずだ（「営業」
ではないので、許可までは必要ない）。

同様に、理容室に行くと理容士法の免許が壁に貼ってあったりするし、建築
現場では、建設基準の確認や建設業の許可の表示などが貼ってある。これらは
すべてここで扱う行政行為の事例である。

行 政 行 為　このように、法律によって「基本的にはできない」こ
とにしておいて、しかし「公」の行政主体（国や地方
公共団体）の許可を得れば「できる」という仕組みになっている事柄は無数に
ある。いわば私人（国民）の自由が、完全な禁止ではなく、一定程度、制限さ
れていて、しかし許可を受けることによって、自由が回復することになる。

こういう「許可」のような、行政機関（自治体や国など）によるアクション
（具体的な国民の権利や義務を変動させる権力的な判断行為）を、行政行為（あるいは
行政処分）という。

この場合は行政行為によって、普通は制限されている私人の自由を回復する
ものである。その逆のパターンもあり、たとえば飲食店が食中毒を出してし
まったら、営業停止を命じられたり、営業許可が取り消されたりすることもあ
る。これらもそれぞれが行政行為である。

運 転 免 許 も
行 政 行 為　このような行政行為には無数の例があるが、ここでは
個人にかかわる話と、国にかかわる大きめの話を挙げ
ておきたい。

前者の代表的な例として、運転免許があり、これはすでにみたような行政行
為の「許可」にあたる。

たとえば自転車に乗るのは自由だが、クルマに乗るのは自由ではない。もち
ろん誰しもが好き勝手に運転したら危ないからである（本人を含めて社会の誰に
とっても危ないといえる）。そのために運転に関する一定の知識と技能が要求さ
れる。それらの習得ができなければ、運転免許は交付されないし、一度運転免
許が交付されても、何かあったら免許停止になったり、免許取消しになったり
する。このように運転免許は、私人と行政とが直接向かい合って、個人に対し
て行政行為がなされる例だといえる（一定の制約を通じて、個々人と社会全体に利
益をもたらすのが法律の1つの役割である→1.1）。

他方、後者の（国にかかわる）大きな話では、たとえば新幹線の整備やダム

171

の建設、原発の設置や海の埋め立て等々についても、それぞれ「公」の行政主体（主務官庁）が認めるかどうかという問題になることが多い。そして運転免許や飲食店営業と同様に、一度は認可や許可を出しても、あとで取り消したり、やはり事業を中止させたりすることがある。これらの事業は国自身がおこなうわけではないことが多いので、事業主体に対して許可等を与えるというプロセスに乗るのである。

**行政行為の
バリエーション**　これらから分かるように、テレビや新聞を騒がせる社会的な問題は、法律的にはしばしば行政法の問題なのである。つまり一定の重大な事柄を、国や自治体が「認めるかどうか」という行政行為のあり方が、焦点となるのである。

　その他、行政行為の実例は、それこそ役所の部門ごとに、いくらでもある。だいたい役所に申請したり、役所から文句がつくのはこれである。あとでみるように国のいわゆる許認可事項だけで、12,000くらいあるといわれる。

　行政手続法（2条）（→9.4）では、この行政行為を、申請に対する処分と、不利益処分に大別している。前者は申請に対して認めたり、認めなかったりするというタイプであり、後者は「いきなり」不利益を課するタイプである。

　許可や認可は前者（申請に対する処分）であり、営業停止や免許取消し等は後者だといえる。この行政法関係は、あとでみるようにキャンパス内での諸規則と構造は同じであり、大学でいえば「テニスコートの予約」は前者で、「カンニングをした場合の停学や退学処分」は後者にあたるといえるだろう。

　ただし、それぞれ内容は少しずつ異なる。前者についてはまとめて「許認可行政」ともいわれるが、そのなかでもたとえば運転免許は、要件を満たせば何人に対してでも許可できるが、そうはいかないものも多い（たとえば施設の建設、電波の割り当てなど。「特許」といわれる）。

　また許可ではなく「認可」というときには、それがその効力の発生原因となっている。公共料金の改定などがこれにあたる。大学の設置も認可事項であり、勝手に作れるものではない（法人の問題でもある→4.7）。

　とくに許可と認可の違いは微妙で、学問上の分類と、法律の上での呼称が一致していないことがあるので厄介だが、基本的には「許可」は、禁止されていることの解除なので、許可なしに禁止事項をおこなえば罰則も課される。他方、許可なしにおこなったことでも私法的な効力は否定されない（→3.4）。こ

第9講 行政法

れに対して認可を要する事柄は、それなしにおこなっても効力自体が生じない。

さらに許可というときには、それが認められるかどうかの審査があるが、そうではなく届出という場合は、届出（書類の提出等）さえすれば（それが受理されれば）いいということが多い。その辺は個々の行政法規をみるしかない。

後者の不利益処分としては、税金の賦課のように、見返りなく一方的に、単に負担を課す場合もある。少し変わった例では、感染病（鳥インフルエンザや狂牛病など）が蔓延しそうなときに、一定範囲の家畜や鳥を処分するように命ずることがあり、「殺処分」というおそろしい名前がついている。このように一方的なことは、民法のような私人間ではあり得ない。

逆にもっぱら給付のための行政行為もある。たとえば保育所の入所枠の割り当てや、生活保護や年金の支給などであり、そこでは（行政行為ではなく）行政契約という手法も用いられることが多い（→3.4）。補助金の交付や、自治体と企業との協定などについても契約という手法が用いられる。

キャンパスライフと法

大学と学生の関係は、私立大学であれば民事関係だが、国公立大学であれば、本当に公法関係となる（ただしいわゆる非権力的関係に分類される）（→3.4）。

たとえばキャンパスでは普通、学生が勝手にテニスコートや空いている教室を使うことは許されない。大学側の許可（最低でも届出）を要するのが一般的だろう。そのように「自由を制限」しないと、「早い者勝ち」になったり、正式な授業で使う際の支障になったりしてしまうからである。このように「いつでも勝手に利用する自由」をルールで制約することが、結局は皆にとっても便宜になる。大学への入学自体についても同じことがいえるだろう。

以下ではそのようなキャンパスでの諸規則を、行政法の説明の例として取り上げることがあるが、国公立大学については、それが「説明そのもの」であるが、私立大学では（法的には契約なので）ある種の「たとえ話」ということになる。もっとも話の内実がほぼ同様である以上、国公立大学と私立大学とで、法律的な取り扱いや結論がまったく異なることにはならないのが普通である。

173

9.2　受付窓口の気分次第では困る

【法律による行政】

9.1でみた行政行為は、私人の自由の範囲を実質的に決める（線引きをする）ものだといえるが、具体的にはどのようにおこなわれるのだろうか。

法律による行政　たとえば一定の事項を申請者に許可するかしないかを、行政部門の担当者が、その日の気分や好き嫌いによって決めているようなことはないだろうか。大学のテニスコートや空き教室の予約だって、たまたま受付窓口に座っていた人の気分や好き嫌いで、利用の可否が決められてはたまらない。

実際、かつてはそれらを王様や役人が、好き嫌いで、あるいは縁やコネ、賄賂の有無などにより、「君には許可してあげよう」、「君はダメだ」という形で勝手に決めていた。今でもそういう国はあるだろうし、日本でも会社の採用人事や取引相手の選定などでは、そういうこともあるかもしれない。大学での入試面接などにしても、相性や「あたりはずれ」がないわけではない。

しかし日本の行政については、そうではなく、あくまで法律（ないしそれを具体化した政令等）がその基準を決めている。たとえば飲食業の許可であれば、衛生面の確保ができるかどうかでその可否が決まるし（食品衛生法）、運転免許であれば、安全に運転できるかどうかで可否が決まる（道路交通法）。9.1でみた具体的な行政行為（許可するかしないか等）が、この法律の基準にもとづいておこなわれる。これを「法律による行政」という。

平凡なスローガンのようだが、これ自体はとても大事であり、「人による支配」ではなく、「法による支配」がおこなわれていることを意味する。だから可否を判断された側も、相対的には納得できる。法律が嫌いな人であっても、そのときの担当者の気分や好き嫌いで自分の申請が受け入れられるかどうかが決まるよりは、法律という基準で一律・公平に決められるほうが「まし」だろう。

この「法律による行政」というのは、行政法のいわば一丁目一番地で、あまりにもあたり前で、陳腐なものとして受け取られる可能性がある。しかしとくに日本では、この点は重要だといえる。日本こそは「人治」の国であり、「上からいわれたから渋々従う」、「長いものには巻かれろ」というメンタリティが

第9講　行政法

強いからである。すなわち「法」＝「公」＝「お上」であり、そこに許可をいただけた／いただけなかったというイメージである。これと（「人」ではなく）「法」だから従うという西洋的な思考様式との懸隔は大きい（→第**3**講学問への扉）。

行政法とは何か

この「法律による行政」という場合の法律というのが、行政法である。ただし行政法という名前の法律はなく、総称である。世の中のさまざまな仕事や事柄に応じて、きわめて多くの法律があり、それらの多くの部分は行政法に分類される。世の中にある約2000の法律の2／3以上は行政法だといわれる。

たとえば国の役所を思い浮かべてみると、そのそれぞれが、多数の法律（行政法）を所管している（つまり運用し、改廃している）。厚生労働省なら、生活保護法、国民年金法等々、文科省なら教育基本法、学校教育法等々、金融庁なら銀行業法、証券取引法等々というように、各役所がそれぞれの法律を所管して、そこで公務員が広い意味で行政法の運用・解釈を日々おこなっている。

法律による行政の内実

このように行政行為、つまり個々に「許可するかしないか」、「禁止するかしないか」等々の判断は、気まぐれや好き嫌いではなくて、法律にもとづいておこなわれる。

行政を、法律通りにおこなうことを、「法律の優位」の原則という。これは「法律による行政」の内実の、基本ないし前提である。国民の代表が定めた法律だからこそ、「勝手に○○を売ってはいけない」、「勝手に○○をしてはいけない」というように、私人の自由が制限されるのである。

逆に法律がなければ、私人の自由を制限することはできない。たとえば道路交通法がなければ、運転免許がなくても勝手に運転できるはずだし、食品衛生法がなければ、勝手に玄関先で通行人にレモネードを売れるはずである。

このように法律がなければ、国民の権利を制限できないこと（いいかえれば法律による根拠の要求）を、「法律による行政」の内実として、「法律の留保」の原則という。最近であればゴミ屋敷の撤去であるとか、児童虐待の阻止などについて、「法律の根拠がないから手を出せない」という形で話題になることがあり、何とも歯がゆいのだが、人々のためにはなることであっても、法律の根拠なしに、勝手に家の所有者や、親の権利を侵害することはできないのである。

**侵害留保説と
その他の考え方**　このような形でルールの設定や発動が私人の権利を侵害する場合に、法律の根拠が必要だとする立場は侵害留保説といわれ、伝統的な考え方である。そうすると、逆に人の権利や自由を侵害しない行為（たとえば単に相談に乗る場合、給付をおこなう場合など）は、法律の根拠がなくてもできるのだろうか。

　たとえば誰の自由も制限しないからといって、法律の根拠なく、勝手に行政が（たとえば補助金交付が）おこなわれるのはおかしい。しかし逆に「法律がないからできない」というのが、いわゆるお役人仕事（前例主義の弊害。法律で決められたことしかやらない）として問題となっているのも事実であろう。

　これらは行政法の基本問題として議論される点でもある。行政が何かをおこなう場合には、つねに法律の根拠が必要だという立場（全部留保説）から、重要な事柄については必要だという立場（重要事項留保説）、権力的な事柄には必要だという立場（権力留保説）等、研究者の間ではいろいろな考え方がある。

給付行政の場合　自由や権利を侵害する行政行為ではなく、給付行政（行政契約によることが多い）にも法律の根拠を要するかどうかは、議論がある。

　しかしたとえば社会保障に関していえば、もちろん法律にもとづいて保険料が徴収され（こちらは財産権への制約ともいえる）、一定の要件を満たす場合に給付がおこなわれる。年金にせよ、生活保護にせよ、「法律通り」に（公平に）給付される必要があり、その意味で「法律の優位」の原則が妥当していることは間違いない。もっとも概略的に法律に規定されている施策について、予算措置（のみ）によって実施される場合もある。

**法律による行政の
例外──行政行為の
取　　消　　し**　「法律による行政」は、疑いようのない原則であるように思える。それでもいろいろ厄介な法律問題は発生する。

　たとえば間違って、本来は運転免許を交付すべきではない人（試験で落ちた人等）に運転免許を交付してしまったとする。これが判明したら、ただちに免許を返還してもらうのは当然である。このままでは「法律による行政」の要請に合致しない（法律は試験を落ちた人への運転免許の交付を予定していない）し、そもそも試験に落ちた人がクルマを運転してしまっては危なくて仕方ない。

　法技術的には、行政行為を自ら取り消して、原状への復帰、すなわち免許の

第9講　行政法

返還を求めることになる（取消しによって最初から違法になる）。

　しかしこれが生活保護の支給ミスであればどうか。すなわち一定期間、たとえば所定額より多く生活保護を支給していたことが判明したという場合である。このときそれ以降は正当な額を支給するのは当然として、過去に多く支給してきた分も、国に返せと言えるだろうか。

　間違って、法律に合致しない形で支給してきたのだから、返還を求めるのが「法律による行政」の要請に沿った対応であろう。しかし、これが何年も誤支給が積み重なって、大きな額になっていたら、それらを一挙に返還させるのは相手にとっては打撃であろう。そうでなくても生活保護の支給であれば、その時々の生活費に使ってしまうことが想定され、貯金などの形で残っていなくても当然であり、そこで一挙に（あるいは分割であれ）大きな額の返還を求めれば、そのことによって相手方の生活が本当に困窮に陥ることが考えられる。

　このケースについては、とくに民法上の信義則や（→4.4）、現存利益の規定、時効の規定、別途の国家賠償など、いろいろな方法を使って、実質的に返還しなくてすむような手立ては考えられる。しかし同じようなことは、年金やその他の給付でも起こりうる。「法律による行政」の原理をどこまで貫徹させるか（とにかく貫徹させればいいというわけではないようだ）という難問だといえる（法学では時には比べられないものを、あえて比べて判断する必要がある→2.3）。

キャンパスライフと法

大学でも卒業要件や進級要件は、学則や履修要綱などで細かく定められている。しかしたとえば卒業要件が124単位のとき、120単位しか満たしていないのに、（1つの科目の単位を間違ってダブルカウントして）卒業判定して学生を卒業させてしまったらどうなるか（逆に、入試で不合格だったのに、間違って入学させてしまったということもあり得よう）。

　大学の基準からすると、さかのぼって卒業を取り消して、学位が欲しければ、もう会社に勤めている「元学生」に、大学に戻って、年間の学費も払って、あと4単位とれ、ということになろう。しかし何しろ大学側のミスなので、そんなことをしたら損害賠償を請求されそうでもあり、実際には何か便宜（働きながらその単位だけ取得させるなど）を図ることが想定される（逆に、間違って入学させてしまったという場合も、追い出すわけにはいかないだろう）。

　ただ、これが国の行政だと、そう簡単に法律違反の行政行為について「便宜を図る」わけにはいかないのである。

177

9.3　試験の成績、ギリギリセーフかアウトか
【行政による裁量】

　9.2でみてきたように、私人の自由を制限するようなルールは、法律という形で制定され、個々の行政行為（行政処分）はその法律にもとづいておこなわれて、私人の権利関係が個別に変動する（端的には自由が制限されたり回復したりする）。しかしその個別の判断は、まさに法律の解釈問題となる（法律の専門家ではない公務員も、担当する仕事に関して日々それをおこなっている）。

法律に定めることの限　界　行政行為における法律の適用のあり方——たとえば一定の事柄がどういう場合には認められ、どういう場合には認められないか——を、本来は法律で定めておくのが望ましいとしても、その具体的な判断の仕方をすべて法律に書いておくのは無理であることが多い。その場合はしばしば法律より下位の政令（内閣が制定する）や各省庁の省令、規則などでその詳細が定められることになる。

　それでもなお、その「全部」をあらかじめ書いておくのは困難である。たとえば運転免許を付与する要件（道路交通法97条）について、試験の概略や、出題の方針等を決めておく（それらを公にしておく）ことはできるし、必要であるが、その試験問題の内容まで具体的に書いておくのには限界がある。法律や政省令に、「次回の試験問題はこれですよ」と全部具体的に書いてあっては試験にならない（ルールを詳しく規定することには困難と問題点を伴う→2.1）。

裁　量　の　必　要　性　そもそも事前に言語化しておくことが難しい事柄も多い。とくに難しいのは、安全性というような抽象的な概念にかかわる法律の解釈や適用である。

　たとえば火山で噴火の可能性が高くなると、一定の地域は立ち入り禁止とされる（災害対策基本法、活動火山対策特別措置法などによる）。しかしその「一定の地域」はどこかを事前に法律などで定めるわけにはいかず、どうしてもその時々の専門的な判断によるということになる。

　このように具体的な行政行為の内容は、行政機関（自治体等）の個別の判断によらざるを得ない。いいかえればある程度、行政機関の「裁量」にもとづいた判断を認めざるを得ない。そこでは行政機関がおこなった法律の解釈（国民の権利を制限したり、認めたりする）が通用することになる。

第9講　行政法

　たとえば疫病にかかる家畜の殺処分（→9.1）では、そこでの行政機関の判断が、家畜の生死を分けることになる（家畜伝染病予防法17条等）。つまり疫病の発生源から「10キロ圏内の家畜はすべて処分せよ」という命令が出された場合には、10キロより少しでも内側にいれば殺処分され、10キロより少しでも外にいれば殺処分は免れる。

　しかしその10キロという線引きが、唯一の絶対的な正解か――なぜ9キロではないのか、なぜ11キロではないのか――を完璧に説明できるものではないだろう。だからといって、線引きをしないわけにはいかない。そういう「とりあえずの線引き」が、家畜の生死を決める。

　同様に、あるいはより複雑な形で、たとえば自然災害に伴う避難指示、発電用原子炉の設置の許可やその取消し、医薬品（副作用があるかもしれない）の製造販売の許可や禁止等々の社会的に重要な事柄が、一定の裁量のもとで判断されることになる。

　あるいはさまざまな施設（たとえば保育所、老人ホーム、病院、墓地、またパチンコ屋、風俗営業店等々）の設置や開業の許認可等にしても、片方ではそれを待ちわびる人たちが、他方では迷惑や反対する近隣住民や競合相手がいて、判断は難しい。まったく逆の双方の意見を踏まえつつ、法律の趣旨を踏まえて設置の可否が判断されることになる（あわせて誰がこれを争えるかという問題（原告適格）がある→9.6）。

裁量をめぐる問題　このような具体的な事柄は、行政主体（自治体等の行政機関）が法律の範囲内で、その都度、状況に応じて細則を定めたり判断したりするしかない。「裁量に任せる」というのは、基本的にはその判断が尊重され、文句を言っても認められない――行政主体がそう判断したら、そうなのだ――ということではある（具体的には行政行為は次にみるような効力を有する→9.4）。

　それではどんな判断であっても「行政側には裁量があるのだから、その判断が尊重される」かといえば、裁量にも一定の限界があるとされている。

　たとえば10キロ圏内の家畜を処分するように命じられた場合、10キロ内ギリギリに入ってしまう事業者が、「この範囲は10キロでは広すぎる。8キロか9キロで十分ではないか」と争ったとしても、あとでみる行政不服審査や行政訴訟（→9.5）のなかでは、「10キロ内という基準で、絶対ダメとまではいえな

179

い。いいかえれば行政の裁量の範囲内だ」という形で行政側の裁量的な判断が是認されることは多い。

そうすると、もう争いようがないのかといえば、そうでもない。たとえば殺処分が本来1－2キロの範囲で十分だという場合であれば、「3キロ内とか4キロ内というのであれば、まだ裁量の範囲に収まるかもしれないが、10キロ内というのはいかにも広すぎる」という評価はあり得る。つまり「あまりにもひどいではないか」という形で争って、それが認められる可能性はある。

このような「あまりにもひどい」場合を、「裁量権の逸脱・濫用」という。行政事件訴訟法30条は「行政庁の裁量処分については、裁量権の範囲をこえ又はその濫用があつた場合に限り、裁判所は、その処分を取り消すことができる」としている。裁量とは「何でもあり」ではないのである。

もっともそうすると理論的には「ひどい」と「あまりにもひどい」の境目はどこにあるのかということになる。また「あまりにもひどい」わけではないけれども「ひどい」というときに、放っておいて良いのかとの疑問もある。

ただ、「ひどさ」にも種類や程度の差は存在する。裁量の働く余地を認めるとしても、裁量の範囲を明らかに逸脱・濫用している場合はあるといえるだろう（白黒があいまいであっても、あえて線を引く意味はある→2.3）。

「あまりにもひどい」の判定 たとえば食べ物でも、見るからに腐っている（黴が生えている）場合と、食べてみたら腐っていたことが（はじめて）分かったという場合で、差はある。

あるいは野球でいえば、ストライクやボールの判定は基本的に審判に委ねられているが、さすがにワンバウンドのボールや、バックネット直撃のボールを「ストライク」と審判が判定しているようでは、明らかにおかしい。審判に裁量があるとしても、誰からみても「あまりにもひどい」という場合はあろう。

ちなみにこの「裁量権の逸脱」と類似の構成は、会社からの解雇権の行使の場面でも使われる。従業員が解雇事由にあたることをしたとき（たとえば怠業）、会社側は解雇権をもっているが、それを行使するのは「やりすぎ」かどうかが、「解雇権の濫用」にあたるかどうかという形で争われるのである（労働契約法16条は「解雇は、客観的に合理的な理由を欠き、社会通念上相当であると認められない場合は、その権利を濫用したものとして、無効とする」としている）。

第9講　行政法

給付行政の例　給付行政の場合、たとえば社会保障のなかでも、公的
年金では65歳になったら国民年金が受け取れるという
ように、給付の要件やその内容に関して裁量の余地がほとんどないことはあ
る。

　しかし、たとえば医療保険での給付（診療）内容にせよ、介護保険における
要介護度の判定にせよ、何しろ生身の人間の状態に対する判断なので、細かい
基準はあっても、それですべて機械的に判定できるものではなく、個々の人間
の判断に依拠せざるを得ない部分が多い。

　また生活保護の支給や、保育所の入所枠の割り当てなどについても、状況は
千差万別で、どうしても担当者や担当部署のその場での判断に任せざるを得な
い部分が多い。法令に加えてガイドラインなどを整備しても、すべてを事前に
明確な基準にしておくことは不可能である（逆にすでにある法令やガイドラインな
どだけでも詳しすぎて、それらの把握自体が困難だったりもする）。

　すると、せめてできるのは、決定過程の透明化と、納得できない場合の救済
方策ということになるだろう。考えてみれば、それは法律（ないしはルール）全
般にかかる宿命的な問題であるともいえる（→2.1）。

キャンパスライフと法　行政裁量の問題は、大学での単位認定や、定員枠があ
る少人数クラス（ゼミや実習）の選抜などに重ね合わ
せて考えることができる。これらにおいても実際の状況は千差万別なので、あ
らかじめ詳細なルールを作っておくとしても限界があり、どうしてもその場その
場での大学や教員の裁量によらざるを得ない。

　たとえば少人数クラスの採用選抜においては、成績の上の方からとるという
のはもちろんあろう。しかしまったく逆に、成績の下の方からとる（成績のい
い人はとらない）というのも、クラスの趣旨（教育的観点）によってはあり得よ
う。くじ引きで決めるということだって、あってもおかしくない。

　それでも「明らかに不公平」というケースはあり、裁量を逸脱・濫用するこ
とは許されない。たとえば試験の成績が58点だった学生を、試験が難しかった
ことも顧慮して、おまけで合格（60点相当）とするのは許されるとしても、30
点なのに合格にするとか、59点の人が他にもいるのに1人だけ58点の人を合格
にするとかは許されないだろう。

181

9.4 停学や退学処分を下されたら

【行政行為の効力】

微妙なケースはあるにせよ、行政機関によって示された判断には、私人は従わなければならない。しかしこの「従わなければならない」というのは、具体的にはどういうことを意味しているのか。それが行政行為の効力の議論である（法律は条文がどういう効果を有しているかが大切である→2.2）。

公定力　まずもって、いったんおこなわれた行政行為は、行政機関自身か裁判所によって取り消されない限りは、有効なものとして扱われることになる。このことを、行政行為が「公定力」を有しているという。

たとえば「運転免許は交付できない」と言われたのに勝手に運転したり、「営業許可は出せない」と言われたのに、勝手に店を出したりすることはもちろん許されない。危険な場所だから「立ち入ってはいけない」とされた場所には、立ち入ることは許されない。そのように行政行為は有効なものとして扱われる。

逆のパターンも同様であり、たとえば重大な事故を起こしたから運転免許を返納しろとか、店から食中毒が出たから営業を停止せよと言われたら、それに不満があっても従う必要がある。あるいはその危険な場所から退去しろと言われたら、不満があっても退去しなければならない。

このとき、たとえば運転免許や営業許可であれば、免許や許可証を交付しなければいいが、逆のパターンはより深刻である。

たとえば重大な事故を起こしたから免許を返納しろとか、店から食中毒が出たから営業を停止せよ、あるいはすでに立ち入っている人に退去せよということになった場合、そのように（コトバで）命令しただけでは、「自然体」では免許の保持や、店の営業、立ち入りが続いてしまうことが考えられ、そのときには行政の側から、より積極的なアクションを起こす必要が生じる（これらについては「執行力」として次にみる。もっとも運転免許や営業許可についても、無免許運転や無許可営業などにより、いわば強行突破されれば、同じ話にはなる）。

もちろんその行政機関の判断に、私人の側では納得できないこともあるだろう。もしそうだとしても、とりあえずは「正しいもの」として従うことが必要

であり、その意味で行政機関は、一次的な判断権をもっていることになる。

　もっともこれは「とりあえず」正しいものとして扱うということであり、絶対に訂正され得ないということではない。すでにみたように行政機関自身が、おこなった行政行為が間違いだった（法律に合致しない）と気づいた場合は、自ら取り消すことがある。また私人の側では「おかしいじゃないか」と思った場合、あとでみるように（→9.5）、不服審査や、裁判に訴える方法がある。

　このとき裁判においては、法技術的には行政行為の取消訴訟という方法しかとることができず、その点が技術的な意味での行政行為の固有の効果ということができる。このことは「取消訴訟の排他的管轄が及ぶ」と表現される。

　ただし違法性が「重大明白」な場合は、「無効の行政行為」として、これらの制約が及ばない場合もあるとされる（判例もこのようなケースを認めている）。

執　行　力　　行政行為については、公定力を有することに加えて、これが強制的に実現される仕組みに繋がっていることが重要であり、これは「執行力」といわれる。

　すなわち行政行為の相手方が納得していなくても、その内容が一方的に実現される。行政行為により命じられたことに私人が従わない場合、強制的に行政側がそれを実現することができるのである（ただし個々に法律の根拠を要する）。

　その代表的な方法が「行政代執行」といわれるもので、行政代執行法に規定されている。典型的には退去すべき場所から人が退去しないときに、行政側が強制的に排除することが可能で、その費用はその退去すべきだった人にあとで請求される。同様に税法では税金の滞納処分について、強制徴収を定めている。

　このプロセスは、私人の側が異議を申し立てている間、裁判で争っている間でも原則として停止されないという強力な措置である。たとえば行政事件訴訟法25条（1項）は、「処分の取消しの訴えの提起は、処分の効力、処分の執行又は手続の続行を妨げない」として、執行不停止の原則を規定している。

　これは1つには、不服審査や裁判による「引き延ばし」を認めないという趣旨であり、もう1つには何しろ違法状態（たとえば危険な場所への立ち入りや危険な営業・事業の継続等）なので、片時も放置できないということでもある。

　それでもこのことは一方当事者である行政側が、私人よりも圧倒的に有利な地位にあることを意味する。民事関係では、どちらの法的主張が正しいか、裁

判で決着をつけた上で、それでも従わない相手には強制執行を求められるということだった（→6.1）。しかし行政と私人との間では、もともと行政が優越しており、裁判を待たずに強制的に法律や行政行為の内容が実現されるのである。

　行政代執行は、しばしば気の毒な場面としてテレビで映し出される。家や土地から引き剥がされる人々、強制的に排除される民衆というように、まさに国家権力が牙をむいた瞬間のイメージになる。裁判している間も執行は止まらないという点も、無慈悲な感じをあおる。ただいきなりそういうことがされるわけでもなく、説得など手を尽くした上で、やむなくというケースも少なくない。

　なおこれらとは別に、行政行為には「不可争力」（一定期間を過ぎると争えなくなる）があるとされる（→9.5）。

| 行政手続──行政の事前の手続 | このように一方的に行政行為はおこなわれるため、私 |

　このように一方的に行政行為はおこなわれるため、私人の側では「行政機関がそう決めたから」というだけでは納得できないこともあろう。そこで行政手続法が、いわば納得に向けた一連の事前におこなうべき手続を定めている。

　すなわち行政行為をおこなうに際しては、行政手続法12条は「行政庁は、処分基準を定め、かつ、これを公にしておくよう努めなければならない」としている。また13条は、不利益処分をしようとする場合の手続として、当該不利益処分の名宛人となるべき者について、聴聞（ヒアリング）や弁明の機会の付与を定めており、反論を述べる機会等を確保している。さらに14条は「行政庁は、不利益処分をする場合には、その名宛人に対し、同時に当該不利益処分の理由を示さなければならない」としている。

　なお、一方的な行政行為ではなく、行政側から私人等にいわば呼びかける形で「行政指導」がおこなわれることも多いが、これは日本的な現象だともいわれる（「箸の上げ下げにまで役所が口を出す」という言い方がされる）。

　これはそもそも事実上の行為であって、行政行為ではなく、法的な効果もないのだが、実際的な影響は大きいことから、行政手続法（2条6号）では行政指導を「行政機関がその任務又は所掌事務の範囲内において一定の行政目的を実現するため特定の者に一定の作為又は不作為を求める指導、勧告、助言その他の行為であって処分に該当しないもの」と定義した上で、行政指導に際しての書面交付の義務（35条）、行政指導に従わない場合の不利益取り扱いの禁止（32条）、申請者の権利の行使への妨害の禁止（33条）などを定めている。

第 9 講　行 政 法

履 行 確 保 制 度　行政代執行は非常に強力な制度だが、それはいわば最終的な手段であり、ほかにも行政の命令を実現するための方法はいろいろある。

　典型的には、道路交通法が定めているような、違反行為に対する罰金があり、これらを行政罰という。個々の行政法規の最後の方にはたいてい罰則規定が置かれている。そのなかでも刑法総則が適用されるもの（懲役・罰金等）を行政刑罰といい、そうではないもの（届出違反などの軽微な法違反を対象として、通常は「過料」として定められる）を秩序罰という。

　他方、ソフトな手法としては、法違反を繰り返す企業名などを公表するというのもあり、これは世間体を気にする日本では「効く」といわれている。たとえば厚生労働省では、就職内定取り消しの悪質なケースについて、企業名を公表することがある。

　その他、「勧告」や「課徴金」（独占禁止法などで例がある）などの手法がとられることがある。

　逆に行政行為を先行させず、いきなり実力行使が認められる領域も、例外的には存在する。これを「即時強制」といい、破壊消防、感染病患者の強制入院などで例がある。

キャンパスライフと法　行政行為の効力は、一方的で強すぎる印象もあるが、大学での事例にあてはめてみると、それなりに理解できるところがある。

　たとえばテニスコートや教室について、先に誰かの予約が入っていて自分は予約できなかったのに、勝手に使ってしまっては、混乱するに決まっている。誰がテニスコートや教室を使えるかどうかの判断権は、まずもって大学にある。

　あるいは入学試験で不合格だった人が「本当は合格したはずだ」と言って争っているときに、どちらの言い分が正しいのか分からないからといって、「とりあえず入学させて、授業を受けさせる」というわけにはいかない。

　逆に試験での重大な不正行為で、学生に停学や退学処分が命じられた場合、学生側が「不正行為など絶対にしていない」と主張していたとしても、まずは大学の処分を正しいという前提で進めるしかない。たとえば卒業直前なので、とりあえず卒業証書を出すというわけにはいかないだろう。もっともあとでみるように、これらは「まったく争えない」という意味ではない。

185

9.5 大学の新設に賛成する人、反対する人
【行政不服審査・行政事件訴訟】

　行政機関がおこなった行政行為に対して、私人の側が納得できない場合、どこに異議を唱えるかについては、2つに大別される。1つは行政機関に対して不服を申し立てる方法であり、もう1つは裁判に訴える方法である。

行政不服審査とは　行政機関に対して、「もう一度よく考えてくれ」というように、再検討を求めるのが行政不服審査である。行政不服審査法という法律が、これらの仕組みを定めており、その処分から3ヶ月以内に、処分をおこなった行政機関の上級行政庁（大臣や自治体の長など）に対して審査請求するというのが原則である。

　なお明確に違法でなくても、「不当」であれば不服審査の対象となる。行政不服審査法1条は「行政庁の違法又は不当な処分その他公権力の行使に当たる行為」を対象とすると明記している（その意味で司法部門よりも踏み込んだ審査をおこなえる）。気をつけていると、たとえば税金の納付通知書をはじめとして、実に多くの書類に、この不服審査の案内が記されている。

　もしそこで行政行為の不当性や違法性が認められると、行政行為が取り消されたり、変更されたりする（行政不服審査法46条）。

行政事件訴訟とは　もう1つには、裁判所に訴える方法である。行政不服審査は行政部門への申し出なので、いわば身内ともいえ、担当者や担当部署のしたことがおかしいと思っても「かばう」こともあり得よう。そこでむしろ行政とは距離がある第三者的な裁判所に対して、行政行為の違法性を訴えることには合理性がある。

　これを行政事件訴訟といって、典型的には行政行為の取消し訴訟がこれにあたる。行政事件訴訟法という法律が、それらの仕組みが定めている。

　もっとも「第三者」というと公正中立なイメージがあるが、裁判所がその行政行為の妥当性を調べるのはなかなか難しい。行政部門は、多数の公務員がそれぞれ担当部署に分かれて、固有の専門的な判断を下しているわけであり（すでにみた例でいえばレモネード販売の衛生面から、原発の安全性に至るまで）、日常的にはそれらと無縁な裁判官が、急にその違法性の有無を判定するのもなかなか大変である（その意味で、上級行政庁による不服審査には意味がある）。

第9講 行政法

しかし裁判の結果として、行政行為が違法だとして取り消されることはある。その場合、行政機関は改めて行政行為をおこなうことになる。このとき裁判で否定された根拠により同じ処分をすることはできない（行政事件訴訟法33条）。

期間制限にポイント これらの手続の大きなポイントの1つは、期間制限があることである。たとえば不服審査であれば原則として処分があったことを知った日の翌日から起算して3ヶ月、取消し訴訟についても処分等があったことを知った日から6ヶ月と、比較的短い（行政不服審査法18条、行政事件訴訟法14条）。これを行政行為の効力の1つとして、「不可争力」ということがある。

なぜ期間制限を設けているかというと、あまりあとになってから行政処分が取り消されるとその影響が大きく、取り返しがつかないことが多いからである。

たとえば新たな新幹線整備について、一度は認可を出して、土地買収や路線建設が進み、鉄道会社も営業開始を準備している段階で、その認可の違法性が指摘されて（たとえば採算性が見込めないとして）取り消されてしまうと、作りかけた駅や線路も壊して更地に戻すのか等々、「もとに戻す」こと自体が大変である。そのような大規模な事業でなくても、原状回復の困難さは小さくない。

逆にいえば、それによって影響を受けそうな人は、一定の行政行為がおこなわれたら、必要があればただちに、争うなら争う必要がある（争っている間でも、すでにみた「執行力」（→**9.4**）も生じる）。

もっともあとになってからでも、違法であることが明らかになれば、それを放置するのはおかしいこともある。この場合、1つには「あまりにもひどい違法」、すなわち瑕疵・違法性が「重大明白」ならば、無効確認訴訟が可能である（→**9.4**）。もう1つは事後的な救済として、国家賠償の途がある（→**9.6**）。

行政事件訴訟の種類 行政庁の公権力の行使に関する不服の訴訟を「抗告訴訟」という（行政事件訴訟法3条に列挙されている）。

行政行為を争う訴訟の典型は、「処分の取消しの訴え」、すなわち行政庁の処分その他公権力の行使にあたる行為の取り消しを求める訴訟である。行政行為が違法だと考えて提起するのだから、それがもっとも自然な方法でもあろう。

またすでにみた審査請求その他の不服申立てに対する行政庁の裁決、決定その他の行為の取消しを求める訴訟を「裁決の取消しの訴え」という。

他方、たとえば申請したのに、行政側が認めるとも認めないとも言わない場

187

合には、とにかく何らかの行政行為をおこなうことを求める必要があり、これを「不作為の違法確認の訴え」という。

これらに加えて出訴期間にかかわらず、とてもひどい違法については「無効の行政行為」として、「無効等確認の訴え」を提起できる（公定力もはずれる）。

また一定の処分がされないことにより重大な損害を生ずるおそれがあり、かつ、その損害を避けるため他に適当な方法がないときに限り、「義務付けの訴え」を提起することができる。これはおこなわれた処分を取り消すだけではなく、直接、一定の処分を実現するものである（その分、要件のハードルは高い）。

さらに「一定の処分又は裁決がされることにより重大な損害を生ずるおそれがある場合」に限り、「差止めの訴え」を提起することができる。ただし「その損害を避けるため他に適当な方法があるときは、この限りでない」（37条の4）とされる。加えて裁判には時間がかかることから、「償うことのできない損害を避けるため緊急の必要があり、かつ、本案について理由があるとみえるとき」は、「仮の義務付け」「仮の差止め」という仕組みも用意されている（37条の5）。

原 告 適 格　以上、やや抽象的にみてきたが（こういうところで行政法が無味乾燥に思えてしまうのだろう）、実際の争い方のパターンはさまざまである。

たとえば新しい大学の設置が認められないと、申請した学校側は（ついでに受験生や、学生相手の商売をしたい人も）不満に思うだろう。他方、設置が認められると、ライバルとなる大学や、騒音を心配する近隣住民などが不満に思うかもしれない。保育所や病院、パチンコ屋の開設認可などにしても、同様に直接の当事者以外の利害は分散し、裁判で争いたい人もいるかもしれない。

これらは「原告適格」の問題、すなわち誰が訴えられるか（裁判の原告になれるか、その適格性を有するか）という問題である。とくに行政行為の直接の名宛人だけでは狭すぎるとしても、あまり関係の薄い人にまで原告適格を広げるのは適切ではない。当事者の権利の有無を法律的に判断するのが裁判だからである。訴訟が増えすぎるおそれもあるし、逆に判決の効力から、誰かが裁判をしてしまうと、同じことではもう争えなくなる（既判力という）。

この原告適格について、行政事件訴訟法９条では、「当該処分又は裁決の取消しを求めるにつき法律上の利益を有する」（者）と定めているが、実際の判

第9講　行　政　法

定は難しいところがある（本当の条文はもっとすごく長い）。不服審査についても基本的には行政訴訟と同様と考えられている。

　これはいわば「誰が土俵に上がれるか」という問題であり、その土俵に上がって、勝てるかどうかは別である。その意味で、地味な論点ではある。しかしそもそも土俵に上がれるかどうかは重大な問題であり、これができなければ、裁判で争う道は完全に断たれてしまう（このようなときには、「権利」の問題ではなく、「反射的利益」に過ぎないと表現される）。

　もっとも公共性の高い事柄（たとえば原発の設置認可や、空港の開設許可）については、個別の裁判ではなく、政治過程を通じて国民の意思を決していくのが筋だという考え方もあり得る。すなわちこれは政治プロセスという別の土俵との役割分担の問題でもある（裁判での法律の解釈には限界がある→2.3）。

　　自 由 選 択 主 義　これらの不服審査と行政事件訴訟という 2 つの方法について、私人側では原則として両者を自由に選択・利用できる（これを自由選択主義という）。

　ただしその紛争の専門性を勘案して、社会保険などでは個別法で「不服申立前置」（まず審査請求等の不服申立てをおこなって、それが認められないときに、はじめて訴訟できる）が定められていることもある。

　　┌─────────────┐
　　│ キャンパスライフと法 │　大学での処分（たとえばカンニングやコピペに対する懲
　　└─────────────┘　戒処分、極端な場合は停学や退学処分）についても、学
生の側で不満があれば、再考を求める審査請求手続が学則等で定められているのが一般的である。

　このときにはたとえば所属学部による処分の妥当性を、大学の上部機関や委員会が審査することになる。もっとも大学のなかの組織同士なので、上部機関や委員会といっても、学部の判断を尊重・追認してしまう可能性も小さくない。

　だから最初から、純粋に外部の裁判所に判断してもらった方が、公平にも思える。もっともその大学のことを知らない裁判官に、こういう学則で、こういう科目の期末試験で、カンニングではなくこれは持ち込みが許されていた自筆のノートで…云々と経緯を説明して理解してもらうだけでも大変そうである。加えて大学の単位認定や退学処分等については、司法審査の対象とはなりづらい（裁判官の判断になじまない）ところがある（→10.4）。

189

9.6 パワハラ／アカハラに負けるな

【国家補償】

　行政不服審査や行政事件訴訟は、おこなわれた行政行為に対して是正を求めるものであり、それはその行政行為により、私人の側で自由や権利が侵害され、損害が生じることを防ごうとするものだといえる。しかしそれが是正されなかったり、是正が間に合わなかったりして、違法な行政行為により実際に損害が生じた場合、国家賠償という方法で事後的な救済を図ることが可能である。

　国　家　賠　償　　国家賠償法1条は「国又は公共団体の公権力の行使に当る公務員が、その職務を行うについて、故意又は過失によつて違法に他人に損害を加えたときは、国又は公共団体が、これを賠償する責に任ずる」としている。これは民法の不法行為のような形の規定になっているが、憲法17条を受けたものでもある。

　たとえば危険な薬を国が認可してしまい、そのせいで亡くなった人がいれば、国の認可がなければ死ぬことはなかったということで、遺族から国家賠償請求がされることがある。あるいは間違った営業停止命令のせいで、店がしばらく営業できずに、損害が発生するということも考えられる。

　大学でいえば、入試で本来合格と判定すべき人を、間違って不合格と判定してしまったことがあとから判明した場合、今さら合格としても「間に合わない」とすれば、事後的に賠償をおこなうしかない。

　また実際には国家賠償は、公務員による不法行為があった場合に、その雇い主としての国の責任を争うために用いられることが多い。加害主体が公務員だったケースでの、いわば不法行為法の使用者責任（→7.3）の行政法版だといえる。大学でいえば教員からのアカハラ・パワハラなどがこれにあたる。

　なお国家賠償法1条の「公権力の行使」については、通説では行政の非権力的活動を含めて広く解されている（公権力の行使にあたらなければ、民法上の不法行為責任を追及することが可能だが、要件や効果がまったく同じではない）。

　過　失　の　判　断　　このとき不法行為全般にも通じることだが（→7.1）、過失があったかどうかの判断は難しい。たとえば医薬品の認可であれば、もし危険なもの、副作用のあるものを認可してしまえば、

第9講　行政法

被害を受けた人たちから行政による認可の違法性を追及されることが予想される。しかしながら、認可しないとしないで、逆に「その薬があれば助かったのに」という人たちが、行政が認可しなかったこと（不作為）の違法性を責任追及することが考えられる。

医薬品は、往々にして一定の副作用は伴うし、ある人には効くが、ある人には効かないということはある。そしてそれは実際に処方してみないと分からないことが多い。薬の危険性があとから判明する（認可時には分からなかった）ケースも多く、その意味でも、違法性の判断はきわめて難しいことになる。

そこであとでみるように、違法性にこだわらずに被害者救済を図る方法、具体的には損失補償にも期待がかかることになる（→10.3）。

なお研究者の間ではこの違法性の判断について、行政訴訟の場合と国家賠償の場合と同じなのか異なるのかも議論されている（たとえば警察官が逮捕したが、結果としては無罪だった場合などで問題になる）。

営造物責任　これらと別に国家賠償法2条は「道路、河川その他の公の営造物の設置又は管理に瑕疵があつたために他人に損害を生じたときは、国又は公共団体は、これを賠償する責に任ずる」としており、これを営造物の設置・管理責任という。

これは不法行為の工作物責任（民法717条）に近く、故意や過失を要件としていない。そこでもみたように（→7.3）、たとえば（国公立）大学の建物の不具合のせいで損害を受けた場合には、大学の責任が問えるというものである。

ただその際、「設置、管理に瑕疵があった」とは何を意味するかが問題となる。判例ではそれは営造物が「通常有すべき安全性」を欠いていることだとされている。しかしそうだとすると、そのように「通常有すべき安全性」を有するように設置・管理したかどうかが問われることになり、（そのような安全性を備えていたにもかかわらず発生した事故は仕方ないことになるにせよ、）それは結局、設置・管理をおこなう行政主体の過失の有無を問うことに接近する。

自然災害であっても、たとえば「もっと防災対策をきちんとしておけば、被害を防げたのではないか」という形で、この責任が問題となる。

そのなかでも2条の文言にある道路に関しては、穴が開いていたとか崩れたとかいう場合、道路はいわばゼロから造るものなので、国家の責任は問いやすい。これに対して河川に関しては「もともとある」ものなので、やや責任は問

191

いづらいが、2条に明記されているわけだし、河川法が定める公の管理を定めていることに着目して責任を問う余地があろう。もちろんその個々の判断はまた難しい（過失の判断における「ハンドの公式」の適用にかかわる→7.1）。

その他、震災や津波など（2条の文言にはない）、それぞれ難しい。

無過失補償の契機 いずれにせよ、やはり安全性の判断は微妙である。その意味では実際に損害が生じているのだから、もう「瑕疵」ないし安全性についての過失的な要素・観点の有無にこだわらずに、損害の発生に着目して賠償したらいいではないか、という見方があるかもしれない。

実際、土地収用や予防接種の健康被害などについては、損失補償という方法がとられている（→10.3）。また、誰の責任でもないといえる自然災害についても、仮設住宅など、いろいろ救済の政策が講じられるは確かである。

しかしそれは（法律、権利の問題ではなく）まさに政策の問題というべきなのかもしれない。「きりがない」ところがあるからである。たとえば台風による被害もすべて補償されるのか、盗難による被害もすべて補償されるのかといえば、疑問もあろう（たとえば台風の被害には事前の備えの余地はあり得るし、盗難か紛失か分からないときもある）。安易にいうべきではないにせよ、自己責任が原則とならざるを得ないところはあろう。

より一般的に、安全対策についても、とくに業界への監督の権限不行使に伴う行政の不作為の責任については難問となる。たとえば過労死をさせるような会社への労基署立ち入りがされていなかったなどのケースであり、それを言い出すとキリがなくなるともいえる。

それでも公害関係などでは不作為（行政の規制権限の不行使）の責任を認めた判例は多い（たとえば筑豊塵肺訴訟についての最高裁2004（平成16）-4-27判決、水俣病関西訴訟についての最高裁2004（平成16）-10-15判決など）。スモン薬害訴訟などでは、不法行為法の諸論点もからんで多くの裁判が展開された（福祉国家の役割にかかわる→第9講学問への扉）。

公務員の個人責任 国家賠償においては、公務員自身は個人責任を負わない。国家賠償法1条2項は「前項の場合において、公務員に故意又は重大な過失があつたときは、国又は公共団体は、その公務員に対して求償権を有する」としている。

第9講　行政法

　これは組織としての仕事により発生した事故に関して、個々人の責任を問う
のは適切ではないという考え方による。もし個人責任を問うと、仕事で不適切
な（余計な）ことをしたら責任を問われかねないということで、公務員を萎縮
させてしまうという説明もされる。

　実際、公務員は組織のいわば歯車として仕事をしているわけだから、たとえ
ば（安全性の判断を見誤って）不適切な薬品を認可して、多数の人に薬害被害が
出たという場合にも、組織として認可の判断をしたのだろうから、特定の個人
の責任は問いづらいし、特定したとしても賠償しきれるものではないだろう
（民法の使用者責任と同様である→7.3）。

　ただ、とくに公務員個人による不法行為の場合、個人責任を求める余地が
まったくなくてよいかどうかは疑問がある。たとえば民間の組織なら、個人の
不法行為責任もあわせて追及することが可能だが、公的な主体については、個
人の責任を追及する余地がないのである。

　もっともこの場合でも、公務員個人の責任がまったく問われないものではな
く、行政組織のなかでの責任追及（たとえば降格、減給、配置転換など）が想定さ
れているものといえる。

キャンパスライフと法　　大学教員のスポーツ指導が過酷で、そのせいで学生が
死んでしまったという場合で考えてみると、その教員
個人とあわせて、大学としての指導・管理にも問題があったともいえる（警察
官や自衛官の訓練などでもその手の話が起きることがある）。このようなときには
心情的にも、また賠償資力という点でも、その教員個人というよりも大学自体
（全体）の責任を問いたいことがあろう。

　もっとも事案によっては（もしかしたらこの例でも）、むしろ教員個人の責任
を強く問いたい場合もあろう。しかしすでにみたように国公立大学であれば、
その個人を訴えることはできない。そのことは被害者にとっては隔靴掻痒の感
があることが否定できない。たとえばとてもいい大学なのだが、特定のおかし
な教員にセクハラやアカハラを受けて、裁判では勝利したが、大学（という無
機質な法人）から機械的に賠償金額が振り込まれて、当の教員は以前と同じよ
うに大学で勤務しているということもあり得るからである。もっとも別途、そ
の教員に対しては大学内で処分がおこなわれることは想定される。

193

学問への扉

1．そもそも行政および行政法とは

　松浦寿輝『明治の表象空間』が描く「行政」のイメージは、実に dismal（陰鬱）である。明治初期、すなわち近代国家としての日本の誕生とともに、日本の行政の仕組みが作られたのだが、それは一言でいえば、「よからぬことが何も起こらないように」、事前にいろいろ行政活動を展開するいうことであった。

　犯罪の予防としての戸締りの推奨にせよ、「火の用心」の連呼にせよ、テロへの警戒にせよ、自然災害への予防措置にせよ、将来的に「よからぬことが何も起こらないように」というのが、このような行政活動の本質ではある。

　それは、あまり夢のある仕事ではないかもしれない。人々の幸せを増すというよりは、もっぱら「悪いことが起こらないように」ということであり、大切な仕事ではあるが、「無事に何も起こらずにすんだ」としても、何かポジティブな目標を達成したときのような（たとえば何かの大会で優勝したような）充実感は得られないかもしれない。

　しかし日本では内務省の創設とともに、これが徹底的に全国に広められて、国民にも浸透して今日に至っている。その成果として、日本ほど治安のよい国はないし、愛想のいい「おまわりさん」がいて、子どもがお金を拾ったら交番に届ける国であり続けているのである。

　もともと「警察」とは、社会公共の秩序の維持のために、権力によって個々人の自由・権利を制限するという意味でもあり、上記は警察行政ともいわれる。

2．近代における行政法

　近代法においては「法律による行政」が基本線になる。それは基本的に公的空間と私的空間を分けた上で、私的空間の自由を一定程度は制限することを通じて公的空間を確保し、全体の福利を増進するという図式だといえる。

　比喩的にいえば、一定のスペースがあったときに、それを利用する人数で、完全に分割しきってしまうのではなく、少し譲り合って「共有部分」を作っておいて、皆の役に立つようにするという方法だといえる。かつての下宿や寮でトイレや風呂を共有にしていたのは、その意味で合理的な仕組みではあった。そうでなかったら各人の部屋がもっと狭くなってしまう（もっとも今日ではそれよりもトイレや風呂でも私的空間の確保がより重視されるに至っている）。

あるいは一定の財産があったときに、人数割りで完全に「山分け」してしまうのでなくて、共有財産として一定部分を残しておいて、それを投資なり、貯蓄なり、皆に役に立つ用途に差し向けるようなものである。

それらが結局は人々の福利を全体として増加させて、個々人としても、最初から少し多くもらうよりも、最終的に全員で大きく増加した分を享受する方がいいではないかということになる。そこに公私の線引きの意義がある。

伝統的な規制行政は、それを主に担ってきた。すなわち規制・権利の制限を通じた、消極的な秩序維持（警察行政）と積極的な福利の向上である。

３．現代における行政法

この図式がさらに現代では変化する。すなわち国民・私人の自由を規制して、全体の福利を増進させるという方法とは別に、私人の福利を直接に増進させる方法がとられるようになる。いわゆる給付行政であり、福祉国家の登場である。

代表的には社会保障にかかる給付（公的年金・医療保険・生活保護等々）であり、あわせて産業振興であり、新幹線や道路整備などの公共事業であり、観光、文教、エネルギー政策等々である。経済・財政・金融政策にしても、国民所得向上が目的である。

他方、伝統的な規制行政・警察行政に関しては、最近は「規制緩和」、「既得権益の打破」が唱導されていて、規制というとそれだけで「よくない・撤廃すべきもの」と直感的に思われることが多いかもしれない。

しかし、確かに「過剰な規制」もあるにせよ、すべての規制が悪であり、撤廃すべきだというわけではない。逆にむしろより規制を強化すべき領域もたくさんある。最近では、過当競争に伴う無理な交通機関の運用が、事故を引き起こしやすいものとして問題となっている。また新しい技術や事柄（最近ではドローン、スマホ、ゲーム機、民泊、遺伝子技術等々）に関して必ずこのような問題と、規制の必要性をめぐる議論は起こる。

社会学者のニコラス・ルーマンは、「夜、犬がほえても、政府に文句をいうのが福祉国家だ」と言っている（『福祉国家における政治理論』）。

25 番教室の窓

行政法はつまらないけど大事

藤田宙靖先生（1940-）は最高裁の判事も務めた行政法の第一人者であるが、ご自身の本に堂々と書かれていることには、学生時代、最初は行政法というのが「もっともつまらない分野のひとつ」で「講義もサボってばかりいた」という。それがその領域の専門家になっているのだから「われながらあきれてしまいます」という。

そして「こういうふうな話を聴いていたのだったならば、行政法をおもしろいと思ったかもしれない」と考えながら書いたのが、藤田先生の『行政法入門』という本だとのことで、実際とても分かりやすい名著である。

確かに（藤田先生と比べるのは畏れ多いのだが）、自分が学生時代のときも、行政法は、とっつきにくかった。民法や刑法という実定法には何とか慣れたところで、また難敵があらわれたという感じであった。

たとえば刑法では、犯罪者という「悪い人」が出てきて、それをどう評価するかという話だし、民法では「悪い人」も出てくるのだが、しばしば「いい人」同士の争いになり、それはそれで面白いところがあった。しかし行政法は、そういう具体的な紛争よりも、紛争の枠組みにかかる議論が多く、また実際の裁判例も、どちらが勝ったというよりは、手続のあり方自体を争うようなところがある。

行政法全体がそういうところがあるが、とくに行政争訟の部分は、いわゆる手続法そのものである。手続法というのは、六法でいえば民事訴訟法や刑事訴訟法であり、裁判の手続、手順などを定めるものである。

これらは何とも無味乾燥で、退屈な感じが強い。民事訴訟法を略して「民訴」というのだが、「民訴は眠素に通じる」というのがお決まりの言い方で（授業は眠くなる話ばかりだという意味→7.4）、これと共通するところがある。

しかしながら、この手続にうまく乗らなければ、そもそも裁判というリングにあがって戦うことができない。とくに行政裁判では、しばしば「却下」という形で門前払いを食わされるが、それはその手続の第一歩である訴訟要件の部分で敗れた例である。

藤田先生の『行政法入門』には、こう書いてある。「この関門をキチッと通り抜けられるかどうかが、法律のプロとアマのちがいなのだ、ということすらできるかもしれません」。

第**10**講 憲 法

10.0 どう決めるかを、どう決めるか

【introduction】

　憲法学の泰斗であった芦部信喜（1923-1999）は、会議で「そのようなことを決める手続を、決める手続をどう決めるか」といった細かい議論をして、メンバーを辟易させるという伝説があったという（星野英一『法学者のこころ』。もっとも星野自身は、そのような発言を聞いたことがないと書き添えている）。

　「手続を決める手続を決める手続」とは、なんとも迂遠なようだが、実はそうでもない。たとえば最終的に決めるべき事柄を、「国民の代表」だと考えてみる。普通に考えれば、それは選挙で決めるということになるが、具体的には小選挙区制、比例代表制など、いろいろあり得る。さらにいえば大統領制や直接選挙という選択肢だってあり得る。

　これをどう決めるか（また変えるか）は難問である。単純に多数決で決めるという方法はあるが、そうするとそのときの多数派が自分たちの都合のいいようにルールを決めてしまい、以後はそのルールに沿って選挙もおこなわれ、たまたまそのとき多数派だった集団がずっと政権を占めることにもなりかねない。

　そこで国民の代表を「どう決めるか」を「どう決めるか」が、別途の論点となる。単なる多数決ではまずいとすれば、少数派の意見をどう取り入れるか、これを検討するための委員会のメンバーをどう構成するか、また外部の第三者機関、世論調査等々、いろいろなアイディアが出てきてそれらが並び立つ。

　そうだとすると、まさに国民の代表をどう決めるかを「どう決めるか」を、「どう決めるか」こそが、大きな争点となるわけである。

　そういうわけで、国民の代表に限らず、全体として「どう決めるか」（また変えるか）という手続を決める手続にかかわるのが憲法だといっても、あながち誇張ではないだろう。法律についても、憲法はその「決め方を決めている」ともいえるわけで、いわばメタルールということができる。

　この第10講では、その憲法の概略をみるとともに、これまでの議論との関係を整理してみたい。

10.1 「女子大」は男女差別か

【基本的人権】

憲法については高校までの間にも勉強する機会があったと思うけれども、ここでは法学全体のなかでの憲法という角度から、改めて眺めてみたい。

日本国憲法の前半では、第１章「天皇」、第２章「戦争の法規」に続いて、第３章「国民の権利と義務」で主として基本的人権について定めている。

そのなかで、公的な領域と私的な領域をどう切り分けるかを基本的・最終的に律しているのは第３章の基本的人権の諸条項である。すなわち自由や権利をどこまで尊重し、逆にどこまで制約できるかということである。

人権にかかる基本的な論点　「自由や権利を制約する」というと、それ自体よからぬイメージがあるが、それが是認されるのは、あくまで全体のためになるときである。「全体」といっても抽象的だし、「全体のために個人が犠牲になる」という事態への関心と警戒感はつねに持つ必要があるが、行政法のところでみたように、たとえば皆が勝手に免許もとらずにクルマを運転する「自由」を行使したら大変なことになってしまう。そういう自由は制約することが、他の人々はもちろん、本人にとっても、ひいては社会全体にとっても「よいこと」だといえる（→1.1、9.1）。

あるいはやはり行政法のところでみたように、私たちは、勝手に医者にはなれないし、勝手に食堂も開けない。そのように「職業選択の自由」や「営業の自由」が制限されている。しかしそのことで、いい加減な医者もどきにかかったり、不衛生な食堂に入ったりしなくてすむわけであり、全体の幸福が増しているといえる。きちんと医師免許を取得したり、飲食店の営業許可を取得すれば、私たちも堂々と、医者になったり、食堂を開くことができる。

すると、いくつかの論点が浮上する。すなわち第一に、全体のためであれば、どこまで個々人の人権を制約できるのかという点である。逆にいえば全体のためであっても、人権を制約できない場合があるのではないか、全体のためであっても個人を犠牲にしてはならない場合があるのではないかということである。

第二に、仮に全体のために、個人が譲るべき場合があるとして——たとえば運転免許・医師免許や飲食店の営業許可のことなどが想起されよう——、その

人権の制約に伴う個々人のマイナスと、それによって生じる全体のプラスとを、どう比較するのかという点である。いいかえればどの程度の全体としてのプラスがあれば、個々人の自由を制限してもいいといえるのだろうか。

第三に、それらを誰がどうやって判断するのかということである。この点は統治機構にかかる問題となろう（→**10.4**）。それらをあらかじめ憲法で定めておくのが、いわゆる立憲主義である。

前提としての個人

これらの議論では「個人」が出発点となる。国家は、あくまでフィクションであり、個々人のような「実体」はないからである。

もっとも「個人」にしても、見方によっては細胞の集まり、ないしは情報の集まりに過ぎないともいえ、その意味では「個人」も1つのフィクションだといえる（→**2.5**）が、近代法では個々人を実体のある単位（人権主体）と考える。

その出発点として、憲法13条は「すべて国民は、個人として尊重される。生命、自由及び幸福追求に対する国民の権利については、公共の福祉に反しない限り、立法その他の国政の上で、最大の尊重を必要とする」と定めている。いわゆる幸福追求権ともいわれるが、この規定はいわゆるプライバシー権の根拠としても位置づけられる。なお外国人にも性質に応じて人権は保障される（マクリーン事件についての最高裁1978（昭和53）-10-4判決）。

他方、憲法14条では個人の平等について、「すべて国民は、法の下に平等であつて、人種、信条、性別、社会的身分又は門地により、政治的、経済的又は社会的関係において、差別されない」と定めている。

この14条もしばしば引き合いに出されるが、物事について平等かどうかを評価するのは難しく、あらゆる角度から見て平等を実現するのは至難である。しかしここではむしろ13条が述べているような個々人の人権主体としての固有性・基底性を、平等という表現で語っているものと理解できる。つまり「世界に一つだけの花」ではないが、それぞれの個々人が「それぞれとして」重要なのであり、その「重要さ」において、個々人を平等に扱う必要がある。

他方、立法においては、その目的との関係で、差別の是正が必要な場面もある。最近では国籍法に続いて（最高裁2008（平成20）-6-4判決）、民法における非嫡出子の扱い（→**8.3**）について（最高裁2013（平成25）-9-4判決）、最高裁の違憲（14条違反）判断が出されている。

学説は立法目的の合理性と、その手段の合理的ないし実質的な関連性という2つの要件での審査を主張しているが、判例では緩やかに審査する傾向もある。

私人間への適用・私人間効力　憲法上の基本的人権の規定については、それが私人と私人の間にも適用されるかどうか問題となる。これを私人間（しじんかん）適用・効力の問題という。

憲法は、基本的には国家と私人との間について規定しているので、私人同士の関係は、一義的には民法をはじめとする私法が規律することになる（→3.3）。

たとえば憲法上の「職業選択の自由」があるからといって、働きたい会社で働けるわけではなく、意中の会社との間で雇用契約が成立しないと働けない。

しかしそこに憲法的な価値が「にじみ出る」ことがある（「間接適用」といわれ、とくに民法90条や709条を通じておこなわれる→4.4、7.1）。私人と私人の間の関係といっても、それはしばしば公的な性格を帯びるからである。

もっとも私人間での憲法の適用が問題となるのは、しばしば純粋に「個人と個人の間」というよりは、個人と、会社をはじめとする組織との関係である。ただ、組織の成立が認められる際に、そこでの権利のあり方も制約されることがあり、その組織の合理性の範囲では憲法的な規範が妥当しないことは十分あり得よう（憲法では次にみるように「結社の自由」を認めている）。

民法との接点　この問題は、たとえばお店を開きながら、「外国人お断り」や「一見さんお断り」ということは認められるかという話とも連なってくる。

普通の私有地であれば、誰がそこに入って構わないかは土地の所有者が自由に決めるのは当然である。それと対比して、観光地やお店、また「相撲の土俵」についてはどうだろうか。それらがどこまで公的な（皆に開かれた、あるいは誰の物でもない）性格を有しているか、あるいは公的な性格を有しているとしても、（大学のように）一定の制約を伴うことが当然予定されているかどうかによって、個々に考えていく必要がある（それが民法90条や709条の適用にも反映する。民法解釈のなかで憲法的価値も勘案されるわけである）。

公私の線引き問題として　これらは結局のところ、公私の線引きの問題といえる。そのなかで、ときには私的領域といわれたものが、公的な性格を帯びてくることや（たとえばドメスティック・バイオレンス）、

その逆もあるかもしれない（たとえば組織のなかでのマイノリティーの権利等）。人間が公私の両方の空間にまたがって生きている以上——ないしは逆にいえば、無理に空間を公私の2つに分けている以上——、絶えずその線引きを見直しながらおこなっていくしかないものといえる。

　もちろんこのような事情のもとでは、公私の二分論自体に疑問が呈されても不思議ではない。しかし限界線が微妙だからと言って、カテゴリーを2つに分けることに意味がないわけではない。逆に境界線が不明確だからといって、「まったく分けない」と、不都合が大きく可能性がある（→2.3）。

　憲法学者の佐藤幸治（1937-）の整理によれば、古典的立憲主義においては、「公」のなかで「私」の幸福が実現されるものだったが、近代立憲主義においては「公」と「私」を分けて、「公」はあくまで「私」の幸福を実現するためのものと位置づけられる。さらに現代立憲主義では、「公」はより積極的に「私」の幸福を実現することが求められることになる（『憲法』）。

　ただいずれにせよ、公と私の2つの領域があることが問題の出発点となっており、「個人」に立脚して物事を考える以上は、両者を安易に混ぜてしまうことは危険だろう。あるいは公私の間に「公共」のような領域を想定する場合には、その内実につき慎重に検討することが必要だろう。

キャンパスライフと法

たとえば女子大の設立が認められている（より一般的には大学に限らず、男女別学が認められている）以上、そこでの入学基準として憲法14条をもとに男女の平等を主張するのはムリがある。憲法の人権は、国家に対して保障するのが主眼であり、国家以外に対しての場面で基本的人権の保障を言い出すと、おかしなことになりかねない（たとえば教室内での私語を注意されたときに、憲法21条をもとに言論の自由を唱えて抗弁するのも同様にムリがある）。

　しかし、だからといって大学入試で、たとえば「外国人だからダメ」とか「障害者だからダメ」という選別も認められるかといえば、それは話が別だろう。大学は勝手に設立できるものではなくて、幅広く門戸を開放して教育サービスを提供するという前提があるからこそ、（すでにみた行政行為によって）設立が認可されて、さまざまな便宜も付与されているからである（→9.1）。その大学設立が認められた趣旨に反して門戸を狭めることは許されないだろう。

　この点は、就活（会社からすると採用活動）においてもしばしば問題となる。

10.2　悪口をネットに書くのも表現の自由か
【精神的自由、経済的自由】

　基本的人権のカテゴリーとしては、大別して自由権と社会権があるが、ここではまず自由権（精神的自由と経済的自由、人身の自由）を扱う。

精神的自由　精神的な自由権とは、代表的には思想・良心の自由や信教の自由であり、憲法19条は「思想及び良心の自由は、これを侵してはならない」、また20条は「信教の自由は、何人に対してもこれを保障する」としている。

　いわゆる内面的な自由が認められなければ、自由が一切ないのと同じであり、これらの保障の必要性については議論の余地はなかろう。もっともたとえば謝罪広告の掲載命令については、それが良心の自由を侵害しないか、議論がある。このため裁判でも相手方に「謝罪しろ」という判決は出せないが、最高裁1956（昭和31）－7－4判決は謝罪広告の掲載命令は容認している。

　またこれらが外部に表明され、他者に伝えられることに関して、憲法21条は「集会、結社及び言論、出版その他一切の表現の自由は、これを保障する」（1項）として、言論・出版に限らず集会の自由、結社の自由を含め、広く表現の自由を保障している。次でみるように国民が自由に意見を表明できなければ、民主制の政治プロセスはそもそも動かない。また21条2項では「検閲は、これをしてはならない。通信の秘密は、これを侵してはならない」としている。

　このことから法令により表現活動等を規制する場合には、当該制約の合理性・必要性、目的に対する手段としての合理性（さらに学説によれば最低限度性）が問われ、それらを満たしていないと法令は憲法違反とされる（→10.4）。

　とくに表現内容に着目した規制については、慎重な審査を要するとされる。もっともこれと比べて相対的には緩く審査される、表現内容とは無関係の内容中立規制（一律のビラ貼り禁止等）と、その区別は微妙なこともある。

　ただしあらゆる表現活動が手厚く保障されるべきかといえば、たとえば名誉毀損や猥褻文書を考えると、表現の自由による保障に値するかは疑問がある（何しろこれらは刑法上の犯罪ともなり得るものである）。逆にこれらの劣悪な表現行為をネタに、政府による表現全般への規制が強化されては困るので、これらをきちんと限定的に定義づけて、本来的な表現の自由の対象とは最初からいわ

ば別枠に位置づけて扱うことが考えられる（「定義づけ考量」definitional balancing
といわれ、判例でも猥褻文書等について、この考え方が用いられることがある。サブカ
テゴリーによる対応といえる→2.3）。しかしそれにあたらない悪口や性表現は、
基本的には表現の自由の射程には入ることになる。

　また憲法23条は「学問の自由は、これを保障する」としている。学問の自由
は、表現の自由のような留保をつけずに「俳句のように」保障されている。内
容的には、学問研究の自由、研究発表の自由、教授（教育）の自由があり、そ
こから派生して「制度的保障」として大学の自治が含まれるとされる（通説）。
ただし教授（教育）の自由といっても、あとでみる教育権との関係から、何で
も好き勝手に教えればいいというものではない。

　人身の自由についても、31条以下で犯罪の被疑者の権利等が詳細に規定され
ており、これらはすべての自由を行使する前提になる自由だといえる。31条は
「何人も、法律の定める手続によらなければ、その生命若しくは自由を奪は
れ、又はその他の刑罰を科せられない」としている（デュープロセスといわれ
る）。さらに「裁判を受ける権利」が保障されている（37条）。

　たとえごく少数（さらにはたった一人）による権利主張であっても、仮にそれ
以外の全員が合意しても、憲法に反する形でその人の基本的人権を制限するこ
とは認められない。別の言い方をすれば、「皆で決めてはいけないこと」だと
いえる。このように精神的な自由は強く保障されており、より実際的には、国
会で仮に多数決で一定の人権を制約するような立法を成立させても、あとでみ
るように裁判所がそれを憲法違反と判断することになる（違憲法令審査→10.4）。
国会は「国民の代表」の集まりなので、そこが何でも決められるはずだと思わ
れがちだが、憲法はそうはしていないのである。

**違憲審査にかかる
二重の基準論**
　裁判所による法令の違憲審査については、「二重の基
準」という考え方が、広く支持されている。すなわち
精神的な自由権、とくに表現の自由などについては、憲法への適合性が厳しく
問われるべきだとされ、それに対して経済的な自由権は、比較的緩やかな司法
審査がおこなわれるものとされる。

　次でみるように経済的な自由権については、ある自由と別の種類の自由とが
対立する場面が多く、そのためある程度は自由も制約を受けざるを得ない。そ
の「ある程度」の判断は、国民の代表（国会による立法）に委ねられる度合いが

大きくなる。

他方、表現の自由などの精神的自由がとくに重要であるのは、これらが破壊されると、政治システムの機能と復元が困難になるからである。

すなわち仮に経済的な自由権等（あるいは社会権でも）に関して、不適切な立法がされたとしても、国民としては、言論・言説を通じてその不当性を表明するとともに、選挙で政治過程に働きかけ、それを是正するチャンスがある。

これに対して表現の自由等が制限されてしまうと、声を上げること自体ができなくなり、上記のプロセス自体が機能しなくなってしまう。そのような自動復元の機能不全を起こさないように、表現の自由等を制限する立法の合憲性は、慎重に判断され、必要不可欠な最低限度のもの（制限立法）だけが容認されるという考え方である（法学では帰結も意識することが大切である→2.3）。

たとえて言えば、生きていくためには「水」も「食料」も大事なのだが、まず「水」がないと、食料だけがあっても、調理したり飲み込んだりもできない。そこでまずもって、優先的に「水」の確保に努める、といったところであろうか。だから「二重の基準」の考え方は、いわば食料を水よりも別に「それ自体の価値」として低く位置づけているわけではない。

経済的自由

第二のカテゴリーとして、いわゆる経済的自由がある。経済的自由とは、職業選択の自由、居住・移転の自由、財産権などを指す。

これらについては精神的自由と比べて制限の余地、あるいは制限の必要性が大きいとされる。そうしないと他の人や、社会全体の福利（利益）が損なわれるからである。

すなわち憲法22条1項は、「何人も、公共の福祉に反しない限り、居住、移転及び職業選択の自由を有する」としている。なお2項は「何人も、外国に移住し、又は国籍を離脱する自由を侵されない」としている。

これにより、「公共の利益」に反する場合は、自由が制限されることがある。たとえば職業についていえば、勝手に医者になられたり、勝手に飲食店を開かれたりしては、深刻な問題が生じるからである（→9.1、10.2）。だからここでは自由を制限することにより失われる利益と、全体としてプラスになる利益とが、いわばフラットに比較される。

このとき判例によれば、規制が積極的な社会経済政策の実施のためであれ

第10講　憲　法

ば、緩やかな「明白性の基準」により、著しく不合理であることが明白である場合にのみ違憲とされる（小売商業調整特措法についての最高裁1972（昭和47）-11-22判決）。また規制が消極的、警察的目的のためであれば、「厳格な合理性の基準」により、より制約的でない方法があれば違憲とされる（薬事法について最高裁の違憲判決（1975（昭和50）-4-30判決。LRA（less restrictive alternatives）基準ともいわれる）。前者の積極的目的の方が、政策的な判断による一般的な公共財の提供（たとえば公共事業のような）に近いものと理解できる（→第**9**講**学問への扉**）。

　また憲法29条は「財産権は、これを侵してはならない」、その２項は「財産権の内容は、公共の福祉に適合するやうに、法律でこれを定める」としている。これは私有財産制、所有権等の保障ということであるが、やはり「公共の福祉」による制限が付されている。

　所有権といっても「万能」ではないことは、民法の物権法のところでみてきた（→5.1）。加えていえばそもそも経済的自由は、市場にせよ、契約法にせよ、国家がその枠組みを設定ないし創設するもので、いいかえれば国家が何もしなければ成立しない（あるいは損なわれる）ものだといえる。そのためさまざまな制約を加える必要も大きくなる。それでもこれに関する違憲判断もあり得る（森林法に関する最高裁1987（昭和62）-4-22判決がある）。

キャンパスライフと法

表現の自由については、パブリック・フォーラム論から説明されることがある。パブリック・フォーラムとは、道路や公園・広場など、公共の集会場、討論会場のために用いられ得る場所を指す。

　これは日本では最高裁判事でもあった英米法学者の伊藤正己（1919-2010）が主張したもので、国が施設管理権を有するとしても、その運用に際しては憲法的な諸権利を重視すべきだとされる（『憲法（第３版）』）。人々があれこれ話し合う場所を確保することこそが、公共プロセスを動かすための基本条件だということである。

　大学でいえば、「学生のたまり場」の確保が大事だということになり、それを提供するのは大学側の責務だといえる。逆にそれらは皆が利用できる場所であり、誰の物でもないので、独占して利用することは許されない。特定のサークルなどが既得権として私物化してはダメなのである。

10.3 大学に行くお金がなかったら

【社会権、その他】

　20世紀的な福祉国家では、自由を確保するだけでなく、より積極的に人権を実現することが国の責務とされるに至った。これが第三のカテゴリーとしての社会権である。資本主義下では、自由権の保障だけでは、結果として「飢える自由」（思想家ハイエクの表現）になってしまうことがあるからである。

生　存　権　社会権の典型が生存権の保障である。すなわち憲法25条1項は「すべて国民は、健康で文化的な最低限度の生活を営む権利を有する」としており、生活保護制度がこれを中心的に担っている。また2項は「国は、すべての生活部面について、社会福祉、社会保障及び公衆衛生の向上及び増進に努めなければならない」としており、医療保険や公的年金などの諸制度がこれを担っている。

　これらはもちろん望ましいことではあるが、公的な空間の確保が自由の制限と裏腹であったように、生存権の確保もそのための財源がないと実現できない。ひるがえって憲法では納税の義務が規定されており（憲法30条）、他の国家活動とあわせて税金でそれをまかなうことになる。

　ただ税金の徴収は、各人の財産権への侵害的な行為でもある。だから国家作用といっても、とくに個々人に直接給付される生活保護については、何しろ皆が払った税金からの所得移転なので、本当に必要な人に、最低限度の給付をおこなう以上の支給は、納税者が納得するのは難しい。

　より具体的な生活保護の水準については、基本的には立法府の裁量に委ねられている。どのような給付が「健康で文化的な最低限度の生活」を可能とするものかは、一義的に定められるものではないからである。それはたとえば国民の安全のために、信号機をどの程度設置しなければならないかというような、公共財の提供と類似する側面がある（社会保障の給付は直接個々人に帰属するので、準公共財というべきだろう）。ただし行政法のところでみたように、裁量といっても無制限ではなく、水準の定め方についても、個々の支給についても、その裁量の逸脱や濫用を裁判で争う余地はある（→9.3）。

　その意味で、給付の要件として別途の拠出（社会保険料の支払）を求める社会保険の仕組み（医療保険、公的年金、介護保険、雇用保険、労災保険）は、最低限

第10講　憲　　法

度を超える水準の給付を可能とする枠組みとしての意義をもっている（これら
が25条2項の内実を担っている）。

教 育 権　憲法26条は教育を受ける権利につき「すべて国民は、法律の定めるところにより、その能力に応じて、ひとしく教育を受ける権利を有する」（1項）とするとともに、2項では「すべて国民は、法律の定めるところにより、その保護する子女に普通教育を受けさせる義務を負ふ。義務教育は、これを無償とする」として、これを受けて教育基本法をはじめとする教育法制が整備されている。

　教育は、やはり公共財に似た性格を有していて、放っておいては適切に供給されないおそれが大きい。またこの教育を受ける権利は、学問の自由（→10.2）とも深くかかわる。すなわち教員の側には、学問の自由の一環としての教授の自由があるが、それが学生の側の教育を受ける権利に制約される面がある。

　最高裁1976（昭和51）−5−21判決（旭川学力テスト事件）は、子どもの学習権（教育を受ける権利）を認める一方、教育の主体について、親・教師・学校・国の役割を認めつつ、教師による教授の自由にも一定の制約があるとした。

勤　労　権、
労 働 基 本 権　憲法27条は勤労の権利に関して「すべて国民は、勤労の権利を有し、義務を負ふ」（1項）とするとともに、2項では「賃金、就業時間、休息その他の勤労条件に関する基準は、法律でこれを定める」としている。3項は「児童は、これを酷使してはならない」とする。また28条は「勤労者の団結する権利及び団体交渉その他の団体行動をする権利は、これを保障する」としている。

　これらは労働基本権として、労働基準法、労働組合法などの労働法制により具体化されており、その内容として私人間効力（使用者による労働基本権の尊重）も定めている（労働組合法1条2項、8条等）（→10.1）。

　他方、公務員の労働基本権と、その政治活動の自由の厳しい制限については、判例でもしばしば取り上げられてきている。

　なお27条の「勤労の義務」については、直接的な効果を伴うものではないが（たとえば働く場所がなければ、働きようがない）（→10.5）、生存権を保障するための生活保護法が、その法律の目的として同時に自立支援も挙げており、近時では「勤労の権利」を実質的に保障するために、（国がみずから中心的に雇用自体を

207

提供することはできないので）労働（雇用）への支援も重要になっている。他方、自立としての労働にドライブをかけすぎることへの批判もある。

国家賠償、損失補償　これら以外にも、第3章「国民の権利と義務」ではいくつかの権利や事柄を定めている。

　国家賠償に関して憲法17条は「何人も、公務員の不法行為により、損害を受けたときは、法律の定めるところにより、国又は公共団体に、その賠償を求めることができる」としている。他方、損失補償に関して29条3項は「私有財産は、正当な補償の下に、これを公共のために用ひることができる」としている。

　17条の国家補償は、不法行為のいわば行政法版とみることもできるが、それには尽きない部分、とくに違法の行政行為にかかる事後的な救済という役割もある。国家賠償法がこれを担っている（→9.6）。

　他方、29条の損失補償は、独自の位置づけのものといえる。すなわちこれは一定の公益のために、私益が犠牲になる場合、補償をおこなうというものである。たとえばダム建設のために水没する土地の所有者に補償するというケースである。法律に沿ったものであれば、違法ではないので、国家賠償の問題とはならない。そしてダムの建設によって、多くの国民あるいは社会全般に、大いに便益が生じる。したがってその増加した便益をいわば財源として、負担を強いられた土地の所有者に補償をおこなうというのは合理的であろう（法学では「比べられないものをあえて比べる」という面がある→2.3）。

　もっとも、そのように全体のために一部が犠牲になってもよいのかは別の問題である。いいかえれば補償さえすれば、人権を自在に制約できるというものではない。それでも財産権（土地の所有権等）というのは、自由権とは異なり、はじめからそのような制約に服する面があるものだといえる（→5.1）。通説は「特別の犠牲」が生じるときに、補償がおこなわれるとしている（実際には土地収用法などの実定法が整備されている）。

　公共政策においては、すべての人の福利を向上させる「パレート基準」をみたす政策は少なく、実際には全体としての福利を向上させて、その増加分が、福利の減少する人の分を補って余りある場合に満たされる「カルドア＝ヒックス基準」が政策の評価に用いられることがあり、その適用場面といえる。

家族　家族は私的な領域ではあるが、憲法は、これをあくまで個人に立脚したものと位置づけた。

第10講　憲　　法

すなわち憲法では24条１項で「婚姻は、両性の合意のみに基いて成立し、夫婦が同等の権利を有することを基本として、相互の協力により、維持されなければならない」、また２項で「配偶者の選択、財産権、相続、住居の選定、離婚並びに婚姻及び家族に関するその他の事項に関しては、法律は、個人の尊厳と両性の本質的平等に立脚して、制定されなければならない」と定めている。

これらはかつての家制度を否定するという趣旨であり、逆に「正式な婚姻だけが家族だ」とか「男と女でなければダメ」というような含意ではない。

新 し い 権 利

その他、憲法では、参政権（15条）、請願権（16条）、刑事補償請求権（40条）などが定められている。

他方、これら以外にも「新しい権利」として、環境権やプライバシー権などが指摘されることが多い。ただしこれまでみてきたような基本的人権の性格・位置づけからすると、単に書き込めばいいというわけではないし、書き込まなければならないというものでもないし、同時に憲法にもし書き込むとしたら、どのような内容にするかを慎重に検討する必要があろう（→2.2）。

キャンパスライフと法

憲法には生存権と、教育を受ける権利が規定されているが、すべての国民に「大学で学ぶ権利」はあるのだろうか。義務教育ではないから、教育権の射程に正面からは入りそうにないし、大学受験に失敗したら「もう死にたい」という気持ちになるとしても、それで本当に死ぬわけではないので、生存権とも直接関係はない。どこの大学にも入れないこともある以上、権利（何らかの具体的な請求権）があるとはいいづらい（→3.3）。

ところが生存権を具体化する生活保護との関係では、大学には合格したが、生活する費用がなく、大学に行かずに働けば生活費を稼げるというときにどうするかという問題がある。普通は元気で稼げるなら、生活保護は支給されない。

しかし自分で学費を稼いでいる学生は少なくとも一般的ではない。本人ではなく親の状況で、大学進学の可否が決まってしまうことには疑問がある。

他方、生活費を支給して大学進学の途を認めるとしても、なお学費や進学に伴う諸費用はどうするか（これも生活保護から支給すべきか）等の問題が残る。

10.4 憲法をめぐる裁判の主役は大学生だ

【統治機構】

これらの基本的人権の線引きに関して、国がどのように分担して、それぞれがどのような役割を果たすかを定めているのが、憲法の後半の統治機構にかかわる部分である（憲法第3章〜第5章）。日本国憲法では、三権分立の仕組みをとっており、各部門が相互に抑制と均衡を果たすようになっている。

そのように憲法にもとづいて、国の各部門の役割を定めて、国民の自由・権利を保障する仕組みが、全体としてのいわゆる立憲主義だといえる。

立 法 部 門 公的領域として人権を制限するラインは、基本的には行政法のところでみたように、法律によって引かれる。いわゆる「法律による行政」である（→9.2）。

その法律を制定するのは立法府の役割ということになる。つまりその作業は国会において、国会議員によっておこなわれる。それは「国民の代表」ということであり、その手続や構成は、憲法で決められている。

すなわち憲法41条は「国会は、国権の最高機関であつて、国の唯一の立法機関である」とした上で、42条は「国会は、衆議院及び参議院の両議院でこれを構成する」、43条では「両議院は、全国民を代表する選挙された議員でこれを組織する」としている。

この「全国民を代表する」というのは、国会では私的な利益を衝突させるのではなくて、「全国民」の福利を向上させるという観点から、公的な領域における物事を決していくという趣旨だといえる（公私の空間を切り分けるための、ある種のフィクションだといえる→3.4）。

その議決に関して、56条2項は「両議院の議事は、この憲法に特別の定のある場合を除いては、出席議員の過半数でこれを決し、可否同数のときは、議長の決するところによる」としている。ただし衆議院は一定の事項につき優先している。具体的には法律の再可決（59条）、条約の締結（61条）、予算先議（60条）、内閣総理大臣の指名（67条）である。

行 政 部 門 立法部門により定められた法律を執行するのは、行政法のところでみたように行政部門であり、それを統率するのは内閣である。

すなわち憲法65条は「行政権は、内閣に属する」とし、66条は「内閣は、法律の定めるところにより、その首長たる内閣総理大臣及びその他の国務大臣でこれを組織する」、67条は「内閣総理大臣は、国会議員の中から国会の議決で、これを指名する」、68条は国務大臣の「過半数は、国会議員の中から選ばれなければならない」としている。

また66条3項は「内閣は、行政権の行使について、国会に対し連帯して責任を負ふ」としており、内閣は国会に対して、辞任することができるし、国会により辞任させられることもあるという関係にある。このような仕組みは議院内閣制といわれる（これらの点で大統領制や議会統治と区別される）。

また69条は、「内閣は、衆議院で不信任の決議案を可決し、又は信任の決議案を否決したときは、十日以内に衆議院が解散されない限り、総辞職をしなければならない」としており、7条（天皇の国事行為）による内閣による解散とあわせて解散権を規定していると解される（通説）。

内閣総理大臣は内閣の首長であり、国務大臣の任命・罷免権を有する（68条）。73条は「内閣は、他の一般行政事務の外、左の事務を行ふ」として、7項目を列挙している。いずれも重要だが、冒頭に「法律の執行」が置かれており、続いて外交関係の処理、条約の締結、官吏に関する事務、予算の作成、政令の制定、大赦、特赦、減刑、刑の執行の免除及び復権の決定が並ぶ。

その内閣のもとに、現在は1府13省庁があって、実際の政策を司っている。すなわち国家行政組織法および内閣府設置法により、内閣府、復興庁、総務省、法務省、外務省、財務省、文部科学省、厚生労働省、農林水産省、経済産業省、国土交通省、環境省、防衛省、国家公安委員会（警察庁）が設置されている。

なお15条2項は「すべて公務員は、全体の奉仕者であつて、一部の奉仕者ではない」としている。

司法部門

立法、行政と並ぶ国の三権は、司法権である。憲法67条は、「すべて司法権は、最高裁判所及び法律の定めるところにより設置する下級裁判所に属する」としている。「すべて」との文言から、いっさいの法律上の争訟に司法権が及び、76条2項は、特別裁判所の設置を否定している。

なお82条は「裁判の対審及び判決は、公開法廷でこれを行ふ」としている。

ところで基本的人権をどう守るかについて、立法府の意思決定は、多数決により決まるので、その実際の内容までは担保できない。仮に明らかに憲法違反の法律（たとえば特定の思想を禁止する内容）であっても、多数決によって、国会で成立してしまうことはあり得る。行政による政省令についても同様である。

　そこでそれをチェックするのが、司法による違憲法令審査権である。81条は「最高裁判所は、一切の法律、命令、規則又は処分が憲法に適合するかしないかを決定する権限を有する終審裁判所である」としている。

　すなわち具体的な事件において、人権が違法に制約されていて、それが法令そのものに起因する場合には、その法令が違憲だと判定される。まさに国民の代表が決めた法律でも覆せるという趣旨になり、これが基本的人権を憲法で規定する、実際的な法技術的効果だといえる（法律はその効果が大切である→2.2）。憲法にある人権のカタログは、お題目でも理想でもないのである。

　このように法律や政令による、たった1人への人権侵害について、最終的には裁判で覆せるということになる（その実例は、ここまでに紹介してきた）。法律や政令は、国民の代表である国会なり、行政なりが定めた、きわめて強力な（強制的に実現される）ものではあるが、もしそれが基本的な人権を侵害する場合は、たった1人でそれを覆せる。それは不思議なことかもしれないが、国家全体は、国民の基本的な人権を保障するために構成されているのだという立憲主義の考え方の、1つの帰結とも理解できる。だから抽象的な憲法審査ではなく、具体的な事案に即して、すなわち実際に人権が侵害された場合に限って違憲審査の仕組みが発動するものでもある。

<u>司法審査の限界</u>　このように司法権は広く及ぶが、それでも一定の限界はある。すなわち「法律上ではない」争い、科学的な真偽や、宗教、芸術的な美醜や評価にかかる争いなどは、司法で裁くことができない。これは法律の解釈自体にかかる限界でもある。同時に具体的な（権利の存否にかかる）「争い」に限られる（→2.3）。

　また、別の規範が通用する組織の内部的な事柄にも司法権は及ばないことがある（私人間効力→10.1）。さらに三権分立のなかでの立法や行政との役割分担にかかる制約がある（→9.5）。なお原告適格の問題もこの点にかかわる（→9.6）。

　最高裁1977（昭和52）-3-15判決（富山大学事件）は、大学の単位認定行為は、「特段の事情」がなければ司法審査の対象にはならないとした（→9.5）。

第10講 憲 法

司法判断の正統性　　裁判官は、国会議員と違って選挙で選ばれていないので、正統性に欠けるところがある。しかしあえて政治的プロセスとは独立した立場に置くことで、人権の番人としての役割を期待しているということになる。

　それはある種の生活の知恵として、枕元からわざと目覚まし時計を遠くに置いておくようなものである。これを合理的自己拘束、プレコミットメントということがある（オデュッセウスが航行中にセイレーンの歌声に惑わされぬよう、自らをマストに縛り付けるように命じたギリシア神話が典型例とされる）。次でみる憲法改正手続についても同じことがいえる（より一般的にはルールで一定の制約を課すことが、誰にとっても利益になるという考え方である→1.1）。

　憲法79条は「最高裁判所は、その長たる裁判官及び法律の定める員数のその他の裁判官でこれを構成し、その長たる裁判官以外の裁判官は、内閣でこれを任命する」とするとともに、2項で「最高裁判所の裁判官の任命は、その任命後初めて行はれる衆議院議員総選挙の際国民の審査に付し、その後十年を経過した後初めて行はれる衆議院議員総選挙の際更に審査に付し、その後も同様とする」、また3項で「前項の場合において、投票者の多数が裁判官の罷免を可とするときは、その裁判官は、罷免される」としている。このように司法部門も、完全に国民や他の政府部門から超然的に独立しているわけではない。

キャンパスライフと法　　違憲審査がからむ重要な裁判において、しばしば主役は大学生であった。

　たとえば大学の自治にかかる東大ポポロ事件（最高裁1963（昭和38）-5-22判決）、私人間適用が争われた三菱樹脂事件（最高裁1973（昭和48）-12-12判決。就職活動での学生運動歴秘匿）と昭和女子大事件（最高裁1974（昭和49）-7-19判決。学内での政治活動による退学処分）、すでにみた富山大学事件（最高裁1977（昭和52）-3-15判決）、また憲法14条・25条が争われた学生無年金訴訟（最高裁2007（平成19）-9-28判決）などであり、生活保護の学資訴訟（最高裁2004（平成16）-3-16判決）では高校修学費用について争われた。

　憲法は決して遠いところにあるものではない。考えてみれば日本国憲法の条文の起草にだって、22歳の女性が大きな役割を果たした（ベアテ・シロタ・ゴードン『1945年のクリスマス』）。

　大学生は、子どもではなく、憲法が想定する「市民」なのである。

10.5　憲法と大学は誰のために

【財政、地方自治、憲法改正、基本原理】

憲法にはこれら以外にも、財政、地方自治、憲法改正、平和主義・戦争の放棄など、重要な内容が定められている。

財　　政　　財政について、憲法では第7章で、国会によるコントロールを明記している。

すなわち憲法83条は、「国の財政を処理する権限は、国会の議決に基いて、これを行使しなければならない」としており、これは財政民主主義と呼ばれる。

また84条は「あらたに租税を課し、又は現行の租税を変更するには、法律又は法律の定める条件によることを必要とする」としており、租税法律主義を定めている（すでにみたように30条は納税の義務を定めている）。85条では、「国費を支出し、又は国が債務を負担するには、国会の議決に基くことを必要とする」としている。予算に関して86条は「内閣は、毎会計年度の予算を作成し、国会に提出して、その審議を受け議決を経なければならない」としている。

なお89条は公金支出の禁止に関して、「公金その他の公の財産は、宗教上の組織若しくは団体の使用、便益若しくは維持のため、又は公の支配に属しない慈善、教育若しくは博愛の事業に対し、これを支出し、又はその利用に供してはならない」としているが、その射程については議論がある（厳格に解すると私立学校への補助も憲法違反になりかねない）。

地　方　自　治　　憲法では地方自治についても、第8章を設けて、手厚く保障している。

地方自治の一般原則に関しては、92条が「地方公共団体の組織及び運営に関する事項は、地方自治の本旨に基いて、法律でこれを定める」としている。

この地方自治の本旨として、住民自治と団体自治の2つがあるとされる。後者の分権的要素に関しては94条が「地方公共団体は、その財産を管理し、事務を処理し、及び行政を執行する権能を有し、法律の範囲内で条例を制定することができる」としている。また前者の民主的要素については、93条が「地方公共団体には、法律の定めるところにより、その議事機関として議会を設置する」（1項）、「地方公共団体の長、その議会の議員及び法律の定めるその他の吏員は、その地方公共団体の住民が、直接これを選挙する」（2項）としてい

第10講 憲　法

る。

　憲法と条例の関係について、すでにみたように94条は地方公共団体は「法律の範囲内で条例を制定することができる」としているが、どこまでが「法律の範囲内」といえるかは問題となる。最高裁1975（昭和50）－9－10判決（徳島市公安条例事件）は法律の趣旨、目的、内容及び効果を比較することにより、抵触の有無が定まるとしている。「法律による行政」にかかる議論と共通する面があるといえる（→9.2）。

　なお憲法95条は「一の地方公共団体のみに適用される特別法は、法律の定めるところにより、その地方公共団体の住民の投票においてその過半数の同意を得なければ、国会は、これを制定することができない」としている。

憲　法　改　正

憲法の改正に関しては、憲法の第9章として憲法96条が「この憲法の改正は、各議院の総議員の三分の二以上の賛成で、国会が、これを発議し、国民に提案してその承認を経なければならない。この承認には、特別の国民投票又は国会の定める選挙の際行はれる投票において、その過半数の賛成を必要とする」としている。

　これは憲法の決め方を「どう決めるか」という、いわば究極のルールともいえるが、最終的には主権者たる国民が決めることとなっている。しかしそれだけではなく、そこに至るまでの慎重な手続を定めている（いわゆる硬性憲法）。

　このことについては議論があるが、これまでみてきたように、憲法には単に多数決で決めればいいというものではなく、むしろそうではない条項が並んでいるのであり、それに対応したものと言える。たとえば2／3以上という要件は、賛成が反対の倍を上回るという意味であり、「51対49」の紙一重でも可決されるような単純多数決とは一線を画している。さらにいえば97条が「この憲法が日本国民に保障する基本的人権は、人類の多年にわたる自由獲得の努力の成果であつて、これらの権利は、過去幾多の試錬に堪へ、現在及び将来の国民に対し、侵すことのできない永久の権利として信託されたものである」としていることからして（憲法の最高法規性）、憲法改正自体は憲法が予定しているものの、それでもその改正の内容的な限界はあるというべきだろう。

　もちろんたとえば「このルールは変えてはならない」というルールを変えることができるかといえば、「この文章はウソです」というのは本当かウソかというのにも似た、ある種のパラドックスにはなる。しかし日常生活で「私の話

215

は全部ウソです」と言われたとして、その人に信を置くなら、たとえパラドックスが生じているとしても、「私の話は全部ウソです」というメッセージ自体はそのまま受け取るであろう。憲法にしても同様であり、憲法が基本的人権を「侵すことのできない永久の権利」だと言っている以上、そのことを尊重するなら、それを「信託」された「現在及び将来の国民」としては、憲法改正の規定があるとしても、その規定を使って全部根元から覆したり、基本的人権を損ねるようなことはできないと考えるべきだろう。

　法律は、自己実現的なものである。全員が守らなくなったら、もはやそれは法律として通用しない。それを革命と呼ぶか無政府状態と呼ぶかは別として、そこでは現行法の内容を議論することの意味自体が失われることになる。

　なお2007年に憲法改正手続にかかる国民投票法が定められている。

憲法の基本原理　最後になってしまったが、日本国憲法は、国民主権、基本的人権の尊重、平和主義の3つを基本原理としており、これらは前文に盛られている。

　国民主権については、前文冒頭に明記されている。これを受けて1条では、「天皇は、日本国の象徴であり日本国民統合の象徴であつて、この地位は、主権の存する日本国民の総意に基く」とされている。

　平和主義に関しては、やはり前文で明記され、これを受けて9条1項では「日本国民は、正義と秩序を基調とする国際平和を誠実に希求し、国権の発動たる戦争と、武力による威嚇又は武力の行使は、国際紛争を解決する手段としては、永久にこれを放棄する」、2項では「前項の目的を達するため、陸海空軍その他の戦力は、これを保持しない。国の交戦権は、これを認めない」としている。

　これをめぐっては周知のとおり大きな議論があるが、この規定もすでにみたある種のプレコメットメントとみることが可能である（→10.4）。アインシュタインは「ナショナリズムは、子どもの病気だ」といっているが、いわば「おもちゃ」をあらかじめ子どもから遠ざけておくようなものともいえる。

　なお基本的人権についてはすでにみたように第3章で詳しく定められている。

国民の義務　憲法では国民の義務として、納税の義務（30条）、子女に教育を受けさせる義務（26条）、勤労の義務（27条）を規定している。権利に比して義務が少ないといわれることがあるが、立

第10講　憲　　法

憲主義のもとでの憲法の内容としては、むしろ当然だといえる。逆に行政法の
ところでみたように（→9.1～）、自由や権利の制限として、実際上、国民に課
される義務は無数にある。

政　党　の　役　割

政党については、憲法には規定がない。近年の政治主
導の流れのなかでは、政党というのは、むしろ余計な
挟み込まれた物というイメージも多少あって、大統領の直接選挙に典型的にみ
られるように、むしろ直接的な民主制の契機が大切で、効率的な政策運営に資
するとの印象もあるように思われる。

　ただし直接民主的な制度においては、とかく人気取り、ポピュリズムに走る
傾向もある。個別の政策的争点を、いわゆる国民投票（レファレンダム）に案件
として付議することにも、同様の危険はある。

　してみると、近代政党制のもとでは、複数の政党が、政策全体のパッケージ
を競っていると考えるべきであろう。論点を個別に信を問えば、たとえば「税
金は安く」が支持され、また「福祉給付は高く」が支持されるということに
なってしまう。しかし政策を全体としてパッケージとして評価する機会があれ
ば、「いいとこどり」の矛盾もお互いに指摘する機会が生まれる。そこで、政策
間の熟議があってしかるべきであろう。そしてそれを見る国民の目も問われよう。

キャンパスライフと法

かくも憲法は複雑である。そのため国の活動は非常に
厄介で、スピーディーな意思決定とは対極的である。
独裁者がぱっと物事を決めるような国とは違う。

　国と同じように、大学でのサークル活動でも、会社組織の経営にしても、本
当はトップダウンで物事を決めて実現に移した方が、はるかに効率的である。

　しかしそもそも国家は何のためにあるのか。それは国民のためのはずであ
り、その点を踏み外さないために、複雑な仕組みになっていると見るべきだろう。

　それは究極の「タテマエ」ともいえる。国家は国民のことなど、何も考えて
いないのかもしれない。しかしもともと国家など、フィクションなのだ
（→2.5）。法律と同様に、人間が動かしていくしかない。

　大学だって、そもそもは学生のためにあるはずである。それはタテマエに過
ぎないとしても、そのタテマエを前面に打ち出すことはリアルな武器になりう
るだろう。ヘーゲルの有名な言葉に、「理性的であるものこそ現実的であり、
現実的であるものこそ理性的である」というのがある（「法の哲学」）。

217

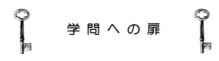

学問への扉

1．そもそも憲法とは

　イントロでもみたように、憲法は、物事を（あるいは端的には法律を）どう決めるかを、決めているところがある。

　たとえば近隣住民とのトラブルでもいい、保育所入所でもいい、あるいは原発の稼動でもいい、米軍基地問題でもいい、何か困ったことがあったり、何か実現したいことがあるときに、私たちはどうしたらいいのだろうか。

　警察に行くのだろうか、役所に陳情するのだろうか、裁判所に訴えるのだろうか、それとも選挙で（投票箱に向けて、つまり政治家・政党を通じて）その意思を実現しようとするだろうか。

　事柄が、ニーズや要望にとどまらず、「権利」にかかわるとき、それは法的紛争として、端的には裁判で決着がつけられる。しかしそれらは決して単純な役割分担ではなく、領域によっては政治プロセスとの接点が正面からあらわれる。

　国民の側としては、何かを実現するために、とりうるあらゆる手段を——すなわち投票なり、裁判なり、申し出なりを——おこなえばいいだけだともいえる。ただ、それらの結果が異なって矛盾を生じると、何らかの統一が必要となる。それは一定の国家作用がおこなわれても、別の国家作用がそれを打ち消すという、すさまじい調整過程だといえる。憲法はそういうことを扱っている。

2．近代における憲法

　政治学者のアイザイア・バーリンは、「理想の追求」ということの難しさを述べている。特定の理想の追求が、自己目的化して、うまくいったためしがない。全員の理想が一致するはずはないのだから、誰かの理想の実現は、必ず誰かを傷つける。「強者の自由は弱者の死」である。

　たとえば「平和」という理想では、全員が一致できそうだが、実際には「平和を取り戻すための戦い」が世界で悲惨さを撒き散らしている。

　だから大切なのは、一定の線引きにより、私的な自由の領域、すなわち個々人によって価値観が異なることが認められる領域を確保することである。自分のする選択を他人から妨げられない領域がどれくらい広いかを、バーリンは「消極的な自由」の問題と呼んでいる。

　他方、人が自分自身の主人でありたいという「積極的な自由」もきわめて重要で

ある。しかしその追及は、どこかで他人の自由と抵触する。そのことで、他人の消極的な自由が損なわれてはならない。その両立を確保するのは（その単純な二元論への批判はあるにせよ）公私の線引きである。「私生活の範囲と公的権威の範囲とのあいだには１つの境界線がひかれねばならない」（『自由論』）。

　このような仕組みは、近代立憲主義の達成だといえる。もともと公私の空間を分けるのは、これと表裏でもあり、その主眼は私的な部分の自由の確保にある。世界的にも宗教的な対立が大きくなった今日、この点は依然重要であろう。

３．現代における憲法

　これらは現代でも基本的に妥当していると考えられるが、大きな変化として各国が第２次世界大戦後、福祉国家という体制をとるに至った。すなわち国が私的部門に対して、自由を確保するというだけではなく、より積極的に、福祉を増進させるという役割を担うようになった。

　それは典型的には社会保障・福祉の給付であり、公共事業であり、産業振興であり、地域振興である。これらも法律の規定を通じておこなわれるが、そうするとそれらの法律の制定（立法）過程自体が、政治的なものになる。

　いまや国家が国民の福利に対して積極的に役割を果たすというのは、当然のこととなっている（哲学者のミシェル・フーコーの表現によれば、生権力・生政治の展開ということになろう）。選挙では、政党間でそれら政策の優劣が競われる。同時に国際社会における国の立ち位置、経済成長、安全性（テロとの戦い）というような、国益、国全体という観点も重さを増している。

　それでも憲法は、基本的にはそうではない図式、すなわち「全体のために、個々人が犠牲にならないように」ということを重視する図式を前提としている。全体の福利向上に目を奪われて、バーリンのいう「消極的な自由」を失ってしまうと、取り返しのつかないことになるからである。

　空気と一緒で、あってあたり前のものは、普段はその大切さに気づかないが、それが失われて、息苦しくなってから気づくのだ。今日と同じように、明日も続いていくとは限らないのである。

25番教室の窓

25番教室の子羊たち

　25番教室は、私が学生時代に通っていた本郷の東大法学部のもっとも大きな教室の名称である。各講の末尾に並べてきた昔話の多くは、25番教室での話である。

　実はこの25番教室は、日本でもっともメディア露出度が高い教室でもある。毎冬の入試時期、たとえばセンター入試が始まりましたというニュースで、試験問題が配られる光景が映し出されるのは、決まってこの25番教室なのである。

　教室というよりは講堂のようで、教壇からやや放射状に机と椅子が作り付けられ、約700人を収容する。天井は高く、窓もはるか上の方まで伸びている。

　この25番教室は東京帝国大学以来、長らく国を支える人材を輩出してきた、権威と権力の象徴みたいな場所でもある。東大ポポロ事件の舞台でもあり、かつて伝説的な「八角講堂」があった場所に、安田講堂と向かい合って位置する。

　授業の際には、学生たちは競って前の方に座ろうとする。教壇の少しでも近くで聴講した方が、講義内容が理解できるような気がするのである。

　後ろの方に着席すると、教員の姿は豆粒のようである。もっとも教室の最後尾付近の席も人気があった。天井のスピーカーからの声が、よく聞こえるのである。

　教壇からは、1コマ110分の一方的な講義。それを黙々と筆記する学生たち。まるで工場で部品を大量生産するように、日本を支配するエリートたちを、金太郎飴のように700人ずつ養成する教室というイメージでもあろう。

　ただ一般的なイメージとの齟齬があるとすれば、教員は授業で、正統的な教説（orthodoxy）だけを学生に示達していたわけではない。教員はそれぞれ学問において挑戦的（provocative）で、通説や伝統的な学説を乗り越え、書き換えようと真剣勝負していた。

　そして学生たちも、教員のいうことを金科玉条として、それを丸暗記すべく筆記を続けていたわけではない。学生たちは問題意識を研ぎ澄ませて、教員の所説の論理的な整合性と妥当性を吟味し、場合によっては批判的に聴講していた。

　思うに大学入学時の若者の知力といったものは、どこにいても大差ない。しかし大学入学後、そのように来る日も来る日も地道な知的訓練をおこなった学生が、一定の能力を獲得することは間違いないだろう（その能力が世の中のためになっているかどうかに別として）。それはたとえばスポーツや音楽や芸能の世界でも、毎日の地味で寡黙な鍛錬が、以後の帰趨を決するのと同じであろう。

　25番教室は、黙々と筆記する「子羊」たちを育てる場所ではなかった。学生たちが長い時間をかけて、ひそかに自らの牙を研ぐ場所だったのである。

あとがき——この本は「入門」ではない。

> ペテン師がドロボウにいった。「ぬけだす道があるはずだ」
> （ボブ・ディラン「見張塔からずっと」）

　大学で、法学の入門科目を担当するとき、私はいつも切羽詰まった気持ちになる。というのは法学部生ではない多くの学生にとって、これが最初で最後の法学の授業となるからである。

　実際、勤務先（法政大学社会学部）では民法や行政法などの法律の専門科目も設けられているので、その意味ではまさに入門科目ということになる。しかし法学部ではないので、全員がそういう専門科目をとるわけではない。そうだとすると、学生は一生のうちでたった一度だけ、法律の授業を聞くという場合も少なくない。その貴重な場面に自分は立ち会っているのである。

　考えてみれば私だって、たとえば哲学史にせよ、人文地理学にせよ、東洋史にせよ、大学の1年のときに履修した「入門科目」が、自分にとってその科目の最初で最後の授業であった。そして私自身は残念ながら、大学1年のときにきいたそれらの科目の内容を何ひとつ思い出せない。

　だからこの本は、入門的な内容ではあるが、この本で「入門」して、さらに他の本や授業で内容を深めることを想定や期待していない。学生がもし1冊だけ法学の本を手に取るチャンスがあるとして、そのチャンスを活かしつつ、法学の先人たちの努力とエッセンスだけでも伝えたいと思った。この本を読んで、その後は何も読まない、何も学ばない人にも、法学の光跡が残ることを願った。

　法学は「実学」なので、4年間びっしり学んで、はじめて一人前というところはあるだろう。ただ4年間かけなくても、そのエッセンスの一部くらいを伝えるのは不可能ではないように思う。

　法学とは一生無縁だとしても、法律的な事柄と、一生無縁でいることはできない。そうだとすれば、法律的な問題に出くわしたときに、思い出せることが1つか2つでもあれば、意義深いとすらいえる。

　だから「はしがき」にも書いたが、この本は、法律家にならない人を主とし

て念頭に置いて書いた。この本では、実際の仕事や人生のさまざまなステージやイベントにおいて、物事を考える際の手がかりとなるような内容に、ウェイトを置いたつもりである。

私にとって、敬愛する法学者が多数いることは、この本の中でもたびたび書いてきたとおりであるが、しかし多くの法学者（とくに研究者一筋で生きてきた人）が考えるのとは少し別の形で、社会で物事を理解したり判断したりする際に、法学は役に立つことが少なくない。そういうこともあって、世の中に多数の法学入門書があるにもかかわらず、とくに法学部以外の学生を念頭に置いて、あえてこの本を書いたものである。

なお、本書の内容の一部は、2012年に刊行した『医療・福祉を学ぶ人のための法学入門』から引き継いでいる。事例として医療や介護のことが比較的よく出てくるのはそのためである。大学生にとって、医療や福祉とのかかわりは、日常的にはなくても、生きていく上では誰にとっても無縁ではないだろう。

それにしても、結果的に法律の条文を単に掲げる部分が多くなってしまったのは残念だった。「はしがき」にも書いたが、六法を別途参照する「代わり」ということで、ご海容いただければと思う。

法学が、特権的に重要な学問であるわけではない。大学にいる間は、いろいろな学問に、頭を突っ込んでみたらいいと思う。それらの中から自分にとって、本当に大切な学問が見つかるかもしれない。

研究者は自分がやっていることに、過剰な意味を見出して、他人にもそれを押しつけようとする悪い癖がある。それが分かっているので、「この本を入口として、どんどん法学を深めてほしい」などという気にはならない。

だから今は、最後まで読んでいただけたことに感謝したい。とりあえずこの「扉」から外に出ていってくれればいいと思う。そして、もし気が向いたら、また戻ってきてくれたらうれしい。

　2018年9月

　　　　　　　　　　　　　　　　　　　　長沼　建一郎

文献リスト（初出順。入手しやすい邦語文献のみ）

◆はしがき

シモーヌ・ヴェイユ『重力と恩寵』（岩波文庫、2017）冨原眞弓訳

◆第1講

イタロ・カルヴィーノ『なぜ古典を読むのか』（河出文庫、2012）須賀敦子訳

橋爪大三郎『人間にとって法とは何か』（PHP 新書、2003）

鹿島茂『幸福の条件』（潮出版社、2012）

カール・マルクス「ユダヤ人問題に寄せて」（『ユダヤ人問題に寄せて／ヘーゲル法哲学批判序説』光
　　文社古典新訳文庫、2014）中山元訳

カント「世界市民という視点からみた普遍史の理念」（『永遠平和のために／啓蒙とは何か』光文社古
　　典新訳文庫、2006）中山元訳

カント「人倫の形而上学」（『世界の名著　39　カント』中央公論社、1979）加藤新平・三島淑臣訳

平井宜雄『社会人のための法学入門』（新堂幸司編）（有斐閣、1993）

アリストテレス『ニコマコス倫理学』（岩波文庫、1973）高田三郎訳

三ヶ月章『法学入門』（弘文堂、1982）

佐々木中『切りとれ、あの祈る手を』（河出書房新社、2010）

ユルゲン・ハーバーマス『コミュニケイション的行為の理論』（未來社、1985～1987）河上倫逸ほか訳

◆第2講

ロラン・バルト『テキストの快楽』（みすず書房、1977）沢崎浩平訳

村上春樹『夢を見るために毎朝僕は目覚めるのです』（文春文庫、2012）

内田貴『民法 I』（東京大学出版会、1994）

丸山眞男「政治的判断」（『政治の世界』岩波文庫、2014）

星野英一『民法の焦点：総論』（有斐閣、1987）

松尾浩也『来し方の記』（有斐閣、2008）

長尾龍一『法哲学入門』（講談社学術文庫、2007）

森鷗外「かのように」（『阿部一族・舞姫』新潮文庫、2006）

来栖三郎『法とフィクション』（東京大学出版会、1999）

長谷部恭男『憲法学のフロンティア』（岩波書店、1999）

石川健治「問いは遥かに」（『法学教室』351号、2009）

ニーチェ『権力への意志』（ちくま学芸文庫、1993）原佑訳

村上淳一『〈法〉の歴史』（東京大学出版会、1997）

竹内昭夫「言葉のあやと調子」（『息を数えて』有斐閣学術センター、1998）

◆第3講

ヘーゲル「法の哲学」（『世界の名著　44　ヘーゲル』中央公論社、1978）藤野渉・赤沢正敏訳

柄谷行人『反文学論』（講談社文芸文庫、2012）

田中英夫・竹内昭夫『法の実現における私人の役割』（東京大学出版会、1987）

◆第4講

カート・ヴォネガット『国のない男』（中公文庫、2017）金原瑞人訳

ジル・ドゥルーズ「追伸―管理社会について」（『記号と事件』河出文庫、2007）宮林寛訳

キャス・サンスティーン、リチャード・セイラー『実践行動経済学』（日経 BP 社、2009）遠藤真美訳

米倉明『法科大学院雑記帳』（日本加除出版、2007）

◆第5講

五木寛之『戒厳令の夜』（新潮文庫、1980）

ジョセフ・ラズ『自由と権利』（勁草書房、1996）森際康友ほか訳

道垣内弘人『リーガルベイシス民法入門』（日本経済新聞出版社、2014）

ジョルジュ・アガンベン『いと高き貧しさ』（みすず書房、2014）上村忠男・太田綾子訳

ジョン・ロック『市民政府論』（岩波文庫、1968）鵜飼信成訳

カール・ポランニー『大転換』（東洋経済新報社、1975）吉沢英成ほか訳

西谷修『アメリカ 異形の制度空間』（講談社、2016）

鈴木禄彌「一民法学者の放浪記」（『北大法学論集』55巻6号、2005）

◆第6講

見田宗介『社会学入門』（岩波新書、2006）

マーク・ラムザイヤー『法と経済学：日本法の経済分析』（弘文堂、1990）

ニーチェ『道徳の系譜学』（光文社古典新訳文庫、2009）中山元訳

樋口範雄『アメリカ契約法』（弘文堂、1994）

ヴァルター・ベンヤミン「宗教としての資本主義」（『現代思想』32巻5号、2004）三島憲一訳

◆第7講

ジャン＝ピエール・デュピュイ『経済の未来』（以文社、2013）森元庸介訳

ポール・ヴィリリオ『アクシデント 事故と文明』（青土社、2006）小林正巳訳

トマス・ネーゲル『コウモリであるとはどのようなことか』（勁草書房、1989）永井均訳

ウルリヒ・ベック『危険社会』（法政大学出版局、1998）東廉・伊藤美登里訳

ロラン・バルト『小さな歴史』（青土社、1996）下澤一好訳

田中英夫『英米の司法』（東京大学出版会、1973）

◆第8講

池澤夏樹『叡智の断片』（集英社文庫、2011）

シェイクスピア『リア王』（白水社、1983）小田島雄志訳

ユルゲン・ハーバーマス『公共性の構造転換』（未來社、1973）細谷貞雄ほか訳

ロナルド・H・コース『企業・市場・法』（東洋経済新報社、1992）宮沢健一ほか訳

フランシス・オルセン『法の性別』（東京大学出版会、2009）寺尾美子編訳

小林康夫『君自身の哲学へ』（大和書房、2015）

◆第9講

松浦寿輝『明治の表象空間』（新潮社、2014）

ニコラス・ルーマン『福祉国家における政治理論』（勁草書房、2007）徳安彰訳

藤田宙靖『行政法入門』（有斐閣、1996）

◆第10講

星野英一『法学者のこころ』（有斐閣、2002）

佐藤幸治『憲法』（青林書院、1981）

伊藤正己『憲法（第3版）』（弘文堂、1995）

ベアテ・シロタ・ゴードン『1945年のクリスマス』（柏書房、1995）平岡磨紀子 構成・文

アイザイア・バーリン『自由論』（みすず書房、2000）小川晃一訳

ミシェル・フーコー『知への意志（性の歴史Ⅰ）』（新潮社、1986）渡辺守章訳

◆あとがき

ボブ・ディラン『ボブ・ディラン全詩集』（晶文社、1974）片桐ユズル、中山容訳

■著者紹介

長沼 建一郎（ながぬま・けんいちろう）

1959年　東京都生まれ
1984年　東京大学法学部卒業
　　　　日本生命保険相互会社、厚生省社会保障制度専門調査員、ニッセイ基礎研究所主任研究員、早稲田大学大学院社会科学研究科博士課程単位取得退学、日本福祉大学教授などを経て、
現　在　法政大学社会学部教授。博士（学術）。

［主な著書］
『介護事故の法政策と保険政策』（法律文化社、2009年）
『個人年金保険の研究』（法律文化社、2015年）
『図解テキスト 社会保険の基礎』（弘文堂、2015年）

Horitsu Bunka Sha

大学生のための法学
――キャンパスライフで学ぶ法律入門

2018年12月10日　初版第1刷発行

著　者　　長沼建一郎
発行者　　田靡純子
発行所　　株式会社 法律文化社
　　　　　〒603-8053
　　　　　京都市北区上賀茂岩ヶ垣内町71
　　　　　電話 075(791)7131　FAX 075(721)8400
　　　　　http://www.hou-bun.com/

＊乱丁など不良本がありましたら、ご連絡ください。
　送料小社負担にてお取り替えいたします。

印刷：㈱亜細亜印刷／製本：㈱藤沢製本
装幀：仁井谷伴子

ISBN 978-4-589-03967-5
Ⓒ2018 Kenichiro Naganuma Printed in Japan

JCOPY 〈(社)出版者著作権管理機構 委託出版物〉

本書の無断複写は著作権法上での例外を除き禁じられています。複写される場合は、そのつど事前に、(社)出版者著作権管理機構（電話 03-3513-6969、FAX 03-3513-6979、e-mail: info@jcopy.or.jp）の許諾を得てください。

久塚純一・長沼建一郎・森田慎二郎編

医療・福祉を学ぶ人のための法学入門

A5判・258頁・2400円

医療・福祉の職をめざしている人を対象とした法学入門書。医療・福祉の現場でおこる事例を概説のなかで取りあげ、臨場感をもって習得できるようにした。国家試験の出題基準および過去問題から学習すべき項目を厳選。

吉田利宏著

法 学 の お 作 法

A5判・196頁・1800円

法学という難しそうな世界の「しきたり」を、本質から順を追ってわかりやすく解説。法律を読むための「学びの作法」から、日常生活を過ごすうえでの「社会の作法」まで、絶妙な例え話で作法とその心得を修得する。

〈18歳から〉シリーズ ●学問の世界への第一歩

具体的な事象を18歳の目線でとらえ、基礎となるエッセンスを解説。

＊B5判・カバー巻・100〜120頁

18歳からはじめる憲法〔第2版〕	水島朝穂 著	2200円
18歳から考える人権	宍戸常寿 編	2300円
18歳からはじめる情報法	米丸恒治 編	2300円
18歳からはじめる民法〔第3版〕	潮見佳男・中田邦博・松岡久和 編	2200円
18歳から考える家族と法	二宮周平 著	2300円
18歳から考える消費者と法〔第2版〕	坂東俊矢・細川幸一 著	2200円
18歳から考えるワークルール〔第2版〕	道幸哲也・加藤智章・國武英生 編	2300円
18歳からはじめる環境法〔第2版〕	大塚 直 編	2300円
18歳から考える日本の政治〔第2版〕	五十嵐 仁 著	2300円

―――――法律文化社―――――

表示価格は本体(税別)価格です